Andreas Lorenz

# Die asiatische Revolution

W0404930

Schriftenreihe Band 1231

Andreas Lorenz

# Die asiatische Revolution

## Wie der „Neue Osten“ die Welt verändert

bpb:
Bundeszentrale für politische Bildung

Andreas Lorenz ist Journalist und war zuletzt von 1999 bis Ende 2010 Korrespondent für den Spiegel in China.

Diese Veröffentlichung stellt keine Meinungsäußerung der Bundeszentrale für politische Bildung dar. Für die inhaltlichen Aussagen trägt der Autor die Verantwortung.

Bonn 2011
Lizenzausgabe für die Bundeszentrale für politische Bildung
Adenauerallee 86, 53113 Bonn

© edition Körber-Stiftung 2011

Umschlaggestaltung: Michael Rechl, Kassel
Umschlagfoto: © Changzheng / ChinaFotoPress / laif

Karten: Dr. Hans-Joachim Kämmer, Berlin
Herstellung: Das Herstellungsbüro, Hamburg
Druck und Bindung: CPI – Clausen & Bosse, Leck

ISBN 978-3-8389-0231-9

www.bpb.de

*Für Leonard*

# Inhalt

# Der »Neue Osten«

## Ist die Geschichte zu Ende, oder geht sie erst richtig los?

Es ist Sonntag, der 10. März 1985. In den frühen Morgenstunden weht getragene Musik durch die Straßen von Frunse, der Hauptstadt der Sowjetrepublik Kirgisien, die nach dem bolschewistischen Heerführer Michail Wassilijewitsch benannt wurde. Dies ist ein deutliches Zeichen, dass ein hoher Funktionär gestorben ist, entweder hier in Zentralasien oder im fernen Moskau, fünf Flugstunden westlich gelegen. Und tatsächlich: Der mächtigste Mann der Sowjetunion, Konstantin Ustinowitsch Tschernenko, hat eine schwere Lungenkrankheit nicht überstanden. Der Generalsekretär der KPdSU war nur 13 Monate im Amt.

So erlebte ich den Anfang vom Ende eines Weltreichs. In der Geschichte ist dies kein neues Phänomen: Imperien gehen unter, Metropolen versinken in der Bedeutungslosigkeit. Wer gestern stark war, ist heute schwach, wer heute ein Nischendasein führt, ist morgen womöglich ein wichtiger Akteur. Epidemien und Hungersnöte, Klimakatastrophen und Wirtschaftskrisen, unfähige Politiker und irrsinnige Feldherren werfen Mächte zurück, andere Staaten nehmen ihren Platz ein.

Das Beispiel Chinas zeigt, wie ein hochentwickeltes Reich mit über 150 Millionen Einwohnern, mit einem ausgeklügelten System von Bewässerungskanälen, mit gut ausgebildeten Bürokraten und mit einer Flotte, die bis Ostafrika vordrang, sich im 15. Jahrhundert aus eigenen Stücken plötzlich wieder von der Welt verabschiedete und sogar seine eigenen Erfindungen vergaß.

Spanien und Portugal, die ehemals stolzen Herrscher der Welt – heute sind sie ganz normale Staaten mit einem Berg von Schulden. Venedig, der einstige Dreh- und Angelpunkt des Welthandels, ist nur noch eine Touristenattraktion. Wer kennt noch die ehemals mächtigen Sultanate Asiens, das malayische Königreich Srivijaya auf Sumatra etwa, das im achten Jahrhundert den Handel an der Straße von Malakka kontrollierte und eines der größten buddhistischen Zentren in Südostasien war?

An jenem folgenschweren Märztag 1985 machten ein schwedischer Kollege und ich uns auf ein langes Machtgerangel um den Nachfolger Tschernenkos gefasst. Dennoch brachen wir unsere Erkundungsreise in Kirgisien vorsichtshalber ab – und erlebten eine Überraschung. Noch am selben Abend beim Zwischenstopp auf dem Flughafen der Stadt Ufa in der Nähe des Urals strahlte uns eine blonde Aeroflot-Hostess an: »Wir haben schon einen neuen Generalsekretär. Er heißt Gorbunow oder so.«

»Gorbunow« erwies sich als Michail Gorbatschow, ein bis dahin weitgehend unbekannter Landwirtschaftsfunktionär aus Stawropol. Der Rest ist Geschichte. Michail Gorbatschow reformierte die Sowjetunion, und bald kursierten im Land neue Worte der Hoffnung: Perestroika und Glasnost, Umbau und Transparenz, die auch im Ausland zu geflügelten Worten wurden. Unvergessen ist mir der Moment, als der aus der Hauptstadt verbannte Atomphysiker und Regimekritiker Andrej Sacharow frühmorgens am 19. Dezember 1986 auf dem Kasaner Bahnhof in Moskau als freier Mann aus dem Zug stieg. Kein Geringerer als der Generalsekretär der KPdSU hatte ihn angerufen und ihn gebeten zurückzukehren – die Sowjetunion war eine andere geworden.

Ein paar Monate zuvor war der Atomreaktor in Tschernobyl explodiert. Die Katastrophe galt als Symbol für die Brüchigkeit des Reiches und seine Unfähigkeit, schnell zu reagieren. Die Drohung der Amerikaner, die Sowjets mit ihren Sternenkrieg-Plänen in den Bankrott zu rüsten, untergrub ihr Selbstbewusstsein. Ihr Krieg in Afghanistan laugte sie aus, die Korruption schwächte sie. Die Weltmacht brach auseinander.

Die Kirgisische Sozialistische Sowjetrepublik heißt heute Kirgisien, die Hauptstadt nicht mehr Frunse, sondern Bischkek. Das Land ist zwar krisengeschüttelt, aber unabhängig, seine Bürger dürfen wählen – eine Demokratie in Kinderschuhen. Sogar die Amerikaner sind da, mit einer Luftwaffenbasis am internationalen Flughafen Manas.

Der Eiserne Vorhang fiel, die Einheitssozialisten der

DDR verschwanden samt Stasi und Sättigungsbeilagen. Der größenwahnsinnige rumänische Diktator Nicolae Ceauşescu und seine Frau Elena endeten zu Weihnachten 1989 im Schlamm eines Kasernenhofs – erschossen von den neuen Regenten des Landes. Der Kalte Krieg war zu Ende.

Für den amerikanischen Politikwissenschaftler Francis Fukuyama kam das dem »Ende der Geschichte« gleich, wie er auch sein 1992 veröffentlichtes Buch nannte. Der Untergang der Sowjetunion, so argumentierte er, habe bewiesen, dass das Modell der westlichen liberalen Demokratie weltweit konkurrenzlos sei.[1]

Zwanzig Jahre später ist die Lage nicht mehr so klar. Es scheint, als würde die Geschichte von Neuem beginnen. Denn im Fernen Osten wächst eine neue Kraft heran, die in weiten Teilen undemokratisch ist und die dennoch unser Leben bestimmen wird. Es ist eine Kraft, die gleichzeitig faszinierend und unberechenbar ist: Asien.

»Asien wird eines Tages die Welt auf den Kopf stellen, nichts mehr wird so sein, wie es ist. Milliarden Menschen marschieren in die Modernität, hunderte Millionen werden aus den Klauen der Armut befreit werden«, prophezeit Kishore Mahbubani, der frühere Permanent Secretary des Außenministeriums von Singapur. Dieser Prozess gehe einher mit der »Befreiung des menschlichen Geistes«. Die Welt sei nicht am »Ende der Geschichte« angelangt, so wie es Fukuyama vorhersagte, sondern vielmehr am »Ende der Ära westlicher Dominanz der Weltgeschichte«.[2]

Asien ist dynamisch, hier leben so unvorstellbar viele Menschen, es besitzt so viel Geld, dass sein Einfluss stetig wächst – sei es in Afrika, Lateinamerika oder in Europa, sei es in internationalen Gremien wie dem Internationalen Währungsfonds oder der UNO.

Aber: Mit dem Erstarken des Kontinents sind neue Unsicherheiten entstanden, ist die Welt nicht friedlicher geworden. Aus dem Fernen Osten drohen Gefahren, denn

- ein Wettlauf um die Rohstoffe hat begonnen, die Asiens Aufschwung speisen müssen;
- statt Konflikte am Verhandlungstisch zu lösen, schüren nationalistisch gesinnte Regierungen Kontroversen um Schifffahrtsstraßen, Inseln und Grenzen, die in einen Krieg münden könnten;
- die Armeen vieler asiatischer Länder rüsten energisch auf;
- in Nordkorea sitzen unberechenbare Potentaten auf der Atombombe;
- in China, dem stärksten Land Asiens, herrscht eine Partei, von der ungewiss ist, ob sie in der Lage sein wird, die wachsenden sozialen Konflikte friedlich zu bewältigen;
- Asiens Umwelt ist so stark verschmutzt, dass sich womöglich Hunderttausende auf der Suche nach sauberem Wasser und sauberer Luft in Bewegung setzen und dabei keine Landesgrenzen beachten;
- es drängen sich immer mehr Menschen um immer weniger Wasserquellen. Wenn die Gletscher des Himalaja schmelzen, drohen die Lebensadern von Millionen zu versiegen.

## Neuer Stern am Himmel

Unaufhaltsam schwingt das Pendel vom Westen nach Osten. Nach dem Kollaps des Ostblocks geschah Ungeheuerliches. Die Terrororganisation al-Qaida griff am 11. September 2001 die beiden Türme des New Yorker World Trade Center und das Pentagon in Washington an, fast 3000 Menschen starben. Die amerikanische Regierung antwortete mit Bombenangriffen auf Afghanistan und dem Krieg gegen Saddam Hussein im Irak.

Seither haben die USA, Sieger im ideologischen und militärischen Wettrennen mit der Sowjetunion, in den Augen vieler Menschen in Asien und dem Rest der Welt ihre Vorbildfunktion als Land der Freiheit und der Demokratie verloren. Sie hatten sich schon vorher häufig nicht gerade fein benommen. Sie verwüsteten im Namen der Freiheit große Teile von Vietnam oder zettelten in Chile 1973 einen Putsch mit an, um den damaligen linken Präsidenten Salvador Allende zu stürzen.

Die Fehler der Vergangenheit sollten eigentlich nicht wiederholt werden, aber nach 9/11 verlor die Supermacht die Nerven. Ihr damaliger Außenminister Colin Powell präsentierte dem UNO-Sicherheitsrat Belege für die Existenz von Massenvernichtungswaffen im Irak – die sich als falsch erwiesen. Und obwohl es keine Beweise dafür gab, dass der Irak Basis von al-Qaida war, griff die US-Armee das Land an.

Später stand Washington in der Welt als Lügner da, deutete das Ziel der Militäraktion um: Die Demokratie sollte im Irak etabliert werden. Aber für ihr Ziel, »westliche« Werte zu exportieren, hebelten Amerikaner genau diese Werte aus: Sie folterten im Bagdader Gefängnis Abu Ghraib und anderswo Häftlinge. Sie schufen sich mit der Enklave Guantánamo auf Kuba einen Ort, in dem das Recht nichts mehr galt. Die CIA errichtete, unter anderem in Polen, Geheimgefängnisse, in denen von ihr entführte Menschen zu Geständnissen gezwungen werden sollten.

Dem politischen Desaster einer Supermacht folgte das wirtschaftliche: Amerikas Banken verursachten mit riskanter Kreditpolitik und dubiosen Anlageprodukten eine weltweite Finanzkrise. Mehrere große US-Geldinstitute wie Lehman Brothers und der Versicherer AIG fuhren vehement gegen die Wand, der Automobilgigant General Motors meldete Insolvenz an. Fast zwölf Billionen US-Dollar lösten sich nach Schätzungen des Internationalen Währungsfonds (IWF) in Luft auf. Die Steuerzahler überall auf der Welt mussten einspringen, um angeschlagene Geldinstitute zu retten und einen totalen Kollaps der Weltwirtschaft zu verhindern.

Gleichzeitig ging im Osten ein neuer Stern auf: Asien. China, Indien und anderen asiatischen Staaten konnte die Krise wenig anhaben – im Gegenteil: Ihre Wirtschaftskraft wuchs und wuchs. Das Jahr 2008 und die Finanzkrise schienen alle Prophezeiungen zu bestätigen, dass die Welt schon bald eine andere sein wird.

Inzwischen wächst die Einsicht, dass die USA nicht mehr allein die führende Weltmacht sein werden. »Die Finanzkrise ist ein Symbol für den Rutsch des Gravitationszentrums der Welt vom Atlantik zum Pazifik und

Indischen Ozean«, sagte der ehemalige US-Außenminister Henry Kissinger. Er fügte, halb scherzhaft, hinzu: Indien und China könnten mit einem Marshallplan dem finanziell angeschlagenen Amerika helfen – so wie die USA nach dem Zweiten Weltkrieg das zerstörte Europa wieder auf die Füße brachte.[3]

Vielen Europäern dämmert es, dass ihr alter Kontinent in Zukunft keine große Rolle mehr spielen wird. Der Traum vom »europäischen Jahrhundert« scheint ausgeträumt, bevor er richtig begann. Schon kursieren Szenarien, dass sich Europa eines Tages in ein großes Museum verwandeln wird – mit schöner Landschaft und mittelalterlichen Häusern. Europa wirkt, wie der bulgarische Politikwissenschaftler Ivan Krastev sagt, wie eine »pensionierte Macht« – weise, aber inaktiv, wohlhabend, aber nachgiebig. Die EU vermeide Risiken, sei eine »Weder-hier-noch-da-Macht«, sagt der Bulgare. Die Demographie trägt ihren Teil dazu bei: Europa wird immer älter.[4]

Mit seinen wirtschaftlichen Erfolgen entwickelt Asien auch politische Anziehungskraft. Nach der Jasmin-Revolution in Nordafrika und im Nahen Osten 2011 schauen zum Beispiel die Ägypter auf das ebenfalls islamisch geprägte Indonesien, dem es gelang, sich nach dem Sturz des Diktators Haji Mohamed Suharto zu demokratisieren. Kann der Ferne Osten ein politisches Vorbild für Nordafrika sein?

In Europa und den USA liebäugeln manche Politiker und Manager wiederum mit autoritären Systemen asiatischer Staaten wie China oder Singapur. Dort, sagen sie, funktioniere alles besser und effektiver als im alten Europa. Ist die Volksrepublik nicht das effizientere Modell?

Könnten China – und Russland – ein Gegenmodell zu den liberalen Demokratien werden, die von vielen Regierungen als zu paternalistisch empfunden werden? Der israelische Politikprofessor Azar Gat hält den Sieg der Demokratie in der Welt keineswegs für ausgemacht: »Heute bietet das undemokratische kapitalistische China nicht nur eine Politik der Nichteinmischung, sondern auch der Unterstützung der staatlichen Souveränität, der Gruppenwerte und des ideologischen Pluralismus im internationalen System. Dies ist nicht nur für Regierungen, sondern auch für Bevölkerungen attraktiv, weil es eine Alternative zu den USA und zur westlichen Vorherrschaft sowie eine Gegenkraft zu den über alles hinwegfegenden und blinden Mächten der Globalisierung bietet.« Der »ultimative Triumph der Demokratie«, fürchtet Gat, »ist alles andere als vorbestimmt.«[5]

Gleichzeitig ist vielen Menschen in Europa und Amerika der Ferne Osten unheimlich. Sie haben Angst vor den neuen asiatischen Giganten mit ihren schier unendlichen Reserven an billigen Arbeitskräften, ihren riesigen Konzernen mit Koffern voller Geld, mit denen sie den amerikanischen Konsum finanzieren. Sie fürchten um Jobs, um die Stabilität, um ihre Sicherheit.

In der Zwischenzeit versucht China, sich mit neuem Selbstbewusstsein zu etablieren. Es hat angekündigt, das internationale Finanzsystem reformieren zu wollen, und es spielt immer häufiger politisch seine Macht aus. Staatsbesucher etwa werden ermahnt, nicht die Menschenrechte anzusprechen, wenn sie weiter an guten Beziehungen interessiert seien. Über die »Shanghai Organisation für Zusammenarbeit« (SOZ) verbreitet Peking schon jetzt unter Millionen Menschen in Zentralasien sein eigenes Verständnis von Recht und Unrecht.

Der britische Politologe Martin Jacques hält in seinem Buch »When China Rules the World« den Aufstieg Chinas allein aufgrund seines Ausmaßes für unaufhaltbar. Dessen Schwerkraft werde »in der Zukunft exponentiell wachsen. Chinas Masse wird den Rest der Welt zwingen, sich an Chinas Art anzupassen, wie Dinge geschehen.«[6] Mit seinen Devisenüberschüssen kauft das Land zum Beispiel Staatsanleihen und füllt damit die Haushaltslücken europäischer Länder. Welche Regierung wird sich gegen die Pekinger Kommunistische Partei (KP) zur Wehr setzen, wenn ihr finanzielles Wohl und Wehe zum großen Teil von ihr abhängt?

Die Welt, die nach dem Zweiten Weltkrieg geschaffen wurde, ist die Welt von gestern. Aber wie sollen die Menschen auf den »Neuen Osten« reagieren? Wie soll man mit einem solchen Riesen wie China umgehen? US-Außenministerin Hillary Clinton brachte es in einem Gespräch mit dem damaligen australischen Premierminister Kevin Rudd mit einer simplen Frage auf den Punkt: »Wie redest du Klartext mit deinem Banker?«[7] Sie spielte darauf an, dass Peking der größte Käufer von amerikanischen Schatzbriefen und Staatsanleihen ist – und somit das amerikanische Defizit finanziert. Und mit dem, der auf deiner Kasse sitzt, solltest du es dir nicht so leicht verderben. Wie wird die internationale Gemeinschaft aussehen, wenn China oder Indien die Regeln bestimmen? Ist der Aufstieg Asiens tatsächlich unaufhaltsam, oder wird er sich irgendwann festfahren? Sind die asiatischen Autokratien und Quasi-Demokratien, allen voran China, wirklich ein Modell für andere Staaten?

Für die Europäer ist es höchste Zeit: Sie müssen aufwachen und sich auf diese Entwicklungen vorbereiten. Initiativen wie der Bergedorfer Gesprächskreis der Körber-Stiftung haben sich in den Zeiten des Kalten Krieges dafür eingesetzt, in Deutschland das Verständnis für das Geschehen unter anderem in Osteuropa zu fördern.

Jetzt geht der Blick weiter nach Osten. Dieses Buch soll Denkanstöße geben, damit wir auf die großen Herausforderungen und Konflikte reagieren können, die in den nächsten fünf, zehn oder zwanzig Jahren aus Asien auf uns zukommen. Es gilt: Wir selbst sind verantwortlich dafür, uns so gut wie möglich zu informieren und Strategien für Europa zu entwickeln, die dazu beitragen, dass unsere Kinder und Enkel friedlich mit dem neuen Nachbarn Asien leben können.

Dieses Buch soll dazu beitragen, Asiens Charme und seine dunklen Seiten näherzubringen. Ein großer Teil konzentriert sich auf China, denn China ist der Motor von Asiens Aufstieg.

Es berücksichtigt nicht die Länder des Nahen und Mittleren Ostens wie Israel oder Iran, auch nicht die

Pazifikstaaten sowie Australien und Neuseeland. Ich konzentriere mich auf einige Beispiele und neue Entwicklungen in Süd-, Südost- und Ostasien. Zu Südasien rechne ich Afghanistan, Indien, Pakistan, Nepal, Bhutan, Bangladesch und Sri Lanka. Südostasien ist Myanmar (das frühere Burma), Kambodscha, Vietnam, Thailand, Laos, Malaysia, Singapur, Brunei, Indonesien, die Philippinen und Osttimor. Ostasien – das ist: China, die Mongolei, die beiden Koreas, Taiwan und Japan. Zu Zentralasien zähle ich Kirgisien, Kasachstan, Usbekistan, Tadschikistan und Turkmenistan.

Ich lebe seit langem auf diesem faszinierenden Kontinent. Die Erfahrungen und Erlebnisse in vielen dieser Länder sind in dieses Buch eingeflossen. Einige Aspekte erschienen bereits im SPIEGEL oder auf SPIEGEL-Online. Quellen waren zudem Bücher, Zeitungen, Zeitschriften und Studien. Hinzu kamen Gespräche mit Kollegen, Experten und Politikern – und den Bürgern Asiens.

# Der Aufstieg Asiens

## Hoffnung für Milliarden

In Wuhai am Gelben Fluss, gut 800 Kilometer westlich von Peking, erlebe ich – wieder einmal – den Ehrgeiz des neuen China. Wuhai ist eine der vielen chinesischen Großstädte, von denen die meisten Menschen im Rest der Welt noch nie gehört haben. Innerhalb weniger Jahre entstanden hier ein Bürgermeisteramt, das Berlins Kanzleramt geradezu zierlich wirken lässt, zwei futuristische Stadien, eine Universität und eine schicke Parteihochschule. Auf der anderen Seite des Gelben Flusses, dort, wo sich heute noch Sanddünen majestätisch erheben, soll ein neues Stadtviertel entstehen.

Bald werden Bautrupps damit beginnen, eine gerade fertig gestellte Appartementsiedlung wieder abzureißen – um einem noch aufregenderen Projekt Platz zu machen: einem Freizeitpark mit künstlichem See. Dafür werden sie den Gelben Fluss stauen und sein Wasser um eine Bergkette leiten. Der erste Kanal ist bereits gestochen.

Größenwahn oder kluge Zukunftsplanung? Auf jeden Fall ist, was hier in der Inneren Mongolei passiert, typisch für den Schwung, mit dem das Land vorwärtsmarschiert und dabei offenbar keine Grenzen kennt. Wie in Wuhai träumen allenthalben am Gelben Fluss die Funktionäre davon, ihre Städte in die international bedeutenden Metropolen einzureihen. Und sie setzen ihre Träume in die Realität um: Flughäfen und pompöse Regierungskomplexe, Aufmarschplätze und Stadien, Kongresszentren und Ausstellungshallen prägen diese abgelegene Region, durch die einst Nomaden mit ihren Kamelen und Ziegen zogen.

Besonders ehrgeizig sind sie rund 80 Kilometer südlich des Gelben Flusses in der Stadt Ordos, einer der 170 Millionenstädte Chinas. Ordos gilt als das chinesische Dubai, hier liegen so viel Rohstoffe, wie man sie sich nur erträumen kann. Auf 35 Milliarden Dollar schätzen Experten den Profit der staatlichen und privaten Minen im Jahr 2010. Die Wirtschaft wuchs in dieser Region von 2008 auf 2009 um rund 23 Prozent, also um mehr als das Doppelte als im Rest Chinas. Ingenieure vermuten ein Sechstel der Kohlevorräte des ganzen Landes und ein Drittel seiner Gasvorkommen in diesem Gebiet. Schon im Jahr 2008 erwirtschaftete jeder der 1,5 Millionen Einwohner von Ordos im Schnitt rund 14 500 Dollar im Jahr. Ordos hat damit zu den blühenden Wirtschaftsregionen Shanghai und dem südlicher gelegenen Shenzhen aufgeschlossen.

In einer knappen halben Stunde Fahrt durch die Wüste, über eine ebenso moderne wie leere Autobahn, gelange ich in eine Geisterstadt. Kangbashi heißt sie, errichtet für mindestens 300 000 Einwohner. Ende 2010 verloren sich zwischen Armeehauptquartier, Universität, Bibliothek (in Form eines Buches) und Theater aber kaum 20 000 Menschen. Trotzdem kostete der Quadratmeter Wohnraum fast so viel wie in Peking. Der Grund dafür: Staatsfirmen und reiche Privatpersonen haben in diesen Immobilien ihr Geld angelegt – in der Hoffnung auf steigende Preise und einen lukrativen Wiederverkauf.

## Ein indischer Petersdom

Nicht nur China steckt voller Ehrgeiz. Von den Wüsten Chinas mit ihren neuen Städten führt der Weg ins über 3 000 Kilometer entfernte tropische Südindien. Auch dort erfinden sich Orte neu.

Vor der historischen Stadt Mysore stoße ich auf ein neues Gebäude, eines, das man in Südindien so wenig erwartet wie einen Maharadschapalast in Schleswig-Holstein: eine Kopie des römischen Petersdoms mit goldfarbener Kuppel und antiken Säulen.

Er steht auf einem Gelände, auf dem die indische Softwarefirma Infosys Ingenieure und Programmierer schult. Infosys ist eines der größten IT-Unternehmen der Welt. Zu seinen Kunden gehören Boeing, Apple, Adidas und Toshiba. 120 000 Angestellte hat es, jedes Jahr werden 40 000 neue eingestellt. Sie sind jung, im Schnitt 27 Jahre alt.

Sein Hauptquartier hat das Unternehmen in der »Electronic City« in Bangalore, rund 120 Kilometer von Mysore entfernt, aufgeschlagen – abgeschirmt von der Außenwelt durch einen 8 000-Volt-Elektrozaun, davor parkt ein blauer Pritschenwagen mit schwer bewaffneten Soldaten.

Der Weg dorthin führt durch ein enormes Verkehrschaos, die Autos drängen sich um zahlreiche Baustellen herum. Anfang 2011 baute Bangalore mehrere U- und S-Bahnstrecken, neue Straßen, neue Geschäfte.

Den Infosys-Campus prägen futuristische Bauten, etwa eine gläserne Pyramide. Er hat einen eigenen TV-Sender und sieben Kantinen für die Mitarbeiter. »In Zukunft werden wohl vier IT-Unternehmen die Branche weltweit bestimmen, zwei davon stammen aus Indien und eines davon werden wir sein«, sagt V Balakrishnan, der Finanzchef.

Retortenstädte am Gelben Fluss in China, eine IT-Weltmacht im Süden Indiens. Es gibt keinen Zweifel: In beiden Ländern geschieht Atemberaubendes. Es ist symptomatisch für eine Entwicklung in großen Teilen des Kontinents. Asien wird anknüpfen an alte Größe.

Und so könnte die Welt eines Tages aussehen: New York wird eine normale Metropole sein, die Wall Street ein Börsenviertel wie das in Buenos Aires oder Madrid heute. Die Zentren der Finanzwelt liegen in Shanghai, Mumbai oder Singapur. Die Schulkinder der Welt lernen nicht mehr als erste Fremdsprache Englisch, sondern Chinesisch. Nicht mehr die Expeditionen von Kolumbus und Vasco da Gama werden sie beeindrucken, sondern die Touren des chinesischen Eunuchen Zheng He in seinen Riesendschunken an die Ostküste Afrikas Anfang des 15. Jahrhunderts.

In Indien und China allein wohnen über ein Drittel aller Menschen. Rechnen wir die knapp 600 Millionen in den ASEAN-Ländern (Verband der Südostasiatischen Nationen) dazu, kommen wir auf 44 Prozent, 3,1 Milliarden. Die EU und die USA schaffen es gemeinsam auf zwölf Prozent, also gut 800 Millionen.

2009 war Asien die Region mit den höchsten Wachstumsraten in der Welt. Davon profitierten vor allem Afrika und Lateinamerika, deren Handel mit dem Fernen Osten stark anstieg. Chinas Wirtschaft steigerte sich in den letzten Jahren im Schnitt um rund zehn Prozent, Indiens im ersten Quartal 2010 um acht Prozent; auch Südkorea, Thailand oder Indonesien und sogar Bangladesch schafften 2010 sechs bis acht Prozent.

Zu den 200 Top-Universitäten der Welt zählen neun japanische, neun chinesische, drei koreanische, zwei indische und eine thailändische Hochschule. Vier der sieben Atommächte sind asiatische Staaten: China, Indien, Pakistan und Nordkorea. Rechnet man Israel dazu, sind es sogar fünf. 2008 standen fünf der zehn größten Armeen der Welt in Asien: in China, Indien, Nordkorea, Südkorea und Vietnam.

## Maharadschas, Mullahs, Geishas

Das Wort »Asien« ist assyrisch und bedeutet »Osten« oder »Sonnenaufgang«. In den Ohren vieler Amerikaner und Europäer klingt das exotisch. Volltönend sind die Namen asiatischer Städte wie Surabaya, Shanghai oder Singapur. Da schwingt etwas Mythisches und Mystisches mit, etwas Sehnsüchtiges, Rätselhaftes.

Fangen wir ein paar zufällige Momente in diesen Orten mit ihren wohlklingenden Namen ein: Surabaya ist eine Hafen- und Heldenstadt auf Ostjava, hier wurde zum ersten Mal im Kampf gegen die holländischen Kolonialherren die indonesische Flagge gehisst. In den Abendstunden rufen von vielen Minaretten die Muezzins gleichzeitig zum Gebet. Ihr »Allah ist groß« dringt durch alle Straßen und über alle Plätze. Im Hafen liegen über 30 ehemalige deutsche Kriegsschiffe, die Deutschland nach dem Ende der DDR an Diktator Suharto verkauft hatte.

Der Ruf hallt auch über das Rotlichtviertel Surabayas namens »Dolly«. Als ich nach dem Sturz Suhartos 1998 den ersten echten Wahlkampf in der Stadt beobachte, stoße ich auf eine Gruppe protestierender Frauen: Sie stellen sich als Prostituierte vor, die sich gegen die Versuche von Islamisten wehren, ihre Bordelle zu schließen. In den Jahren danach werden konservative Muslime immer wieder versuchen, Indonesien in einen islamischen Staat zu verwandeln.

In Shanghai kann man vom 492 Meter hohen Weltfinanzzentrum sogar auf einen Fernsehturm hinabschauen. »Die Perle des Orients« wirkt mit seinen zwei Kugeln unproportioniert, der Wolkenkratzer selbst sieht aus wie ein riesiger Flaschenöffner. Auf der anderen Seite des Huangpu, hinter der traditionsreichen Uferpromenade mit dem Namen »Bund«, zeigt der Feuerwerkskünstler Cai Guoqiang 2010 eine skurrile Sammlung von Fluggeräten und U-Booten, die chinesische Bauern in Heimarbeit entwickelt und zusammengeschweißt haben. Titel der Schau: »Chinas Bauern-da Vincis«.

Singapurs Regierung verbietet den Verkauf von Kaugummi, damit er nicht auf die Straße gespuckt wird, und sorgt sich auch sonst um die Manieren der Bewohner. Im Radio ist es zum Beispiel verboten, über Geräusche beim Sex zu plaudern.[8]

Nun hat sie eine neue Verdienstmöglichkeit entdeckt und zieht spielfreudigen Menschen ihr hart erarbeitetes Geld wieder aus der Tasche, ermöglicht aber gleichzeitig den Triaden Asiens, ihre Profite aus Drogen- und Menschenhandel zu waschen: Gleich zwei Casinos haben 2010 in der Stadt eröffnet, das eine, Marina Bay Sands, betrieben von der US-Gruppe Las Vegas Sands, kostete rund 5,5 Milliarden US-Dollar, jedes Jahr soll es eine Milliarde Gewinn abwerfen.

Das Casino ragt wie ein riesiger gebogener Schiffsrumpf auf drei Stelzen über die Stadt, ein Dachgarten verbindet die drei Gebäudeteile. Rolltreppen führen vom Hotel und den Boutiquen hinab in den Spielsalon mit rot-goldenen Teppichen. Gastarbeiter aus Bangladesh und China warten in der Schlange, Wächter kontrollieren die Ausweise, denn jeder einheimische Besucher muss 100 Singapur-Dollar, rund 55 Euro, Eintritt bezahlen. Dieser soll sie davon abhalten, Kunden des Casinos zu werden: Geld verlieren sollen nur die Gäste Singapurs. Draußen sagt mir der Taxifahrer, ein Inder: »Die Chinesen sind spielsüchtig. Was sie verdienen, verlieren sie wieder. Aber die Casinos bringen Touristen. Die hätte man schon vor 20 Jahren aufmachen sollen.«

Surabaya, Shanghai, Singapur – dieses Asien ist bunt wie ein Flickenteppich, witzig, überraschend, manchmal rätselhaft, eine Ansammlung unendlich vieler Kulturen und Religionen. Hier leben Hindus, Buddhisten, Muslime, Christen, Juden. Die vier größten islamischen Nationen der Welt liegen im Süden und Osten des Kontinents: Indonesien, Pakistan, Bangladesch und Indien.

Asien reicht von Haifa bis ins russische Magadan, vom Pazifischen Ozean bis zum Hindukusch, von Sibirien bis zum Indischen Ozean. Es ist unermesslich reich und unfassbar arm zugleich. Hier herrschen Mullahs, Sultane, Generäle und Diktatoren, deren Macht allein aus den Gewehrläufen kommt, um es mit dem chinesischen Revolutionär und Staatsgründer Mao Zedong zu sagen, hier regieren demokratisch gewählte Präsidenten und Premierminister.

Es ist die Welt völlig verschiedener Traditionen und unterschiedlichen technologischen Fortschritts: jene der Geishas, die abends kurz vor acht Uhr in Tokio über die Edelmeile Ginza zu den Nachtklubs tippeln, und jene der indischen Maharadschas und Gurus. Es ist die Welt der Zauberer von Jakarta, die behaupten, über Nacht ein Auto reparieren zu können, ohne es zu berühren. Es ist die Welt der kühnsten und modernsten Architektur, der schnellsten Hochgeschwindigkeitszüge und der größten Staudämme.

Und es ist zugleich die Welt der ausgebeuteten Arbeitsmigranten in China, der Fischer aus Myanmar, die auf thailändischen Trawlern wie Sklaven gehalten werden, die Welt der schlecht bezahlten philippinischen Haushaltshilfen, die ihre Familien und ihr Land mit Überweisungen aus Hongkong, Singapur und Saudi-Arabien über Wasser halten, und die der afghanischen Frauen, denen noch immer oft das Recht auf Bildung verwehrt wird.

Asien kann europäisch sein, etwa in der russischen Stadt Chabarowsk am Amur, in der blonde Russinnen promenieren, die Zwiebeltürme einer orthodoxen Kirche über den Fluss schimmern und kaum ein Asiate zu sehen ist.

Als ich in den achtziger Jahren als Korrespondent in Moskau lebte, erwies sich das kommunistische China zupackender und effizienter als das kommunistische Russland. Unvergessen bleibt mir ein Elektroladen im Zentrum Moskaus etwa 1985. Ich hatte ein defektes Bügeleisen gekauft und wollte es umtauschen. »Es gibt kein neues«, erklärte die Verkäuferin. Sie stand vor einer Wand, an der sich bis hoch hinauf Kartons mit Bügeleisen stapelten. Meinen Einwand nahm sie vorweg: »Auch alle kaputt.«

Ein paar Wochen später erlebte ich bei einem Besuch in Peking eine Welt Lichtjahre entfernt von der sowjetischen Planwirtschaft. Zwar gab es in China noch Rationsmarken für Reis und Nudeln, aber auf den Märkten boten Händler all die »Tausend Dinge des Alltags« feil, nach denen sich die Russen oft vergeblich die Beine in den Bauch standen, etwa funktionierende Bügeleisen. Daneben häuften sich Erdbeeren, Äpfel, Bananen. Solche Früchte waren im Ostblock von Weimar bis Wladiwostok Mangelware und in Russland nur sehr teuer auf den Kolchosmärkten zu bekommen. Andere Ecken Asiens erschienen mir ebenfalls lebendiger und mutiger als das Europa, das ich kannte. Ich beobachtete in den neunziger Jahren, wie in mehreren Metropolen gleichzeitig Wahrzeichen des Wohlstands entstanden. In Taipei wuchs der 101-Turm in den Himmel, mit 509 Metern bis 2010 das höchste Gebäude der Welt.

Die Malaysier errichteten in Putrajaya vor den Toren Kuala Lumpurs eine komplett neue Verwaltungshauptstadt. Sie bauten einen neuen Flughafen und als Symbol malaysischen Stolzes die Petronas-Zwillingstürme. Als Erste in der Region hatten sie die Idee, einen High-Tech-Bezirk – Cyberjaya – zu schaffen. Ihr damaliger Ministerpräsident Mahathir Mohamad kommunizierte bereits mit seinen Untergebenen per Internet, als das in Europa noch als technische Extravaganz galt.

China übertrifft sie heute alle – mit dem größten Autobahnnetz der Welt, den meisten Internetnutzern. Die längste Meeresbrücke der Welt soll bald Macau und Hongkong verbinden. Mit dem Geld aus den Tresoren der Staatsbanken verwandelten die Chinesen innerhalb eines Jahrzehnts den heruntergekommenen Werftbezirk Pudong in der Hafenmetropole Shanghai zu einem glitzernden Finanzzentrum.

Die Hauptstadt Peking verändert sich mit jeder Stunde. Viele traditionelle Viertel mit seinen aus der Mongolenzeit stammenden Hutong-Gassen sind seit den neunziger Jahren verschwunden, als ich begann, aus der chinesischen Hauptstadt zu berichten. An ihrer Stelle entstanden Banken- und Geschäftsbezirke.

Indien gleicht in mancher Hinsicht dem China der achtziger Jahre. Wie die Pekinger unter Mao hatten die Inder ihre Wirtschaft jahrelang mit strikter Staatswirtschaft stranguliert, obwohl das Land von demokratisch gewählten Regierungen angeführt wurde. Wer mit dem Ausland Geschäfte machte, brauchte stapelweise Genehmigungen, etwa für den Besitz von Devisen. Sogar Geschäftsreisen ins Ausland mussten sich die Inder von den Behörden gestatten lassen.

Heute reformieren sie ihr System, mit 20 Jahren Verspätung, aber mit Erfolg. Wie die Pekinger von den Olympischen Spielen 2008 profitierten die Bewohner Neu-Delhis von den Commonwealth-Spielen im Jahr 2010, die den Bürgern neue Busse, eine U-Bahn, ein neues Flughafengebäude und einen Airport-Express bescherten. Womöglich geht es in Indien in den kommenden Jahren noch kräftiger voran als in China. Das Land ist jung, bis 2020 werden 136 Millionen mehr Menschen im arbeitsfähigen Alter sein.

## Ein optimistischer Inder

»Setzen wir uns in den Garten, solange die Hitze nicht zu stark ist«, sagt Mohan Guruswamy. Treffpunkt ist das vornehme Hotel The Claridges in Neu-Delhi. Guruswamy, ein stattlicher Mann mit grauem Vollbart, war Ende der neunziger Jahre Chef-Wirtschaftsberater der Regierung, bis ihm, wie er sagt, die Vetternwirtschaft zu viel wurde. Nun verdient er sein Geld als Firmenberater und Wissenschaftler. Er sitzt im Aufsichtsrat zweier von Indern gekaufter europäischer Unternehmen, eines in Italien, das andere in Finnland.

Guruswamy hat sich in seinem Buch »Chasing the Dragon« mit der Zukunft Asiens beschäftigt und kommt zu dem Schluss: »2050 werden die Amerikaner noch immer der mächtigste Staat der Welt sein. Indien und China sind nicht innovativ genug, um die USA zu überholen. Aber wir werden die größte Wirtschaftskraft Asiens, 2035 werden wir sogar China überholen.«[9]

Grund seines Optimismus: Die Inder seien im Schnitt jünger und stärker nach außen gewandt als die Chinesen: »Immer mehr Inder lernen Englisch, das ändert die Denkweise. Englisch ermöglicht die Flucht aus Rückständigkeit und Armut.« Der indische Mittelstand, meint Guruswamy, werde mit der Zeit wachsen und damit die Nachfrage nach Gütern. Und immer mehr Menschen werden in die Städte ziehen. Dies, sagt er, sei der Schlüssel zu mehr Wohlstand.

Aber was sagt er zu der weltweiten Blamage im Jahr 2010, als die Stadien und Wohnheime für die Commonwealth-Spiele erst nach einem Aufschrei von Journalisten in letzter Sekunde fertig wurden? »Ein klarer Fall von Korruption«, meint Guruswamy. »Wir haben unsere Lektion gelernt, so etwas passiert nicht wieder.«

Es stimme schon: »Unser System ist langsamer als das chinesische. In China wird etwas beschlossen, und dann passiert es. Bei uns wird hin und her debattiert, eine Genehmigung für einen Staudamm benötigt 20 Jahre und nicht ein paar Tage wie in China. Aber auch die Chinesen sind korrupt: Sechs der neun Mitglieder des Ständigen Ausschusses des Politbüros besitzen Land in den USA oder Kanada«, behauptet er.

Allerdings muss sich in Indien noch vieles ändern, wenn es erfolgreich sein wolle, sagt Guruswamy. Voraussetzung sei ein schlankeres Regierungssystem, mehr innerparteiliche Demokratie, weniger Bürokratie und Korruption, besser ausgebildete Arbeiter und Angestellte. Die Bauern müssten Kredite für den Landkauf erhalten, das Bewässerungssystem sollte gründlich überholt werden.

Bei aller Hoffnung für die Zukunft Indiens gibt der indische Wirtschaftsnobelpreisträger Amartya Sen zu bedenken, dass es im Alltag für viele seiner Landsleute noch enorme Probleme gibt. Während Neugeborene in China damit rechnen können, 73,5 Jahre alt zu werden, liegt die Lebenserwartung in Indien bei 64,4 Jahren. In Indien sterben von 1000 Kindern 50, in China nur 17.

94 Prozent der Chinesen können lesen und schreiben, aber nur 74 Prozent der Inder. Fast 20 Prozent der Inderinnen zwischen 15 und 24 Jahren sind Analphabetinnen, in China sind es hingegen nur ein Prozent.[10]

Indien und China mögen am Anfang ihres Aufschwungs stehen – der Einfluss ihrer Unternehmen im Rest der Welt ist aber bereits deutlich zu spüren. Die Firmen, in deren Aufsichtsrat Guruswamy sitzt, sind nur einige von jenen, die inzwischen in Europa Fuß gefasst haben. Dazu zählt der indische Konzern Tata, der die britischen Autofirmen Land Rover und Jaguar erworben hat. Der Geflügelproduzent Venkateshwara Hatcheries übernahm 2010 für 46 Millionen Pfund den englischen Premier League Football Club Blackburn Rovers. Chinas Autokonzern Geely kaufte die schwedische Marke Volvo. Asiatische Hotelkonzerne erwerben Luxusherbergen in Paris und bieten »französischen Service mit orientalischem Flair«.

Es gibt noch mehr Beispiele für den Vormarsch asiatischer Unternehmen: Chinas staatlicher Chemiekonzern Bluestar beschaffte sich für zwei Milliarden Dollar die Siliziumsparte des norwegischen Orkla-Konzerns, Sinopec 2009 für 7,2 Milliarden Dollar den kanadisch-schweizerischen Ölförderer Addax Petroleum. Der ebenfalls staatliche Ölkonzern Sinochem investierte drei Milliarden Dollar für 40 Prozent eines Ölfeldes vor der brasilianischen Atlantikküste. In Argentinien sicherte sich der staatliche CNOOC-Konzern für drei Milliarden Dollar die Hälfte der Ölgesellschaft Bridas, und in Brasilien wechselten mehrere Eisenerzminen ganz oder teilweise in chinesischen Besitz über. In Peru ist bereits ein Drittel des Bergbaus in Händen chinesischer Unternehmen.[11]

Kaliforniens damaliger Gouverneur Arnold Schwarzenegger erschien 2010 in China, um die Eisenbahnen zu testen, die mit dem Namen »Harmonie« durch das Land sausen. »China soll Teil unseres Ausschreibungsverfahrens für unsere Hochgeschwindigkeitsstrecken sein«, erklärte der ehemalige Bodybuilder und Schauspieler.

Im saudi-arabischen Mekka bauten Chinesen bereits für die muslimischen Pilger eine 18 Kilometer lange Metro, und im China-Mart der Hauptstadt Riad können Araber sogar chinesische Geldschränke kaufen.[12]

Wie sich die Zeiten verändert haben, wie plötzlich Europa abhängig ist von Asien: Der ASEAN-Generalsekretär, der Thailänder Surin Pitsuwan, berichtete mir vom Asien-Europa-Treffen im Oktober 2008 in Peking, als die Finanzkrise über die Welt hereingebrochen war. »Damals, in der Großen Halle des Volkes, konnte man die Angst und die Sorgen der Europäer spüren. Sie wollten nur eines von den Chinesen: Haltet bitte eure Wirtschaft am Laufen, damit unsere nicht zusammenbricht.«

## Das Comeback eines Kontinents

Hochentwickelte Zivilisationen entfalteten sich auf dem asiatischen Kontinent bereits, als weite Teile Europas noch primitive Bauerngesellschaften waren. Im 11. Jahrhundert, als London nur rund 35 000 Einwohner zählte, siedelten in und um Angkor in Kambodscha eine Million Menschen, die fähig waren, dreimal im Jahr Reis zu ernten. Um 1500 lebten in Asien rund 284 Millionen Menschen, in Westeuropa waren es nur 57 Millionen. Der Wirtschaftshistoriker Angus Maddison errechnete, dass China im 10. Jahrhundert die führende Wirtschaftsmacht der Welt war, legt man zugrunde, was damals jeder Chinese verdiente.

Chinas Bürokratie verwaltete effektiv, seine Wissenschaftler brillierten mit Erfindungen. Die Seeleute navigierten bereits im 15. Jahrhundert mit Kompassen, die Regenten führten neue Lebensmittel und Getreidesorten ein – Tee in der Tang-Dynastie, Baumwolle in der Song-Dynastie, später folgten Sorghumhirse, Mais, Kartoffeln, Erdnüsse und Tabak.[13]

Zwischen 1100 und 1433 waren die Chinesen mit ihrer riesigen Drachenflotte die eifrigsten Händler in Asien. Noch im 17. Jahrhundert erwirtschafteten China und Indien rund die Hälfte des globalen Bruttosozialprodukts, in beiden Regionen lebten mehr Menschen als anderswo auf der Welt. Mitte des 16. Jahrhunderts war Indien nach China zweitgrößte Wirtschaftsmacht der Welt, zwei Jahrhunderte später zog es an ihm vorbei. »Die großen Moguln waren damals die mächtigsten Herrscher. Sie hatten 500 000 Soldaten, 30 000 bis 40 000 Elefanten, 100 000 Pferde, große Kanonen. England war dagegen winzig«, schwärmt der Inder Guruswamy.

Anfang des 19. Jahrhunderts produzierte Asien drei Fünftel des Bruttosozialprodukts der gesamten Welt, mehr als Amerika und Europa gemeinsam. Danach fiel der Kontinent für Jahrzehnte in die Bedeutungslosigkeit, u.a. weil sich Länder abschotteten und in Bürger- und Kolonialkriegen versanken. Zwischen 1820 und 1952 wuchs Chinas Wirtschaft nur noch um 0,2 Prozent pro Jahr.[14] Nun ist der Kontinent wieder da.

Wenn nichts dazwischenkommt, dürfte Asien »2030 fast zwei Drittel der Weltwirtschaft stellen, nahezu das Doppelte des derzeitigen Anteils von 34 Prozent im Jahr 2009«, prophezeit die Asiatische Entwicklungsbank (ADB). Schon jetzt ist Asien das Zentrum des globalen Handels, hier werden ein Drittel aller Waren der ganzen Welt umgeschlagen, hier wechselt jeden Tag mehr Geld als in anderen Weltregionen den Besitzer. Asien hat 64 Prozent der Weltwährungsreserven angehäuft, davon besitzt China allein 3,04 Billionen US-Dollar.

Wenn Finanzverwalter nach den attraktivsten Verdienstmöglichkeiten gefragt werden, antworten sie: »Asien«. »Vor allem in Asien entstehen neue Vermögen, dort sehen wir derzeit die besten Chancen. Wir sind vor allem in Singapur und Hongkong aktiv, aber auch unser Geschäft in Indien und China wollen wir deutlich ausbauen«, sagt der Chef der Vermögensverwaltung der Deutschen Bank, Pierre de Weck.[15]

Asiens Immobilienhändler machen gute Geschäfte, der Markt boomt, die Preise steigen. »Der US-Markt ist nicht gut, Europa ist nicht toll. Deshalb schauen alle nach Asien«, sagt ein Hongkonger Makler.[16]

## »Nachts schläft hier niemand«

Gute Nachrichten gibt es auch außerhalb der Geschäftswelt: In vielen Teilen Asiens werden die Menschen inzwischen älter als früher; zwei der acht Gesellschaften auf der Welt mit den längsten Lebenserwartungen sind asiatisch: Japan und Hongkong.

Asiens Mittelschicht, so vage dieser Begriff sein mag, ist die am schnellsten wachsende Bevölkerungsgruppe der Welt, fand die Weltbank heraus.[17] Das heißt: Die Asiaten werden mehr Autos, Waschmaschinen und Computer kaufen, bessere Wohnungen erwerben, Häuser bauen und sie einrichten, ihre Kinder auf gute Schulen schicken, verreisen, sich in Theatern und Kinos vergnügen, sich mehr und bessere Lebensmittel leisten, in Restaurants essen gehen – und damit Arbeitsplätze in Europa sichern.

Die junge Inderin Ekta Kapoor gehört zu dieser Schicht. Sie spricht Deutsch und hat in Gurgaon, einem modernen Vorort Neu-Delhis, in einem Call-Center des Internet-Bücherlieferanten amazon gearbeitet. »Nachts schläft hier niemand«, sagt Kapoor. »Ich habe Fragen deutscher Kunden beantwortet: Wann kommt der neue Harry-Potter-Band raus? Gibt es Rabatt, wenn eine Ware beschädigt ist?«

Ihre Familie hat sich in Gurgaon ein Grundstück gekauft und will es bald bebauen. »Das Haus soll acht Zimmer haben, dann können wir ein Gästehaus daraus machen.«

Weit über zwei Milliarden Asiaten besitzen mittlerweile ein Mobiltelefon. Das hat auf diesem Kontinent größere Folgen, als sich ein Europäer vorstellen kann. Denn jedes Gerät bedeutet, wie Studien beweisen, Zuwachs an Wohlstand. Bäuerinnen in Bangladesch sind in der Lage, mit dem Handy die Marktpreise zu erkunden. Einige der 130 000 Motorradtaxifahrer in Jakarta, die sogenannten Ojeks, die bisher lange Stunden des Tages auf Kunden warteten, lassen sich über eine Telefonzentrale (Go-Jek) von Passagieren herbeirufen, philippinische Fischer finden heraus, ob ein Taifun naht. Ein einziges neues Handy in Bangladesch trägt zusätzliche 6 000 Dollar zum Bruttosozialprodukt bei.

Japanischen Ingenieuren haben wir es zu verdanken, dass eine CD genau 74 Minuten und 42 Sekunden Musik spielen kann, solange dauert nämlich Beethovens 9. Symphonie. Die Konkurrenz schaut gebannt auf Südchina, wo das chinesische Batterie-Unternehmen BYD mit dem Geld des US-Multimilliardärs Warren Buffett und dem Know-how deutscher Automobilkonzerne ein Elektroauto entwickelt, das mit Strom aus der Steckdose länger als andere Modelle fahren soll.

Wenn Asien weiterhin wachstumsfreundliche Politik betreibe, dann wird es auch in den nächsten zwei Jahrzehnten aufwärtsgehen, prophezeite die ADB.[18] Dazu gehören neue Kindergärten, Schulen und Universitäten. Noch sind die Menschen in den Schwellenländern Asiens nach den Daten der ADB erst ungefähr so gut ausgebildet wie die in den Industrieländern vor 50 Jahren. Aber die Asiaten holen auf. Ihr »menschliches Kapital«, wie es die Banker der ADB nennen, also die Fähigkeit und die Effizienz, Rohstoffe in Güter und Dienstleistungen umzuwandeln, nimmt stetig zu.

Denn immer mehr Kinder besuchen die Schule, und sie lernen länger als früher. 3,7 Jahre drückten sie im Schnitt 2010 die Bank einer Mittelschule, 1979 waren es nur 1,2 Jahre. Und immer mehr Schüler schaffen einen Abschluss. In Ostasien, etwa auf Taiwan und in Südkorea, gehen Kinder sogar im Schnitt über elf Jahre auf die Schule. Dort drängen Tausende an die Universitäten.

Auf der anderen Seite: Millionen haben nie ein Klassenzimmer von innen gesehen. Nur zwei Drittel aller Inder können bislang lesen und schreiben, in Pakistan und Bangladesch leben noch mehr Analphabeten. Weil sie von ihren Eltern aufs Feld oder in die Fabriken geschickt werden, bleiben indonesische Kinder kaum sechs Jahre im Klassenzimmer, vietnamesische nur wenig länger. In Indien schließen bislang nur knapp zwei Prozent der Schüler die Mittelschule ab, in China sind es hingegen weit über 80 Prozent. Doch es gibt einen neuen Trend. In Indien werden mittlerweile fast alle Kinder zur Grundschule angemeldet, der Experte Sanjeev Sanyal schätzt, dass 2020 nahezu jeder Inder und jede Inderin lesen und schreiben kann.[19] Noch leben die meisten Asiaten auf dem Lande, sie verdienen dort viel weniger als Städter. Auch dies ändert sich. In den Schwellenländern wird die Zahl der Städter bis 2030 um etwas mehr als die Hälfte wachsen, noch mehr Megastädte mit bis zu 25 Millionen Einwohnern werden den Kontinent prägen. Viele Wissenschaftler halten eine solche Urbanisierung für die Voraussetzung für mehr Wohlstand.

Wer in einer Stadt wohnt, sei er noch so arm, hat mehr Chancen, sich aus der Misere zu befreien, als es ihm als Landbewohner möglich ist.

Asiens Schwäche ist seine Infrastruktur: Längst nicht alle Länder haben vernünftige Straßen, Brücken, Häfen, Flugplätze, wie sie etwa in Japan, Hongkong, China und Taiwan, Südkorea, Malaysia und Singapur selbstverständlich sind. Indiens Straßen sind voller Schlaglöcher und verstopft mit LKW. Zwischen 2010 und 2020 benötigten die Schwellenländer, so errechneten ADB-Experten, acht Billionen Dollar für Infrastruktur-Maßnahmen. Das ist eine unvorstellbare Summe, aber sie zeigt, wie groß das Wachstumspotenzial ist, wenn diese Länder sich weiter modernisieren – und das wird früher oder später geschehen.

Im Zentrum von Bangkok residiert die Wirtschafts- und Sozialkommission der UNO für Asien und den Pazifik (ESCAP). Blau uniformierte UNO-Polizisten bewachen das Gebäude. Innen herrscht vornehme Stille. Der Kanadier pakistanischer Herkunft Aynul Hasan ist Chef der Abteilung Entwicklungspolitik, und er versucht mit seinen Kollegen den übrigen Asiaten seine Idee beizubringen: Ein Infrastruktur-Entwicklungsfonds sollte gegründet werden, der von einer neuen überregionalen Institution verwaltet wird.

Woher soll das Geld kommen? »In Asien gibt es fünf Billionen Dollar an Währungsreserven. Wenn wir nur fünf Prozent nähmen, hätten wir ein Startkapital von 250 Milliarden Dollar, die wir für Transport, Energie, Wasser und Kommunikation ausgeben könnten«, rechnet Aynul Hasan mir vor. Außerdem könnten die Asiaten regionale Anleihe-Märkte schaffen, aus denen ebenfalls Gelder für den Aufbau Asiens fließen würden.

## Goldenes Dreieck und dunkle Löcher

Asien ist ein Kontinent, der mit seinem Aufbruch fasziniert. Aber er ist gleichzeitig ein Kontinent der Armut, der verschreckt und empört. Noch müssen 957 Millionen Menschen am Tag mit weniger als einem Dollar auskommen, das sind rund zwei Drittel aller Armen auf der Welt. Die meisten der Kinder unter fünf Jahren, die zu wenig wiegen, sind Asiaten.

Besuch in der Millionenstadt Mumbai, dem alten Bombay. Hier hausen Arme in Verschlägen auf der Straße und an Eisenbahngleisen. Vor dem Bombay-Hospital übernachten wartende Patienten auf offener Straße. In viele Gassen des Elendsbezirks Dharavi dringt kein Sonnenstrahl. Steile Stiegen führen zu winzigen Räumen, in denen vielköpfige Familien wohnen. Mütter in bunten Saris bringen morgens ihre Kinder zur Schule, ein Mann putzt sich mit dem Zeigefinder die Zähne, an manchen Ecken warten Tagelöhner bei billigem Tee, bis man sie anheuert.

Oder Jakarta, eine der wichtigsten Metropolen Asiens, die Hauptstadt Indonesiens, das ehemalige holländische Batavia. Die Wirtschaft des Landes wuchs 2010 mit 6,1 Prozent kräftiger, als es die Regierung erwartete. Doch Anfang 2011 wurden Lebensmittel wie

Reis und Chili immer teurer, was viele Menschen in Bedrängnis brachte. Von asiatischer Romantik ist in vielen Ecken der Metropole wenig zu spüren. In der Nähe des »Goldenen Dreiecks«, in dem Banken und Edelhotels ihr Quartier aufgeschlagen haben, leben Menschen in engen Wellblech-Verschlägen. Die Abgase der vielen Autos rauben einem den Atem. Auf den Bürgersteigen in der Wahid-Hasyim-Straße im Zentrum Jakartas, nahe dem Freiheitsdenkmal, drängen sich Straßenhändler und Bettler. Prostituierte, sehr jung und sehr alt, männlich, weiblich, Transvestiten, warten auf Kunden. Garküchen braten Nudeln und Fleischklöße, das Geschirr wird in Eimern gewaschen.

Im Norden Jakartas liegt, wie ich finde, ein faszinierender Ort: der alte Hafen Sunda Kelapa, in dem große Pinisi-Holzschoner be- und entladen werden, um die Güter zu den vielen Inseln Indonesiens zu transportieren. Träger balancieren auf schmalen Planken Kisten und Kartons. Auf der anderen Seite des Beckens existiert eine andere Wirklichkeit: Hier leben Familien in einem der vielen Slums, Abfälle bedecken das Wasser. Wer in dieses Viertel will, muss an einer Holzbude 1000 Rupiah zahlen, etwa zehn Cent. So erhalten sich die Bewohner ihre Würde: Wer Armut sehen will, soll wenigstens zahlen.

Sumi Diva arbeitet hier. Sie ist 26, die Frau eines Seemanns. »Der fährt immer nach Singapur«, sagt sie. Sie trägt ein Kopftuch, wie die meisten muslimischen Indonesierinnen. Mit ihren Verwandten bereitet sie in einem dunklen Durchgang scharfen Salat, den sie für ein paar Rupiah in Plastiktüten verkauft. »Ich lebe zum Glück nicht hier«, sagt sie. »Wollen Sie meine Wohnung sehen?«

Sie greift nach ihrer fünfjährigen Tochter, winkt ein Becak, eines der dreirädrigen Motorradtaxis, heran. Wir tuckern in ein etwas wohlhabenderes Viertel. Eine schmale Gasse führt zu ihrer Wohnung – ein Zimmer, ein winziges Badezimmer gleich neben der Küche, nicht größer als eine Telefonzelle. Ein Fenster gibt es nicht. Im Wohnraum haben ein Bett und ein Schrank Platz, ein Fernseher und ein paar Regale. An der Wand hängen Fotos von ihrem Mann in weißer Uniform und Hochzeitsfotos, die beide in indonesischem Batikgewand zeigen. »Drei Millionen Rupiah zahlen wir im Jahr Miete«, sagt Sumi Diva, das sind rund 240 Euro. Das Wasser müssen alle Anwohner von fliegenden Händlern kaufen. »Das aus der Leitung ist zu dreckig.«

## Schmutz, Schmuggler und Hillarys Dilemma

Aus Asien drangen in den letzten Jahren immer wieder Horror-Nachrichten, die im März 2011 war bislang die Schlimmste: Erdbeben, Tsunami und Super-GAU im Kernkraftwerk Fukushima werden Japan bei dem Versuch zurückwerfen, sich von einer langen Wirtschaftskrise zu erholen, die Immobilienblase und Überalterung ausgelöst hatten. Dazu gehören fast wöchentliche Bergwerksunglücke in China, die in furchtbarer Regelmäßigkeit kenternden indonesischen Fähren, die

Überschwemmungen in Pakistan und Bangladesch, Erdbeben auf Sumatra, Vulkanausbrüche auf den Philippinen.

Asien ist die Region der Bürgerkriege, der Rückzugsort der al-Qaida-Terroristen, die in Pakistan ihren internationalen Nachwuchs trainieren, sich in die Luft zu sprengen, der vorsintflutlichen Taliban, die Frauen und Mädchen die Bildung verweigern, der muslimischen Bombenleger in Süd-Thailand und der philippinischen Abu-Sayyaf-Freischärler, die auf den Inseln Jolo und Basilan im Sulu-Archipel Geiseln im Namen Allahs den Kopf abschlagen.

Über einsame Landgrenzen, versteckte Flugplätze und verschwiegene Häfen werden Waffen und jene Materialien transportiert, die für den Bau von Atombomben benötigt werden. Aus den dunklen Hauseingängen und Bauernhöfen Südchinas drangen Epidemien wie SARS oder die Vogelgrippe, die sich blitzschnell in anderen Teilen der Welt ausbreiteten – und das Risiko ist groß, dass bald neue Krankheiten aus Asien über die Welt kommen.

Asien verändert die Welt – im Guten wie im Schlechten. Schon heute bestimmt der Kontinent unseren Alltag mit. Spielzeug, Schuhe, iPads stammen aus chinesischen Fabriken. Wer in Europa einen Laptop kauft, erwirbt vermutlich damit einen Prozessor aus Taiwan, eine Tastatur aus China, einen Bildschirm aus Südkorea, und die Software stammt aus dem indischen Bangalore. Ohne die billigen Hemden und Hosen aus Indien, Malaysia, Indonesien oder China wäre unser Leben viel teurer.

Inder und Inderinnen wie Ekta Kapoor beantworten in Call-Center die Fragen europäischer und amerikanischer Kunden, erledigen über Nacht die Buchhaltung von Firmen aus Bristol und Berlin, analysieren Röntgenbilder für Ärzte aus Chicago oder Celle.

Was ist das Geheimnis Asiens? Existiert ein besonderes Modell, ein originelles Gedankengefüge, ein Geheimnis, auf dem der Erfolg Asiens beruht? Mit dieser Frage beschäftigt sich das nächste Kapitel.

# Von Konfuzius und Korruption, Demokratie und hohen Rössern

## Das Erfolgsgeheimnis Asiens

Der Platz des Himmlischen Friedens besitzt für mich eine besondere Anziehungskraft – wie für Millionen chinesischer Touristen, für die das weite Areal im Zentrum Pekings zum Pflichtprogramm gehört: Er ist das symbolische Herz Chinas. Doch am Abend des 3. Juni 1989 zischten hier Kugeln über meinen Kopf. Mit Dutzenden Demonstranten suchte ich hinter einem der steinernen Löwen Deckung vor der Armee, die Chinas Demokratiebewegung niederschoss. Neben uns brannte eine Hecke lichterloh, Rikschafahrer schafften schreiende Verwundete in die nahen Krankenhäuser.

Ich erinnere mich, dass die Partei Ende der achtziger Jahre zu Feiertagen auf dem Platz ein Bild des Republikgründers Sun Yat-sen aufstellte, daneben eines von Mao Zedong, Karl Marx, Friedrich Engels – und sogar von Josef Stalin. Sun Yat-sen taucht heute noch auf, Mao Zedong hängt weiterhin über dem Eingang zur

Verbotenen Stadt. Die anderen Herrschaften bleiben inzwischen im Keller. 2011 kam eine weitere Größe hinzu: Vor dem Nationalmuseum stand eine Statue des chinesischen Philosophen Konfuzius, der von 551 bis 479 v. Chr. lebte.

Im April 2011 brachten Arbeiter sie in den Hof des Museums, wo sie nicht mehr so sichtbar war. Immerhin: Konfuzius blieb in der Nähe von Mao. Aber hatte nicht genau der in den siebziger Jahren eine Kampagne der »Kritik an Konfuzius« losgetreten und ihn als feudalen Denker verdammt, um seine Werke für immer aus den Köpfen zu verbannen? Wie passt das zusammen?

Chinas Kommunistische Partei hat Konfuzius aus der Versenkung geholt, als Sinnbild einer nationalen Staatsphilosophie, aus der sie schöpft, um die Legitimität ihrer Herrschaft zu untermauern. Der Staat sei harmonisch und stabil, meinte Konfuzius, wenn sich seine Elite sittlich und moralisch verhält, ein Vorbild ist und bestimmte Verhaltensmaßregeln achtet. »Die Tugend des Herrschers ist die des Windes, die Tugend des Volkes ist die des Grases, wenn der Wind weht, beugt sich das Gras«, befand Konfuzius.

Wenn Pekings Herrscher heute den Erfolg Chinas erklären, führen sie genau diese eigentümliche Mischung aus Konfuzianismus, Marx, Markt und Mao an. Der Aufstieg des Landes, so argumentieren sie, beruhe nicht nur auf wirtschaftlichem Erfolg, sondern auf einer gesellschaftlichen Praxis, die sie »Sozialismus mit chinesischer Prägung« nennen.

In meinen Gesprächen mit chinesischen Funktionären und einfachen Bürgern über das politische System ihres Landes kam fast immer irgendwann der Punkt, an dem sie aufseufzten: »Ach, China ist so groß.« Dann folgte für gewöhnlich eine Aufzählung all jener Probleme, die China von anderen Staaten unterscheidet: Es lebten zu viele Menschen auf engem Raum, viele von ihnen seien ungebildet. Deshalb sei es wichtiger, allen ein Dach über dem Kopf und die tägliche Schale Reis zu verschaffen, als ein demokratisches System zuzulassen. Demokratische Reformen, warnten sie unisono, wären gefährlich: Sie könnten Chaos auslösen, eine riesige Flüchtlingswelle würde sich dann womöglich über die Nachbarstaaten ergießen und den Wohlstand aller gefährden.

Fazit: Der Schlüssel zum Wohlstand und zu einem friedlichen Aufstieg Chinas, zu Harmonie und Stabilität, seien deshalb nicht Gewaltenteilung, Pressefreiheit oder eine unabhängige Justiz, sondern die Herrschaft der KP.

Der wirtschaftliche Aufstieg Chinas begann Ende der siebziger Jahre, als sich die KP von ihrem Modell der Volkskommunen, absoluten Planwirtschaft und des permanenten Klassenkampfes verabschiedete und langsam, aber stetig privaten Handel wieder zuließ. Dadurch konnten sich Millionen Bauern mit ihrer Hände Arbeit aus der Armut befreien, ehemals marode Staatsbetriebe wurden zum Teil privatisiert und begannen schwarze Zahlen zu schreiben. Die Provinzen schufen in den achtziger und neunziger Jahren Sonderwirtschaftszonen, in denen ausländische Unternehmen billig und steuerlich begünstigt, ohne Kontrollen von Gewerkschaften, meist mit chinesischen Partnern ihre Waren produzieren durften. Allein im Jahr 2010 investierten ausländische Firmen rund 106 Milliarden Dollar, 17 Prozent mehr als im Vorjahr.[20]

Wie der Bambus im Wind bog sich nicht nur das Volk, sondern auch die KP. Sie warf wichtige Teile ihrer Ideologie über Bord und präsentierte sich bald ganz anders, als es Europäer und Amerikaner von den schwerfälligen Kadern des alten Ostblocks gewohnt waren: weltoffen und modern, im Armani-Anzug oder im Chanel-Kostüm. Die neue Generation der KP-Funktionäre hat an amerikanischen, französischen oder deutschen Elite-Universitäten studiert und fährt im Audi oder Mercedes zur Parteiversammlung. Der Kommunismus, sagen ihre Führer, ist nicht abgeschrieben. Irgendwann werde er verwirklicht werden, nur nicht gerade jetzt.

Hinter dem Habitus der Weltoffenheit blieben allerdings die alten leninistischen Prinzipien gültig: Keine Interna aus der Partei dürfen nach außen dringen, und die KP kontrolliert das Personal der China AG.

Die Erfolgsgeschichte Chinas irritiert die Welt. Sie stellt das Selbstverständnis von Amerikanern und Europäern in Frage, die wirtschaftlichen Fortschritt mit demokratischen Regierungsformen verbinden. Die Finanzkrise 2008 hat die auf »konfuzianischer Kultur« fußende Rechtfertigung autoritärer Regierungen weiter hoffähig gemacht. Die Anziehungskraft eines Systems, in der die Eliten kraft traditioneller Moral väterlich streng für das Volk sorgen, scheint ungebrochen.

Amerika dagegen, das sich so schwer mit Reformen wie etwa der des Gesundheitswesens tut und auf Pump lebt, hat seine Leitfunktion verloren.

## Kampf der Ideen

Spätestens seit der Finanzkrise von 2008 diskutieren Politiker und Wissenschaftler den sogenannten Peking-Konsens und den Washington-Konsens. China habe ein System entwickelt, das ohne die »Werte und Normen des westlichen Liberalismus blüht«, sagt zum Beispiel der amerikanische Professor Stefan Halper, der sich ausführlich mit dieser Debatte beschäftigt hat. Der »Peking-Konsens« hat einen weltweiten ideologischen Wettbewerb ausgelöst. Die »wachsende Attraktivität von Chinas Regierungsmodell mindert jene des Westens«, folgert Halper, sie macht »unsere Vorstellung von Gesellschaft und Regierung weniger wichtig«.[21] Halper sieht einen weltweiten »Kampf der Ideen«, der sich auch in der Außenpolitik wiederfindet. Das heißt: China pflege Beziehungen als reine Interessenpolitik und mache Geschäfte mit anderen Ländern ohne Vorbedingungen.

Dagegen stehe der sogenannte Washington-Konsens. Er spiegelte sich unter anderem in der Politik der von den USA und Europa dominierten Organisationen wie der Weltbank und des Internationalen Währungsfonds (IWF), die ihre Hilfsprogramme und Kredite an bestimmte politische Bedingungen knüpften. Transparenz, öffentliche Ausschreibungen und vernünftige

Verwaltung der Gelder verlangte die Weltbank von Regierungen, die um Kredite anfragten. Der IWF wiederum forderte bei Rettungsaktionen, mehr zu sparen, das Steuersystem zu reformieren und mehr Geld für Bildung und Gesundheit auszugeben.

Zum Repertoire der westlichen Staaten gehörten in den vergangenen Jahren Sanktionen gegen besonders autoritäre Regierungen, wie etwa in Nordkorea, Simbabwe oder Myanmar. Allerdings legten sie zweierlei Maß an: Bei strategisch wichtigen Staaten wie Saudi-Arabien, Ägypten, Jordanien oder Pakistan verschlossen Amerikaner wie Europäer die Augen vor offenkundigen Menschenrechtsverletzungen und zutiefst undemokratischer Führung. Sie setzten sich damit zu Recht dem Vorwurf der Doppelmoral aus. Die ganz unterschiedlich angelegten Maßstäbe werden in Asien genau beobachtet und vielfach als Beleg dafür gewertet, dass Forderungen, die Menschenrechte zu achten, und Appelle, universelle Werte zu respektieren, nur eine Waffe im Kampf um Märkte und Vorherrschaft seien.

»Ihr kommt auf euren hohen Rössern daher wie die weißen Ritter, Galopp, Galopp, und glaubt, die armen Völker von ihren bösen Führern befreien zu müssen. In Wahrheit verfolgt ihr unter dem Deckmantel von Demokratie und Menschenrechten nur eure egoistischen Interessen. Wir haben eure Doppelmoral durchschaut«, schimpfte der frühere Permanent Secretary des Außenministeriums von Singapur, Kishore Mahbubani.[22]

Die Sehnsucht nach mehr Respekt und Anerkennung, ohne Belehrungen westlicher Regierungen über den

Vorteil des eigenen Systems, ist in Asien weit verbreitet. Seine Bewohner reagieren empfindlich auf westliche Arroganz und Oberlehrer-Attitüde. Ein chinesischer Investmentbroker in China, in England zur Schule gegangen, Studium in den USA, gab diese Stimmungslage mit einem Beispiel wieder: Er berichtete über das Schicksal seiner in Malaysia geborenen Mutter, die von einem amerikanischen Dampfer gerettet wurde, als ihr Boot sank, aber als Asiatin – anders als ihre europäischen und amerikanischen Leidensgenossen – von den Rettern nicht unter Deck in eine Kabine gelassen wurde. Das, sagte er, dürfe den Asiaten nie wieder passieren.[23]

## Wie China Afrika und Milliardäre erobert

Die neue wirtschaftliche Stärke hat China in den vergangenen Jahren zu mehr Respekt und Ansehen verholfen: Vor allem in Afrika und Lateinamerika gelang es Peking, enge Beziehungen zu knüpfen. Chinesische Staatsbetriebe und Banken boten gute Geschäftsbedingungen ohne nennenswerte Gegenleistungen. Dazu gehörten Schuldenerlass, günstige Kredite, lange Laufzeiten. Die staatliche chinesische Export-und-Import-Bank versprach den Afrikanern 2007 insgesamt 20 Milliarden Dollar Kredite für drei Jahre – so viel wie alle anderen Geber zusammen. 2009 und 2010 vergab Peking Kredite in Höhe von mindestens 110 Milliarden Dollar an Entwicklungsländer – und holte damit die Weltbank ein.[24]

Keiner beschreibt diese Entwicklung eindringlicher als der Präsident Senegals, Abdoulaye Wade. »Unser Kontinent hat es eilig, Infrastruktur zu bauen, preisgünstige Energie zu sichern und unsere Menschen auszubilden. In vielen afrikanischen Nationen bemühen sich die Führer darum, robustes Wirtschaftswachstum in einer nachhaltigen Art und Weise zu stärken ... Chinas Herangehensweise an unsere Bedürfnisse passt einfach besser als die langsame und manchmal herabwürdigende postkoloniale Methode europäischer Investoren, Geberorganisationen und Nichtregierungsorganisationen. Chinas Modell, schnelle Wirtschaftsentwicklung zu fördern, lehrt Afrika eine Menge.«

Wade teilt weiter aus: »Ich habe herausgefunden, dass ein Vertrag, der mit der Weltbank für Diskussionen, Verhandlungen und Unterschriften fünf Jahre brauchen würde, nur drei Monate erforderte, wenn wir es mit chinesischen Behörden zu tun hatten. Ich glaube fest an gute Regierungsformen und die Herrschaft des Rechts. Aber wenn Bürokratie und sinnloser Amtsschimmel unsere Handlungsfähigkeit einschränken – und wenn die Armut weiter existiert, während internationale Funktionäre auf die Bremse treten –, dann haben afrikanische Führer die Verpflichtung, sich für die einfacheren Lösungen zu entscheiden.«

Wade lobt ein Treffen mit dem chinesischen Staats- und Parteichef Hu Jintao 2007 in Deutschland: »Ich habe während meines einstündigen Gesprächs mit Präsident Hu Jintao in einer Executive Suite meines Hotels in Berlin während des ... G-8-Gipfels in Heiligendamm mehr erreicht als während des ganzen organisierten Treffens der Weltführer beim Gipfel ...«

Und auch sonst sind die Asiaten »beweglicher« – und billiger. Für den Preis eines europäischen Autos könne man zwei chinesische bekommen. »Die Preise und die Qualität der Güter aus Asien lassen den afrikanischen Regierungen keine andere Wahl, als chinesische, indische und malaysische Produkte zu kaufen«, so Wade.[25]

Für das chinesische Modell spricht der Misserfolg der westlichen Welt in Afrika: Obwohl Milliarden Dollar und Euro über die Jahre in den afrikanischen Kontinent flossen, haben sich die Verhältnisse nicht sonderlich gebessert. »Unsere Entwicklungspolitik hat jedenfalls nicht dazu geführt, dass dort autarke Tigerstaaten entstanden sind wie in Südostasien«, sagt Rupert Neudeck, legendärer Gründer der Hilfsorganisation Cap Anamur. »Die Chinesen machen genau das, was wir 50 Jahre lang nicht geschafft haben: Sie tragen dazu bei, dass sich die wirtschaftliche Kraft des Kontinents steigert. Und das, indem sie schlicht und ergreifend Geschäfte machen.«[26]

Nicht nur afrikanische Politiker sind beeindruckt von den Chinesen. US-Milliardär George Soros, der mit seinem Vermögen ganze Länder an den Rand des Ruins spekuliert hatte und nun als Wohltäter weltweit die Demokratie fördert, ging sogar so weit zu erklären, dass China nicht nur eine »lebendigere Wirtschaft, sondern auch ein besser funktionierendes politisches System als die Vereinigten Staaten« habe. Deshalb gebe es »einen bemerkenswerten schnellen Wechsel von Macht und Einfluss weg von den USA, hin zu China«.[27]

Wie verführerisch der Erfolg Chinas wirken kann, zeigt sich daran, dass selbst Demokraten plötzlich glänzende Augen bekommen, wenn sie über das heutige China sprechen. Der bekannte US-Kolumnist Thomas L. Friedman, wütend über die langwierigen Debatten um Gesundheitsreform und Klimawandel im Kongress, kam zu dem Schluss: »Es gibt nur eine Sache, die schlechter ist als eine Einparteienautokratie, und das ist eine Einparteiendemokratie, die wir nämlich heute in Amerika haben.« Eine Einparteienautokratie habe sicherlich ihre Nachteile, gestand er ein. »Aber wenn sie von einer vernünftig aufgeklärten Gruppe von Leuten geführt wird, wie heute in China, dann kann sie auch große Vorteile haben.«[28]

Ob die chinesische Führung wirklich so »vernünftig« und »aufgeklärt« ist, wie Friedman meint, bleibt noch zu klären. Fest steht, dass sogar die Russen, die mit ihrem kommunistischen Modell so grandios scheiterten, plötzlich Gutes an ihrem ehemaligen ideologischen Gegner finden. Obwohl sie den Kapitalismus einführten, waren sie längst nicht so erfolgreich wie die Chinesen. Während im Jahr 2009 Chinas Wirtschaft um 9,2 Prozent in die Höhe kletterte, sackte die Russlands um 7,9 Prozent ab. Ein weiterer Indikator für Russlands Schieflage ist die Tatsache, dass die Menschen in China immer älter werden, die Russen hingegen früh sterben. Russische Männer werden im Schnitt nur rund 60 Jahre alt. Russische und britische Mediziner führen das nicht zuletzt auf den starken Alkoholkonsum zurück.

Deshalb schauen Russlands Premierminister Wladimir Putin und seine Freunde zum Nachbarn. »Wir sind an den Erfahrungen der Partei- und Regierungsstrukturen in China interessiert«, erklärte Vladimir Matkhanov, Abgeordneter der russischen Duma auf einer Konferenz russischer und chinesischer Experten Anfang Oktober 2009 in Suifenhe nahe der russischen Grenze.[29]

Sogar deutsche Wirtschaftsvertreter schwärmen vom KP-regierten China. »Ich bewundere zum Beispiel die langfristige Perspektive in der chinesischen Politik, von der wir uns durchaus auch etwas abschauen können«, sagte Siemens-Chef Peter Löscher, gleichzeitig Vorsitzender des Asien-Pazifik-Ausschusses der Deutschen Wirtschaft.[30]

Löscher wurde von seinem Kollegen im selben Ausschuss, dem Unternehmer Jürgen Heraeus, noch übertroffen: »Ich glaube, dass eine Demokratie in China heute zum Scheitern verurteilt wäre. Wir sehen schon in Deutschland, dass wir durch die zunehmende Anzahl von Parteien in einigen Ländern allmählich unregierbar sind und das (dies) im Bund im Grunde genommen ja auch erfolgt ist. Wir sehen, dass Indien mit seiner Demokratie es bei weitem nicht so wie die Chinesen geschafft hat, die Bevölkerung in großem Umfang aus der Armut zu bringen und sich weiter zu entwickeln.«[31]

## Die Idee vom starken Staat

So neu ist das alles nicht. Die Idee von einem besonderen asiatischen Weg war bereits im Fernen Osten populär, bevor China als neue Wirtschaftsmacht die Weltbühne betrat. Als in den siebziger Jahren die sogenannten »asiatischen Tiger« – Singapur, Hongkong, Taiwan und Südkorea – hohe Wachstumsraten erzielten, lieferten Politiker ihre eigene Erklärung.

Vor allem der damalige malaysische Ministerpräsident Mahathir Mohamad und sein Kollege aus Singapur, Lee Kuan Yew, begründeten den Erfolg ihrer Länder mit »asiatischen Werten«. Kritikern an der politischen Repression und an den extremen Arbeitsbedingungen in ihren Fabriken und Wirtschaftssonderzonen, die billig für den Export nach Europa und Amerika produzierten und zum Vorbild für Chinas Wirtschaftsreformer Deng Xiaoping wurden, entgegneten die Politiker ungerührt: Harte Arbeit und Disziplin seien wichtiger als Teilhabe und Diskussion.

Mahathir, ein studierter Arzt, empfing meinen Kollegen Erich Follath und mich an einem regnerischen Vormittag im Oktober 1997, mitten in der asiatischen Finanzkrise. Er saß in einem dunklen Raum hinter einem großen Schreibtisch im Uniformhemd der malaysischen Bürokraten, ein schwarzes Namensschild an der Brust: Mahathir.

Um sich hatte er ein paar der neuesten Laptop-Modelle. Mit sanfter Stimme sprach er: »Westliche Konzepte der Demokratie, in denen das Individuum die Oberhand hat, drohen Malaysia zu beherrschen.« Und: »Der Westen zwingt uns seine Vorstellungen auf. Familie bedeutet bei Ihnen nicht mehr länger Frau und Mann mit ihren Kindern. Homosexuelle dürfen heiraten, auf den

Straßen paradieren. Leute laufen nackt herum. Wir wollen das nicht. Wir glauben nach wie vor an die Familie, an die Stärke unserer kulturellen Wurzeln.«[32]

Lee Kuan Yew hat nach seiner Amtszeit einen für sich einzigartigen Posten geschaffen, zuerst als Senior Minister, dann als Minister Mentor, man könnte Graue Eminenz sagen. Wie Mahathir ist auch er kein Demokrat. In seinen Memoiren schwärmt er davon, wie der Vatikan seine Kardinäle bestimmt. Und nach diesem Vorbild hat er seine People's Action Party organisiert.[33]

Er residierte in einem bescheidenen Eckbüro in einem kolonialen Regierungspalais, bewacht von Gurkhas in blauen Uniformhemden und grauen, breitkrempigen Hüten, inmitten eines großen Parks von Singapur. Ich bin ihm dort zweimal begegnet. Als Senior Minister empfing er Gäste in einer Strickjacke und erläuterte gerne sein Idealziel für eine asiatische Regierung: »Für einen Amerikaner mag das die grenzenlose Freiheit sein, sich entfalten zu dürfen. Für mich als Asiaten, der ein Land aus der Armut herausführte, heißt das: den Leuten eine angenehme Wohnung zu verschaffen, für gute Gesundheitsversorgung und Jobs sowie für eine anständige Ausbildung und Zukunft ihrer Kinder zu sorgen.«[34]

All diese Analysen hatten einen gewichtigen Nachteil: Sie wurden vorgebracht von Politikern, die ihre Untertanen mit harter Hand führten. Die »asiatischen Werte« dienten ihnen als Rechtfertigung für autoritäres Gebaren. Beide, der Singapurer Lee und der Malaysier Mahathir, entledigten sich ihrer Kritiker, indem sie diese – nach noch einem aus der britischen Kolonialzeit bewahrten »Gesetz für Innere Sicherheit« – ohne Gerichtsurteil hinter Gittern verschwinden ließen. Seinen Vizepremier und Finanzminister Anwar Ibrahim, der an die Macht drängte, schaltete Mahathir aus, indem er den Vater von sechs Kindern mit einer Klage wegen Amtsmissbrauch und Homosexualität ins Gefängnis werfen ließ.

Der Singapurer Lee und seine Kollegen ruinierten politische Gegner wie den Anwalt und Oppositionspolitiker Joshua Benjamin Jeyaretnam mit Anklagen wegen Rufschädigung und gewaltigen Schadenersatzforderungen. Den Stadtstaat Singapur lenkt eine kleine Elite, Regierungschef ist mittlerweile ein Sohn Lees, Hsien Loong. Dessen Frau leitete lange Zeit die über 100-Milliarden-Euro schwere staatliche Beteiligungsgesellschaft Temasek.

Doch dann brach 1997 die erste Finanzkrise über Asien herein. Sie begann in Thailand, wo die Regierung hilflos zusehen musste, wie Spekulanten Millionen von Baht abstießen, nachdem sie gegen die thailändische Währung gewettet hatten. Ausländische Investoren holten Milliarden aus dem Land zurück. Bangkoks Zentralbanker gaben den Wechselkurs frei, der bisher an den Dollar gebunden war, der Baht stürzte in den Keller.

In den Strudel gerieten Malaysia, Singapur, Indonesien, Südkorea. Ich wurde in Bangkok Zeuge, wie einst steinreiche Banker persönlich Licht und Klimaanlagen ausschalteten und für immer die Rollläden ihrer Geldhäuser herunterließen. In der thailändischen Hauptstadt standen die Kräne still, Geschäftsleute verkauften auf sogenannten »Flohmärkten der ehemals Reichen« ihren Schmuck, ihre Porsches und ihre teuren französischen Weine. In Seoul spendeten Bürger Brillanten, um dem Staat aus der Patsche zu helfen, in Indonesien wussten Millionen plötzlich nicht mehr, woher sie die nächste Mahlzeit bekommen sollten. Tausende von Kindern verließen die Schulen, weil sie etwas zu essen suchen mussten.

Der IWF verordnete strenge Sparprogramme. Dabei prägte sich eine Szene ein, die viele Asiaten noch heute als schwere Demütigung empfinden: Der indonesische Präsident Suharto unterzeichnete nach langem Sträuben den Kreditvertrag mit dem IWF. Neben ihm stand, die Arme gelassen verschränkt und zufrieden herabschauend, der damalige IWF-Chef Michel Camdessus. Bald darauf stürzte Suharto.

Mit der Krise verstummte das Loblied auf die »asiatischen« Werte. »Wie die Währungen wurden auch sie entwertet«, urteilte der singapurische Wissenschaftler Simon Tay.[35]

Aber bis heute erklären Politiker und Wissenschaftler die Funktionsweise ihrer Staaten mit dem großen Einfluss besonderer asiatischer Charakterzüge. Der frühere südkoreanische Außenminister Han Sung Joo, der sich ausführlich mit den Hintergründen des Erfolges beschäftigt hat, glaubt, dass solche Eigenschaften nicht nur in China, Malaysia oder Singapur, sondern auch in vielen anderen asiatischen Staaten nach wie vor verwurzelt sind. Han versteht darunter einen »paternalistischen Staat, eine lenkende Regierung, private Unternehmen« sowie die Betonung von »sozialer Ordnung, Harmonie und Disziplin« – im Gegensatz zu »Transparenz, Berechenbarkeit, globaler Wettbewerbsfähigkeit und dem Gewicht auf private Initiativen«, die allgemein mit westlichen Werten in Verbindung gebracht werden.

Schauen wir nach Japan: Das Land ist eine asiatische Gesellschaft, in der das Suchen nach einem Konsens das Benehmen stärker dominiert als offene Konfrontation und Kritik. Nach der Natur- und Atomkatastrophe 2011 fiel Ministerpräsident Naoto Kan nach Ansicht der japanischen Elite aus der Rolle, als er die hilflosen Manager des Energiekonzerns Tepco laut kritisierte, weil sie ihre Reaktoren im Atomkraftwerk Fukushima nicht in den Griff bekamen.[36]

Japans früher wirtschaftlicher Erfolg liegt, sagt Han, an dem Ehrgeiz dieser Elite, ein reiches und militärisch starkes Land zu werden.

In Südkorea fließen konfuzianische und traditionelle Ideen zu einem Wertesystem zusammen, das großes Gewicht auf Bildung, Arbeitsdisziplin, Ergebnisorientierung und die führende Rolle der Regierung legt. Hinzu kommt wegen des Konflikts mit Nordkorea eine »militärische Kultur«, und diese Mixtur führte zu einer »exzessiven Abhängigkeit von persönlichen Beziehungen, zu einem System von Familienunternehmen, zu Kollusion von Regierung und Geschäft, Mangel an Transparenz … und wuchernder Bürokratie«.

Ist Asiens Auftrieb also wirklich einem besonderen Modell zu verdanken, einem, dessen Erfolgsschlüssel fernab von den sogenannten westlichen Werten zu finden ist?

## Demokratien ohne Demokraten

Moderne asiatische Denker wie Han haben daran ihre Zweifel. Denn die »asiatischen« Werte tragen einen schweren Nachteil mit sich: Sie stellten persönliche Beziehungen, Regierungspaternalismus und moralische Ermahnungen über Transparenz, öffentliche Pflichten, private Initiativen und rechtliche Regeln und gewährten mehr Raum für Günstlingswirtschaft, Bürokratismus und Korruption – laut Han »ein Phänomen, das mit wenigen Ausnahmen in allen asiatischen Ländern verbreitet ist«.

Zudem müssten solche Traditionen einer Demokratie gar nicht im Wege stehen. »In den letzten paar Jahrzehnten haben wir viele asiatische Länder gesehen, die sich in politische Demokratien gewandelt haben, Japan, Indonesien, Südkorea, Taiwan und die Philippinen eingeschlossen. Indien war eine Demokratie seit seiner Unabhängigkeit nach dem Zweiten Weltkrieg. Alle haben bedeutende und reguläre Wahlen, die gewählte Regierungen hervorbringen. Sie genießen Versammlungsfreiheit, Redefreiheit und politische Organisationen … Andere Länder wie Thailand, die Mongolei und Malaysia bewegen sich unbeirrbar Richtung Demokratie, allerdings mit gelegentlichen Rückschlägen.«[37]

Da ist Han sehr optimistisch. Denn die meisten asiatischen Staaten sind bislang »Demokratien ohne Demokraten«, so der indonesische Politikwissenschaftler Fadjroel Rachman, oft beherrscht von reichen Familien, korrupten Politikern und Militärs, im schlimmsten Fall von allen drei Gruppen.

Die New Yorker Organisation Freedom House misst jedes Jahr den Stand der politischen Freiheiten, die Bilanz für Asien sah 2010 nicht gut aus. Von 29 untersuchten Ländern in Asien und im Pazifik waren 16 »frei«, 15 »teilweise frei« und acht »nicht frei«.[38]

Nordkorea ist so ein Fall – ein in sich geschlossenes totalitäres System. Sein großer Nachbar China hingegen erfüllt nicht die herkömmlichen Kriterien einer Diktatur, wie wir sie aus der Sowjetunion oder aus Rumänien kannten. Peking gewährt den meisten Bürgern private und wirtschaftliche Freiheiten, etwa die Freiheit, reich zu werden, die Freiheit, ins Ausland zu reisen, die Freiheit, sich seinen Beruf zu wählen. Dennoch kontrolliert die KP streng Presse und Justiz.

Setzt man Parlamentswahlen als alleinigen Maßstab für eine Demokratie ein, dann wären sogar Myanmar, Kambodscha oder Singapur demokratisch. In Wahrheit sind sie das Gegenteil: Die drei Staaten werden entweder von einer Militärclique, autoritären Politikern oder einer kleinen Elite beherrscht, die zwar wählen lassen, aber ihre Gegner bedrohen, einsperren, ermorden oder mit Klagen finanziell ruinieren und so dafür sorgen, dass niemand an die Macht kommt, der nicht ihre Zustimmung und Sympathie besitzt.

*Indien* gilt als die größte Demokratie der Welt. Tatsächlich entlarven die Medien unablässig korrupte Politiker, die Justiz arbeitet unabhängig, regelmäßig dürfen über 700 Millionen Wahlberechtigte in 28 Bundesstaaten ihre Stimme abgeben. Der nordindische Bundesstaat Uttar Pradesh wurde 2011 sogar von einer Chefministerin aus einer der niedrigsten Dalit-Kasten, den »Unberührbaren«, regiert. Sie hieß Mayawati und hatte eitel viele eigene Statuen errichten lassen. Dort und auch anderswo gewann ihre Partei der »Unberührbaren« an Popularität und Einfluss. Die Kommunistische Partei Indiens (Marxisten) dominierte den Bundesstaat Westbengalen.

Und doch: Korruption und Patronage grassieren. Politik ist in Indien zu weiten Teilen zu einem Familiengeschäft verkommen. Indira Gandhi war 15 Jahre Ministerpräsidentin und setzte kurzerhand von 1975 bis 1977 die Demokratie außer Kraft, regierte per Dekret und ließ Oppositionelle verhaften. Nach ihrer Ermordung wurde ihr Sohn Rajiv, ein politisch unerfahrener Pilot, Regierungschef.

Seitdem er von einer tamilischen Attentäterin 1991 umgebracht wurde, zieht seine Witwe Sonia, eine gebürtige Italienerin, in der Kongresspartei die Fäden. Ohne sie scheint nichts zu gehen. In den Straßen Mumbais hingen im April 2011 Plakate mit Fotos von ihr und ihrem verstorbenen Mann: »Wir sind dankbar«, verkündeten diese, dass Sonia Gandhi den Politiker B. K Hariprasad zum CWC & Gen Secretary AICC, einem hohen Posten in der Partei, nominiert habe. Die Familie dürfte in Zukunft in Indien weiter eine Rolle spielen: Sonias Sohn Rahul ist ebenfalls Politiker.

Viele Parlamentarier und Minister auf Bundes- und Provinzebene sind mittlerweile »Erben«: Söhne, Töchter, Schwiegertöchter und Schwiegersöhne gelangen auf wichtige Posten, auf dem Weg dorthin fließt viel Geld, werden viele Geschenke gemacht.[39]

Eine lebendige Zivilgesellschaft prägt das politische und gesellschaftliche Leben der *Philippinen*. Nach der 21 Jahre andauernden Diktatur von Ferdinand Marcos ist die Presse seit 1986 frei und kritisch, die Wahlen sind demokratisch, wenn nicht gerade die Parteien versuchen, mit einem »dagdag-bawas« genannten Trick Stimmzettel für ihren Kandidaten in die Wahlurne zu schmuggeln und gleichzeitig die ihrer Gegner zu klauen. Trotzdem haben sich die feudalen Strukturen seit Jahren nicht geändert: Die Philippinen beherrschen nach wie vor einflussreiche Familien, die Privatarmeen unterhalten und – wenn nötig mit Gewalt – dafür sorgen, dass ihre Macht nicht angetastet wird. Jedes Jahr werden Journalisten, die unangenehme Themen aufgreifen, von Unbekannten erschossen.

Während des Präsidentschaftswahlkampfes 1998 besuchte ich die 100-Hektar-Hacienda »Balbina« des steinreichen Großindustriellen Eduardo Cojuangco, der den Schauspieler Joseph Estrada bei seiner Kandidatur stützte. Dienstmädchen in Blümchenkleidern verscheuchten stundenlang mit bunten Wedeln die Fliegen vom Buffet, auf der Terrasse am Swimmingpool boten Diener Eiswaffeln an. Nebenan hatte Cojuangco für seine Arbeiter eine Arena für Hahnenkämpfe errichtet. Im Garten stand eine Kapelle, die Cojuangco seiner Frau Gretchen zum Hochzeitstag hatte bauen lassen.

Die hatte deutsche Wurzeln – »Mein Urgroßvater stammte aus Dresden« – und machte vor dem Eintreffen Estradas routiniert die Honneurs. Im Salon schlürften Senatoren, Abgeordnete und solche, die es werden wollten, kalten Orangensaft. Estrada wurde schließlich mit Hilfe der Großgrundbesitzer gewählt – und landete später wegen Korruption im Gefängnis.

Die philippinischen Politiker haben es bislang nicht geschafft – oder nicht gewollt –, die krasse Armut zu beseitigen. Millionen zum Teil gut ausgebildeter Fachkräfte sind darauf angewiesen, sich im Ausland als Haushaltshilfen, vor allem in Hongkong, ausbeuten zu lassen, weil der heimische Arbeitsmarkt keine Chancen für sie bietet. Derzeit diskutieren die Politiker, ob der Wechsel vom Präsidialsystem zu einem parlamentarischen System Besserung bringen könnte.

Die *Thailänder* wählen regelmäßig, die Abstimmung ist aber durch Stimmenkauf und Betrug geprägt. Die Nacht vor der Wahl nennen sie die »Nacht der heulenden Hunde«. Denn die Hunde schlagen an, weil so viele Unbekannte durch das Dorf schleichen, um die Anwohner mit Geld zu bewegen, ihr Kreuz an die richtige Stelle zu setzen.

Über allem thront der kranke König Bhumibol, der laut Verfassung politisch wenig zu sagen, aber großen Einfluss hat und vom Volk tief verehrt wird. Damit das Image und die Geschäfte des Königshauses nicht näher beleuchtet werden können, ist Majestätsbeleidigung verboten, ein Gesetz, nach dem jegliche kritische Bemerkung über die hohe Familie strafbar ist. In der Vergangenheit hat immer wieder das Militär geputscht, seit 1932 bereits 18-mal. Mit ihrem bislang letzten Staatsstreich im Jahr 2006 setzte die Armee einen windigen, aber demokratisch gewählten Premierminister, Thaksin Shinawatra, ab. Thaksin, ein ehemaliger Polizist, der im Telekom-Geschäft reich geworden war, hatte sich mit seinen Milliarden eine Partei gekauft und mit populären Programmen, zum Beispiel billiger medizinischer Versorgung, vor allem Wähler auf dem Lande auf seine Seite gezogen.

2010 drohte Bangkok im Chaos zu versinken, als Thaksin-Anhänger, die sogenannten »Rothemden«, Bangkok für viele Tage lahmlegten. Soldaten schossen auf Demonstranten, Häuser brannten, 91 Menschen starben. Zuvor hatten die »Gelbhemden«, die Gegner Thaksins, den neuen Flughafen besetzt. Hinter Gitter kamen bislang jedoch nur Anhänger des Milliardärs – was in der kritischen thailändischen Öffentlichkeit für erhebliche Unruhe sorgte.[40] Im Juli 2011 gelang es dem inzwischen wegen Korruption verurteilten Thaksin aus dem Exil heraus, seine Schwester Yingluck an die Macht zu bringen – eine Geschäftsfrau ohne jegliche politische Erfahrung, die dennoch bei den Wahlen haushoch gewann.

*Japan*, das vor der Erdbeben- und Tsunamikatastrophe im März 2011 wirtschaftlich zweitstärkste asiatische Land, ist eine parlamentarische Demokratie, angelehnt an das angelsächsische Modell. Doch jahrzehntelang war allein die Liberaldemokratische Partei an der Spitze, in deren Hinterzimmern Politik gemacht wurde und in denen Ministerpräsidenten nach dem Prinzip der Patronage ausgekungelt wurden. In der Folge sind Politik und Wirtschaft eng verquickt, die Bürokratie stark. Ministerialbeamte haben mehr Einfluss auf Entscheidungen der Regierung als in anderen Ländern.[41]

*Indonesien*, mit fast 238 Millionen Menschen das größte islamische Land der Erde, schüttelte 1998 die Diktatur des Suharto-Clans und seiner »Neuen Ordnung« ab, die dem Militär eine starke Rolle zugewiesen hatte. Bei den Parlamentswahlen 2009 bewarben sich 38 Parteien, allerdings war der Wahlkampf weniger ein Ringen um Sachpolitik als um Personen. Das Militär, das unter Suharto das Land mitverwaltete, verliert an Einfluss, doch alte Eliten sitzen nach wie vor auf Schlüsselpositionen und verhindern, dass Menschenrechtsverletzungen aus der Suharto-Ära geahndet werden.

Noch immer nicht gesühnt ist die Entführung und Ermordung von Oppositionellen, unter ihnen viele Studenten, Ende der neunziger Jahre durch die Eliteeinheit »Kopassus« der Armee. Sie wurde angeführt durch einen Schwiegersohn Suhartos, Prabowo Subianto.

»Den Suhartos geht es gut«, sagt mir Franz Magnis-Suseno, ein deutschstämmiger Jesuitenpater mit schlohweißem Haar und einer Vorliebe für Batikhemden. Der 74-jährige Philosoph und Spezialist für javanische Ethik lehrt an der jesuitischen Driyarkara-Schule für Philosophie von Jakarta. Er ist populärer Gast von Seminaren und Talk-Shows, versucht den Indonesiern ins Gewissen zu reden und so die Demokratie zu festigen. Dem Präsidenten hat er vorgeworfen, die Unwahrheit zu sagen. Nur wenn es gelinge, die Korruption einzudämmen, meint Magnis-Suseno, habe Indonesien eine Chance, wirklich demokratisch zu werden.

Das ist ein mühsamer Weg, wie es scheint und ein Blick in das populäre politische Magazin »Tempo«, in der englischsprachigen Ausgabe vom Februar 2011, deutlich macht. Da geht es um den Zoll von Jakarta, der den Schmuggel von Blackberry-Telefonen und Schnaps duldete. Eine Seite weiter folgt eine Grafik mit mehr als 147 Gouverneuren und Bezirkschefs, die wegen Bestechung oder Unterschlagung öffentlicher Gelder entweder verurteilt oder angeklagt wurden. Und schließlich berichtet »Tempo« über die »Kommission zur Ausrottung der Korruption«, die 24 Parlamentsabgeordnete festsetzte. Sie wirft ihnen vor, Gelder von einem Politiker kassiert zu haben, der mit ihrer Hilfe gerne Vizegouverneur der indonesischen Zentralbank werden wollte.

Zwei asiatische Länder sind, aus westlicher Sicht, demokratische Erfolgsstorys: *Südkorea* und *Taiwan*. Dort wurden ehemalige Oppositionelle an die Spitze des Staates gewählt, die in den Zeiten der Diktatur entweder im Gefängnis saßen oder auf Todeslisten von Regierungshäschern standen: in Südkorea Kim Dae Jung und in Taiwan Chen Shui-bian.

Chen sitzt allerdings mittlerweile wieder hinter Gittern – dieses Mal nicht wegen Kritik, sondern wegen Korruption. Auch Frau und Sohn wurden verurteilt.

Am Ende seiner zweiten Amtszeit war er vor Gericht gestellt worden – trotz eines umstrittenen Verfahrens glaubt in Taiwan kaum jemand, dass die Vorwürfe aus der Luft gegriffen waren.

Washington-Konsens, Peking-Konsens, Konfuzius und Korruption. In diesem Spannungsfeld steigt Asien zu neuer Größe auf. Doch wichtigster Wachstumsmotor ist China. Wer die Renaissance Asiens verstehen will, muss sich dem chinesischen Drachen nähern.

## »In eine Richtung denken«

### Wie China wirklich funktioniert

Ein Volk auf dem Marsch in die Zukunft: Schier nicht enden wollende Reihen von Studenten, Eisenbahnern, Krankenschwestern und Vertretern anderer Berufsgruppen ziehen über die »Straße des Ewigen Friedens« in Peking. Sie tragen Reihen von Schriftzeichen wie: »Das ganze Land schafft den kleinen Wohlstand.«

Die Volksbefreiungsarmee hat wenige Minuten zuvor der Welt mit unheimlicher Präzision eine waffenklirrende Schau geboten und unter anderem ihre neuen Interkontinentalraketen gezeigt. Es ist der 1. Oktober 2009, der 60. Gründungstag der Volksrepublik China, ein schöner, sonniger Vormittag. Mit Kollegen und Diplomaten sitze ich auf der Gästetribüne vor dem Tiananmen-Tor und werde Zeuge einer Demonstration: China ist auf dem Weg, eine Großmacht zu werden – und: Mit China ist nicht zu spaßen.

Die Politiker, die diese Botschaft in die Welt schicken, haben sich über uns auf dem Tor zur ehemaligen Verbotenen Stadt postiert. Von dort aus hatte Staatsgründer

Mao Zedong 1949 nach langem Bürgerkrieg die Volksrepublik ausgerufen: »China ist auferstanden!«

Uns gegenüber stehen seit den frühen Morgenstunden rund 80 000 Kinder in grünen und blauen Kostümen, die mit ihren Puscheln an den Händen blitzschnell Schriftzeichen bilden – etwa das Wort »Nationalfeiertag«. Viele Paradeteilnehmer sind Studenten, die für das Ereignis verpflichtet wurden, und ich werde den Eindruck nicht los: Spaß macht ihnen das keinen.

Vor Beginn des Spektakels hat Staats- und Parteichef Hu Jintao im schwarzen Mao-Anzug in einer Limousine der Marke ›Rote Fahne‹ die Soldaten begrüßt. Hu ist auch Oberbefehlshaber der Armee, die allein der Partei untersteht. Er empfängt die Truppen mit der traditionellen Begrüßung: »Genossen, Ihr nehmt Last und Mühen auf Euch.« Die Soldaten stehen bis zu den rund einen Kilometer entfernten Luxusgeschäften des Oriental Plaza in Reih und Glied und brüllen zurück: »Oberster Führer, Sie selbst nehmen Last und Mühen auf sich.«

Kurz darauf fühle ich mich an dunkle Sowjetzeiten erinnert. In der Parade erscheinen riesige Porträts der nach Ansicht der heutigen Führung wichtigsten Männer des neuen China: vorneweg Mao Zedong, dann folgen Wirtschaftsreformer Deng Xiaoping, der ehemalige Staats- und Parteichef Jiang Zemin und schließlich Hu Jintao. Draußen im Land sind viele Chinesen verwirrt. Das soll das moderne China sein? Dieser Personenkult passt ins absolutistische Nordkorea, nicht aber in ein Land im Aufbruch.

Die Parade habe »große politische Bedeutung, weil

sie das Vertrauen in die Führungskraft der Partei und in den Sozialismus mit chinesischen Eigenschaften stärkt«, verkündet die Armee. Überdies symbolisiere sie das »große Erwachen der chinesischen Nation als Folge eines unermüdlichen Kampfes«.

## Lokomotive China

Kein Zweifel, China erwacht. Die Welt blickt auf ein neues starkes Asien – und meint in erster Linie China. Ohne das Reich der Mitte und seine Wirtschaftskraft wäre der Aufstieg des ganzen Kontinents nicht zu erklären.

Wie ist es so weit gekommen? China hat mittlerweile Japan als zweitgrößte Wirtschaftsmacht der Welt und Deutschland als Exportweltmeister überholt. Mit 3,04 Billionen US-Dollar besaß es Ende März 2011 den größten Devisenschatz der Welt. In spätestens 30 Jahren könnte China die USA als die stärkste Wirtschaftsmacht ablösen und rund 40 Prozent des Bruttosozialprodukts der Welt erwirtschaften.

Wenn China in den nächsten 20 Jahren jedes Jahr um acht Prozent wachse, dürfte jeder Chinese 2030 im Schnitt nach heutigem Wert rund 20 000 Dollar verdienen, errechnete Jonathan Anderson, Finanzexperte der Schweizer Bank UBS.[42] Das klingt euphorisch, wenn man bedenkt, dass die Amerikaner derzeit auf rund 47 000 Dollar im Jahr kommen, die Bewohner Pekings erst auf ca. 3 700 Dollar.

Mit seiner Wirtschaftskraft zieht China mittlerweile nicht nur die Nachbarn mit, sondern auch viele Länder in Afrika, Lateinamerika und Europa. Die Chinesen waren es, die Japan aus der Krise holten. Schon 2003 sorgten sie für zwei Drittel des japanischen Exportwachstums, 2009 überwies China dem IWF eine Finanzspritze in Höhe von 50 Milliarden Dollar. In China drehen sich inzwischen mehr Windräder als in den USA. Rund 420 Millionen Menschen surfen im Internet, mehr als 600 Millionen besitzen ein mobiles Telefon. Das sind imponierende Zahlen, aber: Bisher machen all die erwirtschafteten Güter und Dienstleistungen nur rund ein Drittel derer in Amerika aus, und dabei leben in China mehr als viermal so viel Menschen wie in den USA.

Chinas Militär schickt sich zwar an, eine Sonde auf den Mond zu schießen, doch nach wie vor ist das Land arm. Und dennoch, schreibt die ehemalige Staatssekretärin im US-Außenministerium und heutige Wissenschaftlerin Susan Shirk, »spüren wir den heißen Atem dieses ökonomischen Drachen in unserem Nacken«.[43]

## Am Randes des Abgrunds

Um die erstaunliche Entwicklung Chinas zu verstehen, hilft ein Blick in die jüngere Geschichte: Vor hundert Jahren stürzten die Revolutionäre unter dem Arzt Sun Yat-sen den Kaiser, doch sie konnten sich nicht lange halten. Warlords ergriffen die Macht. Der Militärführer,

Yuan Shikai, setzte sich selbst kurz als Kaiser ein. In den dreißiger Jahren wütete ein erbitterter Bürgerkrieg, in dem die Kommunisten unter Mao Zedong und die Nationalisten unter Chiang Kai-shek um die Vorherrschaft stritten. Er wurde nur durch den Kampf gegen die Japaner unterbrochen, die 1931 große Teile des Landes besetzten. Beim Massaker von Nanjing im Dezember 1937 starben nach chinesischen Angaben 300 000 Anwohner.

Kaum waren die Japaner 1945 vertrieben, flammte der Bürgerkrieg erneut auf. Vier Jahre später gründete die KP die Volksrepublik China. Maos Rivale Chiang Kai-shek zog sich mit seinen Truppen und Anhängern auf die Insel Taiwan zurück, den Nationalschatz aus der Verbotenen Stadt nahm er mit.

Es folgten Jahre der Isolation: Die KP verlor sich – zunächst mit Hilfe der Sowjetunion – in sozialistischen Experimenten und verheerenden Kampagnen wie dem Großen Sprung nach vorn (1958 bis 1959) und der Kulturrevolution (1966 bis 1976), als unter dem Motto »Bombardiert die Hauptquartiere« Rote Garden auf der Suche nach vermeintlichen Sowjet-Spionen und Konterrevolutionären durch die Straßen tobten. Umstritten ist bis heute, wie viele Millionen in diesen Jahren ihr Leben verloren – verhungert, in den Selbstmord getrieben, gefoltert, umgebracht. Allein während der Hungersnot Ende der fünfziger und Anfang der sechziger Jahre starben bis zu 45 Millionen Menschen. Das Land stand am Rande des Abgrunds.[44] Als Mao 1976 starb und die linksradikale sogenannte Viererbande unter Führung der Mao-Witwe Jiang Qing durch einen internen Putsch gestürzt wurde, ging die Zeit der tödlichen Experimente vorerst zu Ende. China hatte es inzwischen zwar zur Atommacht gebracht, aber es war ein bitterarmes Land.

Der nach jahrelanger interner Verbannung rehabilitierte Kampfgenosse Maos, Deng Xiaoping, machte sich auf, das Land zu reformieren. Damals begannen mutige Bauern in der Provinz Anhui die Volkskommunen zu verlassen, das Land unter sich selbst aufzuteilen und selbstständig zu bewirtschaften. Die KP erlaubte mehr und mehr Privatwirtschaft. Es begann die Periode der Kleinunternehmer mit sogenannter »roter Mütze«: Offiziell gehörten ihre Restaurants, Werkstätten und Autos dem Staat oder einem Kollektiv, in der Realität waren sie Privateigentum.

Ein frischer Wind wehte Anfang der achtziger Jahre durch China, in Salons dachten Funktionäre, Wissenschaftler und Künstler über politische Reformen nach. Das Geschehen beim Nachbarn Sowjetunion, den Michail Gorbatschow gerade mit Perestroika und Glasnost umkrempelte, faszinierte viele Chinesen. Im April 1989 starb Ex-Parteichef Hu Yaobang, ein wegen seiner Ehrlichkeit und Gradlinigkeit beliebter Funktionär. Deng hatte ihn zwei Jahre zuvor ins Abseits gedrängt, weil er ihm politisch zu liberal geworden war. Nun gingen Zehntausende Studenten in Peking auf die Straße. Sie erklärten, die Partei ehre den Toten nicht genug. Und sie ergriffen die Gelegenheit, gegen Machtwillkür von Funktionären in der Partei zu protestieren.

Die Demonstrationen des Frühjahrs 1989, die sich ursprünglich auch gegen rapide Preissteigerungen richteten, mündeten in einer Demokratiebewegung, die das ganze Land erfasste. Studenten errichteten auf dem Platz des Himmlischen Friedens eine Statue, die »Göttin der Freiheit«. Ende Mai hatten die KP-Alten um Deng genug von dem Treiben. Sie sahen darin eine »Konterrevolution«, die ihre Macht bedrohte. Gegen alle Statuten setzten sie Parteichef Zhao Ziyang ab, der mit den Studenten sympathisierte. Am Abend des 3. Juni 1989 gab die Partei der Armee den Befehl, den Aufruhr mit Panzern niederzuwalzen. Noch immer ist die Zahl der Menschen, die auf den Straßen Pekings starben, nicht bekannt. Schätzungen zufolge könnte es bis zu 3000 Tote gegeben haben. Lange saßen Arbeiter und Studenten als »Aufrührer« im Gefängnis, die damals öffentlich gedemütigt und in Schnellverfahren verurteilt worden waren. Die KP hatte ihre Macht gewahrt, aber die Sympathien vieler Bürger verspielt. In dieser Situation ging Deng – nach einer Periode der innerparteilichen Lähmung – in die Offensive. Er reiste in das südchinesische Shenzhen und verkündete, dass die einen durchaus schneller wohlhabend werden könnten als die anderen. Danach ließ er die Wirtschaft weiter liberalisieren. Die KP duldete zwar keine politischen, erlaubte aber mehr private Freiheiten.

Diese neuen Freiräume veränderten den Alltag der Bürger von Grund auf. Sie durften nun studieren, was sie wollten, ihren Beruf selbst aussuchen, ins Ausland reisen, Wohnungen und Autos kaufen, sofern sie das Geld dazu hatten. »Es ist ruhmvoll, reich zu werden«, hatte Deng postuliert. Aber es gibt seither einen ungeschriebenen Pakt zwischen dem Volk und der Partei. Der lautet etwa so: Wir erlauben euch als gesellschaftlicher Elite das kleine Glück, dafür stellt ihr nicht mehr das Machtmonopol der Partei in Frage.

## Sozialismus à la China

China ist gleichzeitig modern und altmodisch, so wie es Parade, Personenkult und Parolen zum 60. Jahrestag zeigten. Das Land als Gesellschaft mit einem zügellosen Kapitalismus zu beschreiben, ist richtig und falsch zugleich: Trotz neuer Arbeitsvertragsgesetze haben die Beschäftigten wenig Möglichkeit, ihre Rechte zu vertreten. Es gibt keine Gewerkschaften, die diesen Namen verdienen, die Löhne sind niedrig, die Arbeitsbedingungen oft skandalös. Partei und Wirtschaft sind eng miteinander verflochten. Die KP befehligt nicht nur das Militär, sondern auch die Regierung. Sie ist nach der Verfassung oberste Instanz des Staates. Sie bestimmt deshalb zum Beispiel die Industriepolitik und regiert – Kapitalismus hin oder her – ins Tagesgeschäft der Geldhäuser und Staatskonzerne hinein. Sie bestimmt, wer Generaldirektor wird, legt den Wechselkurs sowie die Zinsen der Banken fest, zuweilen sogar die Preise.

Das alles erledigt der Staatsrat, dem Ministerien und Kommissionen zugeordnet sind. Wichtigstes Gremium ist die »Kommission für die Nationale Entwicklung und Reform«, eine modernisierte Version der ehemaligen Planungsbehörde. Früher bestimmte die bis zur letzten

Schraube, was und wie viel im Lande produziert werden sollte.

Heute verordnet die Kommission nur noch Strategien, Pläne und Projekte. Die Vorgaben erhält sie vom KP-Zentralkomitee. Alle fünf Jahre verabschiedet es den Entwurf eines Fünf-Jahres-Plans, der jüngste bestimmt Chinas Zukunft bis ins Jahr 2015. Er verspricht, mit der »ungleichen Entwicklung« Chinas Schluss zu machen, die Kluft zwischen Arm und Reich, zwischen Stadt und Land, zwischen dem wohlhabenden Osten des Landes und dem zurückgebliebenen Westen zu verringern. Zudem sollen 36 Millionen erschwingliche Wohnungen, 3,9 Millionen Kilometer Landstraße und 45 Flughäfen gebaut werden.

Die Regierung ist über die Staatsbetriebe wichtiger Akteur in der Wirtschaft. Banken, Eisenbahn, Luftfahrtgesellschaften (auch der Vertreiber von Kerosin) gehören ihr, mehrheitlich die Werften und Reedereien, die Energieversorger – alle sind sie Regierungsinstitutionen, ebenso die Öl-Importeure und Raffinerien Sinopec und Petrochina, der Aluminiumkonzern Chinalco oder die Offshore-Ölgesellschaft CNOOC.

Ende der siebziger Jahre hatte die Partei die sogenannte »Eiserne Reisschale« für die Arbeiter zerschlagen, die eine Wohnung, eine Krankenversorgung und einen sicheren Job bis zur Rente garantierte. Sie entlastete die Staatsbetriebe, schlug unrentable Teile los, privatisierte. 25 Millionen Arbeiter wurden entlassen und mussten mit einer kleinen monatlichen Unterstützungssumme überleben.

Die übrig gebliebenen Firmen sind ganz oder zum Teil Aktiengesellschaften, die Mehrheit der Anteile hat die Regierung behalten. Diese Staatskonglomerate erhielten während der Finanzkrise den Löwenanteil des Pekinger Investitionsprogramms von über 400 Milliarden Euro – und waren somit Gewinner des Ganzen.

2007 gehörten fast siebzig Prozent der chinesischen Top-500-Unternehmen auf der Forbes-Liste dem Staat. Insgesamt ist die Zahl der Regierungsunternehmen jedoch ständig gesunken, 2009 waren es noch 154 000. Sie machten aber nach wie vor rund 30 Prozent des sogenannten sekundären und tertiären Sektors, der Industrie und Dienstleistungen, aus – und ihre Kassen wurden immer voller.[45]

Das führte dazu, dass die größten und kühnsten Wirtschafts- und Infrastrukturprojekte ihr Entstehen dieser Staatswirtschaft verdankten.

Während in der Bundesrepublik, in der die Magnetschwebebahn erfunden wurde, kein Transrapid hin- und herbraust, weder zwischen Berlin und Hamburg noch zwischen dem Münchner Flughafen und dem Karlsplatz, haben die Chinesen gehandelt: Sie errichteten eine Strecke zwischen dem Shanghaier Flughafen Pudong und der U-Bahn-Station Longyang-Straße. Die chinesischen Funktionäre bewiesen damit Mut zum großen Wurf und hatten wohl auch ein großes Bedürfnis, an die deutsche Schwebetechnologie zu gelangen.

Der Transrapid ist nur ein Beispiel von vielen. Hochgeschwindigkeitszüge, die den schönen Namen »Harmonie« erhielten, verbinden mittlerweile viele Städte. Selbst über die Wüste der Inneren Mongolei spannen sich nun Viadukte, auf denen bald Eisenbahnen mit über 300 Kilometern in der Stunde rasen werden.

Was Geschäftspartner aus dem Ausland so sehr erfreut, dass sie die KP zuweilen über den grünen Klee loben und kritische Medienberichte ihrer Zeitungen über Chinas Probleme so ungern sehen, ist die Tatsache, dass die Partei in der Lage ist, sogar Mammutprojekte ohne viel Federlesens zu verwirklichen. Für Autobahnen, Flughäfen und Staudämme werden Zehntausende oder sogar Hunderttausende Menschen umgesiedelt, und schon drehen sich Kräne und Betonmischer.

## Yangtze-Wasser in Peking

Südlich der chinesischen Hauptstadt graben und bohren Arbeiter im Jahr 2010 Kanäle und Tunnel. Durch sie soll bald Wasser aus dem Yangtze über 1 000 Kilometer in den Norden Chinas fließen, wo es seit Jahren so trocken ist, dass Funktionäre bereits darüber nachdenken, den Regierungssitz aus Peking zu verlegen, womöglich ins südliche Nanjing.

Das Süd-Nord-Projekt wird schätzungsweise 62 Milliarden Dollar kosten, rund 300 000 Menschen werden ihre Heimat verlassen müssen. Niemand weiß, ob der Plan auf Dauer funktionieren und welche Folgen er für die Umwelt haben wird. Und doch hat die Regierung entschieden: Aus den Pekinger Wasserhähnen wird ab 2014 Yangtze-Wasser fließen.

Bereits fertiggestellt ist ein anderes gigantisches Projekt der chinesischen Ingenieur-Visionäre: der Drei-Schluchten-Damm in der Provinz Hubei ist das größte Wasserwehr und eines der umstrittensten Vorhaben der Welt – nicht nur wegen des hohen Preises für die Bewohner der Gegend: 1,2 Millionen Menschen mussten umsiedeln. Ganze Ortschaften am Ufer des Yangtze versanken in den braunen Fluten.

Inzwischen haben sich viele Befürchtungen bewahrheitet: Das Wasserreservoir ist eine riesige Kloake, weil die Städte und Fabriken am Oberlauf ihre Abwässer nicht ordentlich reinigen. Hänge rutschen ab, schon sind einige der neuen Siedlungen gefährdet.

Wissenschaftler haben all dies vorhergesagt, sogar viele der sonst willfährigen Abgeordneten im Nationalen Volkskongresses, Pekings Pseudoparlament, wagten Anfang der neunziger Jahre, Widerspruch gegen den Drei-Schluchten-Damm zu erheben. Dennoch zog die Partei das Projekt seit 1992 eisern durch. Der Damm, argumentiert sie, sei wichtig für die Energieversorgung, zudem könne er Überschwemmungen am Unterlauf des Yangtze verhindern und damit vielen Menschen das Leben retten. Sie feiert sich seither für ihren Mut und ihre Willens- und Schaffenskraft.

50
70
80
90
40
30
20 Nord
100
Astana (Akmola)
Qaraghandy
Irtysch
Barnaul
Nowokusnezk
Ob
Semei (Semipalatinsk)
RUS
Jenissei
KASACHSTAN
Balchaschsee
Syr-Darja
Changaigebi
Mongolischer Altai
Gobi
Toshkent (Taschkent)
Almaty (Alma-Ata)
Bischkek
Dsungarei
Ürümqi (Urumchi)
KIRGISIEN
Tian Shan
Turfansenke
Hami
TADSCHIKISTAN
Xinjiang-Uygur
Kashi (Kaschgar)
Pamir
Tarimbecken
Tarim
AFGHANISTAN
Lop Nur
PAKISTAN
Shaksgamtal
Takla Makan
Altun Shan
Yumen
Nan Shan
Indus
Karakorum
Islamabad
Aksai-Chin
Kunlun
Qinghai
Qinghai See
Kaschmir
Golmund
Shan
Lahore
Demchok
Gelber
Yangtze
Sutlej
Nelang
Xizang (Tibet)
Himalaya
VOL
Delhi
Neu-Delhi
Ganges
Nu Jiang
Agra
NEPAL
Lhasa
Lucknow
Mount Everest 8848
Yarlung
Chambal
Kanpur
Kathmandu
Thimphu
Arunachal Pradesh
BHUTAN
Bhopal
Varanasi (Benares)
Patna
Brahmaputra
Nördl. Wendekreis
Ganges
Narmada
BANGLA-DESCH
Dhaka
Ranchi
Nagpur
INDIEN
Kolkata (Kalkutta)
Irawadi
Mekong
Godavari
Gangesdelta (Sundarbans)
Mandalay
MYANMAR (BURMA)
Saluen
Golf von Bengalen
Naypyidaw
Yangon (Rangun)
TH
Irawadidelta
Golf von Martaban
Krung T
(Bangk
Andamanen (ind.)
Grenzen
Staatsgrenze von China
Andere Staatsgrenzen
Strittige Staatsgrenzen
Staatsgrenzen im Meer
Provinzgrenzen in China
Administration in China
Xi'an Provinzhauptstadt
Tianjin Direktverwaltete Stadt
Ningxia Autonomes Gebiet
Aomen (Macau) Sonderverwaltungsregion
Orte
über 1 000 000 Einwohner
500 000 - 1 000 000 Einwohner
unter 500 000 Einwohner
Hauptstadt eines Staates
0 200 400 600 800 1000 km
(c) Dr. H.-J. Kämmer, Berlin, www.kartographie-kaemmer.de

110
120
130
50
40
30
20 Nord
110 Ost
120
Lena
N D
Witim
Baikal-see
rkutsk
Tschita
Schilka
Seja
Amur
Argun
Chabarowsk
Groβer Chingan
Amur
Manzhouli
Nenjiang
Ussuri
Heilongjiang
Ulaanbaatar
(Ulan-Bator)
Kerulen
Sungari
Harbin
Chanka-see
GOLEI
Changchun
Jilin
Wladiwostok
Jilin
Japanisches
Meer
(Ostmeer)
bi oder Schamo
ei Mongol (Innere Mongolei)
Liao He
Shenyang
Fushun
Liaoning
NORD-KOREA
Pjöngjang
Hohhot
Beijing
(Peking)
Baotou
Datong
Tianjin
Dalian
Bo Hai
Seoul
Ullung
Takeshima
Hebei
Taiyuan
Shijiazhuang
Yinchuan
Ningxia
Shanxi
Handan
Zibo
Jinan
Qingdao
(Tsingtau)
Gelbes
Meer
(Westmeer)
SÜD-KOREA
Busan
(Pusan)
Honshu
Hiroshima
Tsushima
Koreastraβe
Fukuoka
Kyudhu
JAPAN
Gelber Fluss
Shandong
zhou
Gelber Fluss
Luoyang
Zhengzhou
Xi´an
Jiangsu
Cheju
(südkor.)
Shaanxi
Henan
Hefei
Nanjing
Ost-
Osumi-In.
EPUBLIK CHINA
Shanghai
Tokara-In.
Hubei
Anhui
Wuhan
chinesisches
Drei-Schluchten-Stausee
Hangzhou
Ningbo
Amami-In.
gdu
Yangtze
Meer
Chongqing
Dongting-See
Nanchang
Zhejiang
Okinawa
Naha
Yuan Jian
Changsha
Pingxiang
Senkaku-In.
Nansei-In. (Ryukyu-In.) (jap.)
Guizhou
Hunan
Jiangxi
Fuzhou
Matsu
Guiyang
Fujian
Taipei
(Taipeh)
Sakishima-In.
Formosastr.
Xiamen
Formosa
Guangxi Zhuangzu
Guangzhou
(Kanton)
Guangdong
Kinmen-In.
Penghu-In.
REPUBLIK CHINA (TAIWAN)
Shenzhen
Kaohsiung
Nanning
Perlfluss
Yulin
Xianggang
(Hongkong)
Luzon-
Batan-In.
ETNAM
Aomen
(Macau)
PAZIFISCHER OZEAN
Hanoi
Golf
von
Tonking
Haikou
Dongsha
(Pratas)
straβe
Babuyan-In.
Hainan
Hainan
Südchinesisches
Luzon
Mekong
Paracel-In.
PHILIPPINEN
Da Nang
Caloocan
Quezon City
Manila
Catanduanes
Meer
Mindoro
Masbate
Samar
BODSCHA

## Rotes Buch, erhobene Faust und keine Nummer

Wer sind jene Männer und Frauen, die solche Entscheidungen treffen – und China und damit Asien in die Zukunft führen? Sie alle gehören der größten Partei der Welt an, über 80 Millionen Menschen besitzen mittlerweile das rote Mitgliedsbuch. Alle haben sie mit erhobener Faust der Organisation Treue geschworen, die nach dem leninistischen Prinzip des »Demokratischen Zentralismus« organisiert ist, das heißt: von oben nach unten.

Die Partei sorgt dafür, dass in China nicht jeder Mensch vor dem Gesetz gleich ist. Stattdessen herrscht ein Zweiklassenrecht, das zwischen Genossen und gewöhnlichen Menschen unterscheidet. Dafür hat die KP eine Art interne Kriminalpolizei geschaffen – die Zentrale Disziplin-Kommission. Sie wird aktiv, wenn ein Kader einer Straftat verdächtigt wird. Polizei und Staatsanwaltschaft dürfen erst gegen KP-Mitglieder ermitteln, wenn die Disziplin-Kommissare es erlauben. Die Partei schreibt am Ende oft vor, wie Anklage und Urteil lauten sollen.

Nur Parteimitglieder haben die Chance auf eine Karriere in Regierung und Staatsbetrieben, Ausnahmen gibt es selten. Die Neuen müssen eine zweijährige Probezeit bestehen, in der sie in Aufsätzen und Diskussionsbeiträgen ihr politisches Bewusstsein beweisen. Dazu gehört es, stets der Führung zu gehorchen, dorthin zu gehen, wo diese es will, und Stillschweigen über die Interna der Organisation zu wahren. Dieses System ist erstaunlich effektiv. Niemand weiß genau, wer an Chinas Spitze was und warum beschließt, wer was denkt, wer sich mit wem verbündet. Im Telefonbuch steht die Partei nicht.

Die Funktionäre müssen immer wieder eine der 2700 Parteischulen besuchen, bevor sie befördert werden. Dabei sind erstaunliche Karrieresprünge möglich, der Sprung von einer Staatsbank in ein Bürgermeisteramt oder von einem Stahlbetrieb ins Kulturministerium ist nicht ungewöhnlich. Die Zentrale Parteihochschule gegenüber Pekings Sommerpalast lehrt neben Marx und Mao die westlichen Wirtschaftstheoretiker Keynes und Stiglitz, sie kooperiert sogar mit der Kennedy School of Government an der Harvard-Universität oder mit der Universität Cambridge.[46]

In der ehemaligen britischen Kronkolonie Hongkong, einem der wichtigsten Finanzzentren der Welt, die seit 1997 wieder zu China gehört, ist die KP bis heute eine Untergrundorganisation, ihre Parteibüros und Mitglieder verstecken sich hinter Frontorganisationen.

## Fraktionen sind tabu

An der Spitze der Partei steht das Zentralkomitee mit derzeit 371 Mitgliedern (Ende 2010), darüber regieren nur noch die 25 Angehörigen Mitglieder des Politbüros, unter ihnen derzeit lediglich eine Frau. Ganz oben schalten und walten neun Genossen des Ständigen Ausschusses. Diese lenken nicht nur China, sie können mittlerweile auch die Welt erschüttern: Sie entscheiden über Krieg und Frieden, ob der Yuan aufgewertet wird, welche Bank Aktien an der Hongkonger Börse handeln darf, wie viele amerikanische Staatsanleihen gekauft werden und welches afrikanische Land einen günstigen Kredit erhalten soll.

Jedes Jahr im März marschieren diese neun nach interner Rangfolge geordnet in die Große Halle des Volkes zum alljährlichen Nationalen Volkskongress – so wie einst die Sowjetführer das Lenin-Mausoleum auf dem Roten Platz in Moskau bestiegen. Damals schauten wir ausländische Beobachter genau hin, weil die Reihenfolge, in der sich die betagten Genossen die Treppe hochzogen, Rückschlüsse auf die Machtverhältnisse im Kreml zuließ. Bei den Chinesen bleibt alles gleich, nur der Abstand Hu Jintaos zu den anderen scheint sich seit Beginn seiner Führung von Jahr zu Jahr um ein paar Zentimeter zu vergrößern.

Ihr altmodisch inszenierter Führungsstil erscheint in einem merkwürdigen Gegensatz zu den aktuellen Aufgaben, die diese Herren jeden Tag bewältigen müssen. Dabei geht es hinter den roten Mauern des Regierungsviertels Zhongnanhai im Herzen Chinas nicht mehr so zu wie in den Zeiten Mao Zedongs, dessen Anweisungen allein allerhöchste Autorität besaßen. Unter Hu beschließen die Spitzenfunktionäre meist im Kollektiv. Wenn es aber um die große politische Linie geht, etwa um das Verhältnis zu Taiwan oder Nordkorea, sind alle 25 Politbüro-Mitglieder einbezogen, spezielle Probleme entscheidet der Ständige Ausschuss.

Die Männer in der Führung stimmen selten ab – es wird so lange konferiert, bis ein Konsens erreicht ist. Dabei habe »Hu Jintaos Stimme am meisten Gewicht«, zitieren US-Diplomaten in Peking eine Quelle mit Zugang zum inneren Machtzirkel. »Es ist ein Konsenssystem, in dem Mitglieder das Recht haben, ein Veto einzulegen.«[47]

Fraktionen in der Partei sind offiziell tabu – aber es gibt unter den 80 Millionen Mitgliedern Seilschaften und Interessengruppen. KP-Chef Hu zum Beispiel machte Karriere in der »Jugendliga«. Vizepräsident Xi Jinping gehört zu den sogenannten »Prinzlingen«, wie die Töchter und Söhne von verdienten KP-Revolutionären in China genannt werden. Das Konsensprinzip soll sicherstellen, dass die Partei nicht auseinanderbricht. Die KP-Regenten wollen verhindern, dass einer von ihnen zu mächtig wird, die Diktatur eines Mao Zedong soll endgültig der Vergangenheit angehören.

## Tarnkappe für einen Amerikaner

Bei besonderen Themen ist allerdings die Handschrift von Staats- und Parteichef Hu Jintao zu erkennen: Wenn es z. B. um den Dalai Lama und Tibet geht, das im März 2008 von Unruhen erschüttert wurde. Der Dalai Lama ist in seinen Augen ein Verräter und Separatist. Niemand, so heißt es in einer Depesche der US-Botschaft, würde es wagen, Hus Tibet-Kurs in Frage zu stellen. Dies wäre »politischer Selbstmord«, weil jeder mit einer anderen Meinung den Ruf riskiere, »zu weich« oder gar ein »Verräter« zu sein.[48]

Das Konsensprinzip kann jedoch nicht darüber hinwegtäuschen, dass die Führer Chinas heute nicht mehr so mächtig sind, wie es Mao Zedong oder der Wirtschaftsreformer Deng Xiaoping waren.

Längst können sie Entscheidungen nicht mehr par ordre du mufti durchsetzen, zuweilen scheinen sie gar nicht zu wissen, was im Land passiert. Chinas wachsende wirtschaftliche Interessen haben andere Mitspieler auf den Plan gebracht. Die Staatsbetriebe etwa schränkten 2010 offenbar ohne Wissen des Politbüros die Ausfuhr seltener Rohstoffe ein. Als US-Verteidigungsminister Robert Gates im Dezember 2010 China besuchte, rollten die Streitkräfte in der Provinz Sichuan den Prototyp eines Tarnkappen-Bombers zu seinem ersten Testflug aus dem Hangar – was das amerikanische Militär als Muskelspiel oder gar gezielte Provokation interpretierte. Ob Hu von dem Testflug just im Moment des Besuchs von Gates wusste, ist nicht klar. Von dem Amerikaner angesprochen, wandte er sich an einen Offizier und fragte: »Stimmt das?«[49]

Auch die Provinzregierungen Chinas, von denen einige für bis zu 100 Millionen Einwohner verantwortlich sind, treten der Zentrale selbstbewusst gegenüber. Dies zeigt der Fall der alten Ärztin Gao Yaojie, die von den Behörden ihrer Heimatprovinz Henan schikaniert wurde, weil sie unermüdlich auf das Unglück von Aids-Kranken aufmerksam machte. Die Provinzfunktionäre stellten sogar die damalige Vize-Premierministerin Wu

Yi, eine resolute Pekinger Politikerin mit dem Ruf der »Eisernen Lady Chinas«, vor eine harte Probe.

Die Vorgeschichte: In der Provinz Henan steckten sich in den neunziger Jahren Hunderttausende armer Bauern mit dem HI-Virus an, weil sie ihr Blut an Händler und Kliniken verkauft hatten. Die mischten das Blut mit dem anderer Spender und leiteten es intravenös wieder ein, nachdem sie das Plasma entnommen hatten – eine sichere Methode, das Virus zu verbreiten. KP-Funktionäre waren an dem Geschäft beteiligt.

Als die Medizinerin im März 2007 in Washington einen Preis für ihre Verdienste empfangen sollte, sperrten örtliche Beamte sie schlicht in ihrer Wohnung ein und verboten ihr die Ausreise.

Das Pekinger Außenministerium, bemüht um gute Beziehungen zu den USA, versuchte, die Lokalbehörden umzustimmen und Gao fahren zu lassen. Sogar der damalige Außenminister Li Zhaoxing schaltete sich ein – vergeblich. Am Ende musste die damals mächtigste Frau Chinas nach Informationen amerikanischer Diplomaten mehrfach persönlich zum Hörer greifen, bis die Henaner nachgaben.

## Schüsse in Lhasa

Bevor ich einige der voraussichtlichen künftigen Führer Chinas vorstelle, ein kurzer Blick auf die beiden prominentesten Politiker Chinas, weil er einen Eindruck vom Innenleben dieser Partei vermittelt, die für den Aufstieg

Asiens so wichtig ist. Hus Karriere ist typisch für die sogenannte »Vierte Generation der Führer«, die heute Chinas Politik bestimmt – und beim nächsten nationalen Parteitag im Oktober 2012 von der »Fünften Generation« abgelöst werden soll.

Hu gehört zu jener Gruppe von Funktionären, deren politischer Werdegang in der Kulturrevolution begann. Er wird an der Pekinger Eliteuniversität Qinghua zum Wasserbau-Ingenieur ausgebildet, nach dem Ende der Chaosjahre landet er in der Provinz Gansu. Später leitet er den Kommunistischen Jugendverband, die Nachwuchsorganisation der KP, und wird anschließend Parteichef in der Armenprovinz Guizhou. Dann führt er die unruhige Autonome Region Tibet. Als es dort im Frühjahr 1989 zu Unruhen kommt, lässt er in Lhasa auf Mönche und Nonnen schießen.

Unter seiner Herrschaft als KP-Chef blühen Sicherheitsdienste und Polizei auf. Politische Neuerungen packt er nur äußerst behutsam an. Er lässt Wissenschaftler immerhin über Sinn und Unsinn der Todesstrafe diskutieren und Juristen über eine Reform der gefürchteten Arbeitslager nachdenken.[50]

Hu erlässt den Bauern verhasste Steuern und beginnt damit, ein Sozialsystem – etwa Krankenversicherungen für die Landbevölkerung – einzurichten. Damit setzt er sich sachte von seinem Vorgänger Jiang Zemin ab, der auf schnelles Wirtschaftswachstum gebaut hatte und dafür soziale Verwerfungen in Kauf nahm.

## »Starke Winde und prasselnder Regen«

Populärer als der stocksteife und öffentlichkeitsscheue Hu ist sein Premierminister Wen Jiabao, der immer dann auftaucht, wenn es den Menschen schlecht geht: Beim Erdbeben in Sichuan im Mai 2008 zum Beispiel, nach Minenunglücken, Schneestürmen, Überschwemmungen und Erdrutschen. »Großvater Wen« lässt er sich gern nennen, und er weint, wenn er sich mit Opfern trifft. Er wirkt bescheiden, auf Reisen meidet er Bankette und zieht sich lieber in sein Zimmer zurück, um zu arbeiten. Gern doziert er mit erhobenem Zeigefinger.

Der Geologe arbeitet wie Hu zunächst in Gansu, bis er Anfang der achtziger Jahre zum Vizechef des mächtigen Organisationsbüros im Zentralkomitee befördert wird. Mit dem damaligen Generalsekretär Zhao Ziyang besuchte er im Frühjahr 1989 die hungerstreikenden Studenten auf dem Platz des Himmlischen Friedens, um sie zu bewegen, in die Universitäten zurückzukehren. Kurz darauf wurde Zhao gestürzt.

Wen dagegen steigt auf und wird 2003 Ministerpräsident. Als einziger Funktionär in der Geschichte der Partei dient er im Politbüro vier Parteichefs: Hu Yaobang, Zhao Ziyang, Jiang Zemin und Hu Jintao. Der Mann gibt Rätsel auf, denn mit seiner verbindlichen Art wirkt er nicht wie ein Funktionär, der gnadenlos mit Oppositionellen umgeht. Trotzdem war ihm nach dem Tiananmen-Massaker, soweit bekannt, weder ein Wort des Mitgefühls zu entlocken gewesen, noch sind

Nachrichten an die Außenwelt gedrungen, dass er für einen milderen Umgang mit Dissidenten plädiert hätte.

Ende 2010 überrascht er mit Forderungen nach politischer Reform, unter anderem in einem Interview mit dem amerikanischen TV-Sender CNN. Zwar erläuterte er nicht, was er konkret darunter versteht, gleichwohl erscheinen seine Äußerungen den Kontrolleuren so brisant, dass die amtliche Nachrichtenagentur Xinhua sogar ihren eigenen Premierminister zensierte.

Ohne politische Reformen riskiere China, »die Gewinne des Fortschritts zu verlieren«, warnte Wen und versprach: »Ich werde nicht nachgeben bis zum Ende meiner Tage, trotz starker Winde und prasselndem Regen.«

Was hinter dem Vorstoß steckt, weiß bislang niemand. Meint Wen es ernst, oder will er nur die Klagen im Land und im Ausland am harschen Umgang mit Kritikern abfedern? Ist es der letzte Versuch eines alten Politikers, als guter Mensch in die Geschichte Chinas einzugehen?

Sicher ist: Wenn chinesische Funktionäre von Demokratie reden, meinen sie etwas anderes als europäische Politiker oder chinesische Bürgerrechtler. 2007 hatte Wen behauptet, »Demokratie, Gesetz, Freiheit, Menschenrechte, Gleichheit und Brüderlichkeit« seien keineswegs nur kapitalistische Konzepte, sondern »Früchte der Zivilisation« der ganzen Welt. Hu Jintao erklärte auf einem Besuch in Japan allen Ernstes: »Es war das Volk im ganzen Land, das mich gewählt hat und wollte, dass ich Präsident bin.«[51]

Sprechen die Genossen von politischen Reformen, geht es ihnen allenfalls um das Recht, Dorfbürgermeister zu wählen. Für die »Wahl« zum KP-Zentralkomitee werden ein paar Kandidaten mehr aufgestellt, als Plätze zu vergeben sind. Wu Bangguo, Chef des Nationalen Volkskongresses, machte erst im Frühjahr 2011 wieder klar, dass die Partei keinesfalls bereit sei, ein Mehrparteiensystem, die Gewaltenteilung oder Pressefreiheit zu akzeptieren. Zugleich bemüht sich die KP intensiv, die neue Elite des Landes an sich zu binden und für die »nationale Erneuerung« zu begeistern. Deshalb versucht sie, an den heimischen Universitäten die Klügsten und Erfolgreichsten zu gewinnen, und geht gleichzeitig auf junge Chinesen zu, die im Ausland studiert, Examen bestanden und berufliche Erfahrungen gesammelt haben.

Der Chef der Organisationsabteilung des Zentralkomitees, Li Yuanchao, hat deshalb das »Tausend-Menschen-Programm« aufgelegt, das Talente mit Auslandserfahrung in die Reihen der KP und Regierung locken soll. »Wir müssen den Prozess beschleunigen, hochqualifizierte Rückkehrer zu gewinnen, um die globale Finanzkrise zu bekämpfen und die wissenschaftliche Entwicklung voranzutreiben«, forderte er. Seit Mitte der neunziger Jahre sind über 200 000 Chinesen mit Abschlüssen an ausländischen Hochschulen nach China zurückgekehrt.[52] Sie haben mitunter große Karrierechancen, Wissenschafts- und Technologieminister Wan Gang ist ein gutes Beispiel. Der Spezialist für Autos, die mit Wasserstoff angetrieben werden, lebte lange Zeit in Deutschland. Dort forschte und lehrte er an der

TU Clausthal-Zellerfeld, später arbeitete er in der Forschungsabteilung des deutschen Automobilherstellers Audi.

Wan gehört nicht der KP an. Er ist eine der wenigen Ausnahmen in der Regierung. Stattdessen leitet er eine der acht Blockflöten-Parteien, die keinerlei eigene Macht haben, sondern dazu da sind, die KP in der »Politischen Konsultativkonferenz«, in der Wissenschaftler, Künstler und Sportler sitzen, zu beraten. Finanziert und kontrolliert werden diese Organisationen von der KP.

Die Politiker-Riege um KP-Chef Hu und Premier Wen wird 2012/2013 die neue Verbotene Stadt Zhongnanhai neben dem alten Kaiserpalast verlassen. Denn die Partei hat es im vergangenen Jahrzehnt geschafft, entgegen ihrer Tradition, die Führung geordnet auszuwechseln. Das bedeutet: Wenn alles nach Plan geht, werden Hu und Wen nach 2012/13 nur selten in der Öffentlichkeit erscheinen. Wollen die Alten ihre Memoiren und Aufsätze schreiben oder Reden halten, müssen sie die von ihren Nachfolgern genehmigen lassen.

Wer sind diese neuen Funktionäre, die China und damit Asien künftig prägen werden? Sind es Technokraten wie Hu und Wen, sind sie charismatischer als die beiden, gar politische Reformer? Steckt unter ihnen womöglich ein chinesischer Gorbatschow? Drei Beispiele folgen im nächsten Kapitel.

# Blaues Blut und rote Lieder

## Chinas neue Herren und die Furcht vor dem Duft des Jasmins

Metallreliefs mit Wolkenkratzern und Kränen schmücken die Wände des Shanghai-Saals in der Großen Halle des Volkes. Eingraviert sind die Symbole des Kapitalismus: das Dollar-, das Yen-, das Euro-Zeichen. Hier versammeln sich die 72 Delegierten der Hafenmetropole Shanghai, die zum 17. Parteitag von Chinas Kommunisten angereist sind.

Am 19. Oktober 2007 debattieren sie den Bericht von Generalsekretär Hu Jintao, und das tun sie streng nach Rangordnung: Die wichtigen Funktionäre sitzen in der ersten Reihe in breiten Sesseln. In der zweiten Reihe stehen schmalere Fauteuils für die weniger bedeutenden Genossen. Alle tragen schwarze Ledertaschen mit Hammer und Sichel. Bedienstete in violetten Kostümen schenken heißes Wasser nach.

Parteitage sind in China ein wichtiges politisches Ereignis. Sie legen den Kurs für die nächsten fünf Jahre fest und wechseln Spitzenpersonal aus. Der 17. Parteitag brachte für chinesische und ausländische Journalisten etwas Neues. Wir durften in den nach Provinzen benannten Sälen der riesigen Halle einige Treffen von Provinz-Delegationen miterleben. Ordner in schwarzen Anzügen weisen den Weg. Ich laufe über weinrote Teppiche durch leere Flure, an einem riesigen Wandgemälde mit glühender roter Sonne vorbei, um die seltene Gelegenheit zu nutzen, sonst öffentlichkeitsscheue Funktionäre aus der Nähe zu beobachten – etwa den damaligen Shanghaier Parteichef Xi Jinping. Der Politiker war auf dem Weg nach oben. Er wurde im Frühjahr 2008 Vize-Staatspräsident und galt als Nachfolger von Staats- und Parteichef Hu Jintao.

Die Diskussionen im Shanghai-Saal verliefen nach festem Schema: Zunächst priesen die Redner die »richtungweisende« Rede des Generalsekretärs und brachten dabei möglichst viele politische Schlagworte unter: »Deng-Xiaoping-Theorie«, das »wichtige Gedankengebäude der Drei Vertretungen« und das »Konzept der Entwicklung auf der Grundlage wissenschaftlicher Erkenntnisse« – Formeln, mit denen die KP ihre ideologischen Wendungen rechtfertigt. Hinter der »Deng-Xiaoping-Theorie« zum Beispiel verbergen sich die Abwendung vom Klassenkampf und die Wirtschaftsreformen, hinter den »Drei Vertretungen« steckt unter anderem die Aufnahme von Privatunternehmern in die Partei.

Dann stellten sie ihre Arbeit vor, etwa die »Fortschritte bei der Vorbereitung der Expo 2010 in Shanghai«.

Zwei Stunden ging das so. Niemand unterbrach, niemand widersprach, niemand fragte nach, niemand applaudierte. Die Veranstaltung war so zäh wie das Motto des Parteitags: »Das große Banner des Sozialismus chinesischer Prägung hochhalten und für den neuen Sieg beim umfassenden Aufbau einer Gesellschaft mit bescheidenem Wohlstand kämpfen«.

Xi, rundlich und sehr, sehr ruhig, hörte seinen Genossen, die den Bericht des Parteivorsitzenden ein ums andere Mal lobten, nur mit einem Ohr zu. Dabei blätterte er in einer Broschüre. Er wusste ohnehin, was seine Leute sagten, vermutlich hatte er es vorher abgesegnet.

Nach zwei Stunden durften wir Journalisten Fragen stellen. Xi sprach mit sonorer Stimme über Investitionen, das Bruttoinlandsprodukt, die steigenden Löhne. Seine Körpersprache war die eines Denkmals, die Hände hielt er streng gefaltet – ein Albtraum für alle Fotografen.

Wie bei den Shanghaiern ging es auch im Liaoning-Saal zu. Dort war Li Keqiang zu sehen, damals Parteichef dieser nordöstlichen Industrieregion. Er dürfte im Frühjahr 2013 Premierminister werden.

Li sah aus wie eine jüngere Ausgabe von Parteichef Hu, trug eine große Brille und saß wie angefroren in seinem Sessel. Im Unterschied zu Xi wirkte er interessiert und machte sich Notizen, wenn seine Genossen eine weitere Erfolgszahl präsentierten.

## Generation Nr. 5

Im Jahr 2012 wird es wieder einen Parteitag geben, den 18. in der Geschichte der KP. Ein großer Teil der Führungsspitze soll dann ausgewechselt werden. Der wahrscheinlich kommende starke Mann Chinas ist ein Funktionär, den Freunde als »extrem ehrgeizig« bezeichnen: Xi Jinping, dem wir im Shanghai-Saal begegneten, derzeit Vizepräsident und stellvertretender Chef der Militärkommission. Er ist Sohn des ehemaligen kommunistischen Guerillakämpfers und späteren Vizepremiers Xi Zhongxun und damit ein Prinzling. Xi wuchs in den behüteten Zirkeln der Nomenklatura auf. Allerdings erlebte er als junger Mann die Abgründe der »Großen Proletarischen Kulturrevolution«, die 1966 Staatsgründer Mao Zedong lostrat, um Gegner in den Reihen der Partei zu beseitigen.

Xis Vater landete im Gefängnis, der Sohn musste, gerade mal 15 Jahre alt, zur Feldarbeit aufs Land in der Provinz Shaanxi. »Viel von meinem pragmatischen Denken hat seine Wurzeln in dieser Zeit. Es beeinflusst mich noch ständig«, sagte er später.[53]

Anfang der siebziger Jahre gelang es vielen Prinzlingen, das harte Bauernleben hinter sich zu lassen und nach Peking zurückzukehren, so auch Xi. Doch während manche Jugendliche von der Politik nichts mehr wissen wollten, wählte er einen anderen Weg. »Er beschloss zu überleben, indem er roter als rot wurde«, berichtete ein Bekannter amerikanischen Diplomaten.[54]

Obwohl die Partei seinen Vater 1974 ins Gefängnis geworfen hatte, wurde Xi Mitglied der KP. Während seine Freunde westliche Literatur verschlangen, studierte Xi Marx und schloss sich einem Arbeiter-Bauern-Soldaten-Revolutionskomitee an. Es war unter den Prinzlingen damals ein offenes Geheimnis, dass Xis erster Uni-Abschluss in »Marxismus« weniger in der Bücherstube als in der Praxis verdient war.

1979 studierte Xi wirklich – an der renommierten Pekinger Qinghua-Universität. Er schrieb sich für Chemie und Marxismus ein, später erlangte er seltsamerweise einen Doktor in Jura. Nach dem Studium wurde Xi Soldat, er diente als Sekretär im Büro der Zentralen Militärkommission in Peking, in welchem Rang, bleibt ein Geheimnis. Später, als Provinzfunktionär, wird er militärische Aufgaben übernehmen.

Privat hatte Xi nicht so viel Glück, seine erste Ehe mit der eleganten und gebildeten Diplomatentochter Ke Xiaoming ging schnell in die Brüche. Sie lebten in der Wohnung seiner Eltern im Pekinger Funktionärsviertel Nanshagou und »stritten sich fast jeden Tag«, erfuhren die US-Diplomaten. Schließlich kehrte Ke nach England zurück, wo sie lange Zeit mit ihren Eltern verbracht hatte. Xi blieb in Peking. Später heiratete er die populäre Sängerin Peng Liyuan, die zur Generalmajorin aufstieg. Sie befehligt die Gesangstruppe der Armee. Eine Tochter studiert mittlerweile in Harvard unter einem Pseudonym.

Große Karriere, so erkannte Xi in frühen Jahren, war nur zu machen, wenn er für einige Zeit aus dem Pekinger Machtklüngel ausbrach und in der Provinz Erfahrungen sammelte. Er arbeitete sich in den Provinzen Hebei, Zhejiang und Fujian hoch. Fujian liegt gegenüber Taiwan, und zu Xis Aufgaben gehörte es, Investoren von der Insel anzuwerben, was er erfolgreich bewältigte. In 17 Jahren diente er in sieben Städten der Provinz. Zwei von ihm beförderte Funktionäre wurden später wegen Korruption verurteilt, was ihm politisch offenbar nicht schadete.[55]

In Ostchina ließ sich Xi vom Buddhismus, von der Atem- und Bewegungstechnik Qigong und von den traditionellen chinesischen Kampfkünsten faszinieren. Offenbar hoffte er, so Gesundheit und Wohlbefinden stärken zu können. Er soll in dieser Periode seines Lebens sogar an übernatürliche Kräfte geglaubt haben.

2007 wurde er Parteichef von Shanghai, ein großer Karriereschritt. Die KP war dort nach einem Korruptionsskandal aus den Fugen geraten. Xi löste Chen Liangyu ab, der sich Anweisungen aus Peking widersetzt hatte und verantwortlich gewesen sein soll, dass gut 40 Millionen Euro aus dem Shanghaier Rentenfonds für fremde Zwecke ausgegeben wurden. Chen wurde inzwischen zu 18 Jahren Gefängnis verurteilt.

Es war die sogenannte »Shanghai-Bande« unter dem damals noch einflussreichen Ex-Parteichef Jiang Zemin, die Xi nach Shanghai holte. Denn er galt als unbestechlich und mit genügend Autorität ausgestattet, die eigenen Reihen von windigen Genossen zu säubern. Doch er blieb nur sieben Monate in Chinas Finanz- und Hafenmetropole, dann holte ihn die Führung nach Peking. Xis Karriereplan ging endlich auf. »Er hatte die Beförderung in die Zentrale vom ersten Tag an im Auge«, zitieren die US-Diplomaten ihre Quelle.

Xi sei kein intellektueller Überflieger, aber »berechnend, selbstbewusst und konzentriert«, heißt es in dem Bericht der Pekinger US-Botschaft – ein »Realist« und »Pragmatiker«, der sein Blatt stets verdeckt hält und dann »kalt« zum rechten Zeitpunkt die richtige Karte ausspielt. Gleichzeitig sei er ein freundlicher Mann, einer, der »sich immer um dich kümmert«. In seiner Jugend sprach er nie über das andere Geschlecht oder über Filme. Schnaps und leichte Mädchen, der Zeitvertreib vieler Funktionäre, waren seine Sache nicht. Frauen halten ihn für langweilig, das hat er mit seinem steifen Vorgesetzten Hu Jintao gemein.

Ein einziges Mal fiel Xi mit einem öffentlichen Temperamentsausbruch auf – als er sich in Mexiko im Jahr 2009 vor chinesischen Unternehmern über »einige Ausländer mit dicken Bäuchen« beschwerte, »die nichts anderes zu tun haben, als mit dem Finger auf unser Land zu zeigen«. Er fügte hinzu: »Erstens, China exportiert keine Revolution; zweitens, es exportiert nicht Hunger und Armut; und drittens, es macht keinen Unsinn …«[56]

Mit originellen politischen Ideen oder Initiativen tat er sich bislang nicht hervor, das wäre im Karrieresystem der KP ohnehin nicht ratsam. Die Generale der Volksbefreiungsarmee schätzen ihn allein schon wegen seines revolutionären Vaters und dessen Freundschaft zum 1997 verstorbenen Reformer Deng Xiaoping. Nichts weist darauf hin, dass sich Xi als ein chinesischer Gorbatschow entpuppen könnte. Von demokratischen

Reformen hält er wenig, das schiere Streben nach Geld und Reichtum vieler seiner Landsleute ist ihm zuwider. Er scheint sich nach alten Zeiten zurückzusehnen. Als Präsident der Zentralen Parteischule liebt er es, wie Teilnehmer berichten, Mao zu zitieren. Bei der Organisation der Partei müsse die KP-Spitze vom »großen Projekt des Parteiaufbaus lernen, das von der Führung der Ersten Generation mit dem Genossen Mao Zedong in ihrem Kern« unternommen wurde, dozierte er.[57]

Auffällig sind seine Sympathien für die unter Mao von der Propaganda besungenen »Helden der Massen« von gestern, etwa den »Eisenmann« des Ölfeldes Daqing oder den braven Soldaten Lei Feng. Er ist davon überzeugt, dass nur eine kleine Elite Chinas soziale Stabilität bewahren und das Land zu nationaler Größe führen könne. Die Prinzlinge seien die »legitimen Erben« der chinesischen Revolution, sagt er.[58]

Staats- und Parteichef Hu Jintao hatte ihn zunächst nicht als seinen Nachfolger auserkoren. Hus Favorit war Li Keqiang, der wie er seine Karriere im Kommunistischen Jugendverband begann. Doch eine Gruppe älterer Genossen, unter anderem der frühere KP-Chef Jiang Zemin, erhob Einspruch. Li habe »nicht ausreichend Erfahrung«, befanden sie. Der Parteichef gab nach, stattdessen sollte Li Nachfolger von Premier Wen Jiabao werden.

## Ein Funktionär am Wendepunkt

Ende 2010 vereinigte Li bereits eine Menge Macht in seinen Händen. Er war gleichzeitig Vizepremier, Vizechef der staatlichen Energiekommission und Chef der Aufsichtsbehörde für Lebensmittel. Er saß zudem in der KP-Führungsgruppe für Finanzen und Wirtschaft, im Politbüro war er für Umwelt und Gesundheit zuständig. Er arbeitete ein Sozialversicherungssystem für das ganze Land aus und entwickelte Programme gegen die Arbeitslosigkeit. In seiner Zeit als Provinzfunktionär hatte er für den Bau von Sozialwohnungen gesorgt, berichten seine Kollegen.[59] Nach der Kader-Zeit im Kommunistischen Jugendverband regierte er von 1998 bis 2004 als damals jüngster Gouverneur die ländliche Provinz Henan. Danach wurde er Parteichef der Provinz Liaoning. Hier standen viele Staatsbetriebe der alten Schwerindustrien seit Jahren still. Anders als die Angehörigen der älteren Führungsgeneration, die überwiegend aus Ingenieuren, Geologen und anderen Technokraten besteht, studierte Li an der juristischen Fakultät der Peking-Universität und schrieb eine Doktorarbeit. Als Student soll er, wie sich Kommilitonen erinnern, für politische Reformen geworben haben.[60] Als die Studenten 1989 auf dem Tiananmen-Platz revoltierten, war er hoher Funktionär im Jugendverband, der den Protest als »patriotisch« – und nicht wie die Führung als »konterrevolutionär« – einstufte und sich damit auf ihre Seite stellte.[61]

»Wir stehen an einem historischen Wendepunkt«,

verkündete er Anfang 2010 auf dem Weltwirtschaftsforum in Davos: »Wir müssen den alten Weg des ineffektiven Wachstums verlassen und das gegenwärtige Entwicklungsmodell ändern, das exzessiv auf Investitionen und Exporten beruht.«[62]

Seine Karriere verlief jedoch nicht reibungslos, sein Name ist mit dem lange vertuschten Aids-Skandal in Henan verbunden. Ende 2010 trat der todkranke ehemalige Direktor des Instituts für Gesundheitserziehung, Chen Bingzhong, an die Öffentlichkeit und forderte Li auf, sich für seine Fehler im Umgang mit den Aids-Kranken zu entschuldigen. Erhört wurde er nicht.

## Der Prinzling liebt Mao

Ein weiterer Funktionär machte in den letzten Jahren von sich reden: Bo Xilai, Politbüro-Mitglied und seit Ende 2007 Parteichef von Chongqing, einer quirligen Metropole am Yangtze, die keiner Provinz unterstellt ist. Er ist der schillerndste von allen, ebenfalls ein Prinzling. Sein Vater war einer der sogenannten »Acht Unsterblichen« der Partei, ein legendärer Guerillaführer in der Zeit des antijapanischen Krieges in den dreißiger und vierziger Jahren des vorigen Jahrhunderts und Anfang der fünfziger Jahre Finanzminister und Planungschef. Wenn der Sohn zum jährlichen Nationalen Volkskongress die Treppen der Großen Halle des Volkes besteigt, umringen ihn begeisterte chinesische Reporter und Kamerateams – ein chinesischer Polit-Popstar.

Bo studierte Geschichte an der Peking-Universität und arbeitete später an der Chinesischen Akademie für Sozialwissenschaften. Als Bürgermeister der nordöstlichen Hafenstadt Dalian verdiente er sich gute Noten, sie wurde ein moderner, ansehnlicher Ort. Später ging er als Parteichef nach Liaoning, danach stieg er zum Handelsminister auf. In Peking muss etwas schiefgegangen sein, denn Bo wurde nicht zum Vizepremier ernannt, wie er offenbar erhofft hatte. Stattdessen wurde er wieder in die Provinz versetzt.

In Chongqing, rund 2000 Kilometer von Peking entfernt, sollte Bo offenkundig beweisen, dass Städte in Zentralchina genauso aufsteigen konnten wie die Küstenmetropolen Shanghai oder Guangzhou (Kanton). Denn damit die Wirtschaft weiter wuchs, musste die Pekinger Regierung die Inlandsregionen Chinas industrialisieren, Chongqing diente als Ausgangspunkt für die Politik »Den Westen entwickeln«. Bo erwies sich als populistischer Parteichef. Er ließ billige Wohnungen bauen, verhandelte mit streikenden Taxifahrern. Auf Sicherheit legte er viel wert. Er kündigte an, 500000 Überwachungskameras in der Stadt aufzustellen, 2,6 Milliarden Dollar sollte das System kosten.[63] Bo spielte vor allem die Mao-Karte aus, obwohl sein Vater während der Kulturrevolution im Gefängnis saß und seine Mutter sogar von Roten Garden erschlagen worden sein soll. 2009 trat er eine »Kampagne der Roten Kultur« los: Auf Veranstaltungen sangen Tausende Lieder aus der Mao-Zeit und zitierten aus Maos Werken. Zudem forderte Bo die Bürger auf, »Rote Botschaften« über ihre Handys zu verschicken, die das Land oder die Stadt priesen. 120 Millionen solcher Nachrichten sollen versendet worden sein. Wie einst Mao wies er Schriftsteller an, was sie schreiben sollten: »Autoren haben eine wichtige Mission, und für dieses Zeitalter müssen sie tiefere und bewegendere Werke schaffen, um die nächste Generation zu fördern. Nur so wird es Hoffnung für unsere Menschen geben.«[64]

Mehr Eindruck als mit seinem Engagement für die sozialistische Kunst hinterließ er mit einem Schlag gegen die Mafia. Die Triaden kontrollierten unter anderem Bus- und Immobilienunternehmen und waren tief in die KP-Reihen eingedrungen. Wer sich ihnen in den Weg stellte, lebte gefährlich. Über 3400 Personen landeten unter Bo, der seinen eigenen Polizeichef aus Peking mitgebracht hatte, hinter Gittern, darunter zu Multimillionären aufgestiegene Gangsterbosse und Funktionäre wie der frühere Vize-Polizeichef und Chef der Justiz, Wen Qiang. Neun wurden zum Tode verurteilt, Juristen zweifeln allerdings daran, dass bei den Schauprozessen alles mit rechten Dingen zugegangen ist.

Im Dezember 2010 bekam Bo in Chongqing Besuch von einem anderen Prinzling: Dem designierten Parteichef Xi. Wurde da eine Allianz für die Zukunft geschmiedet, oder war es nur eine Routine-Inspektion? Xi jedenfalls segnete die Politik seines Genossen ab: »Das Parteikomitee von Chongqing hat einen großen Sieg bei der Sicherung der Grundrechte und der Interessen der breiten Massen errungen«, befand er. Die »Anti-Triaden-

Kampagne ist zutiefst populär und hat den Herzen der Menschen Freude bereitet«.

Und: »Rote Lieder singen, die Mao-Werke studieren ... und (maoistische) Worte verbreiten – dies ist tief in die Herzen der Menschen eingesunken und ist des Lobes wert.«[65]

## Das Verschwinden der Anwälte

Zwei Prinzlinge mit einer Vorliebe für Mao und ein fleißiger Bürokrat – sie stehen für die neue Elite, die China in die Zukunft führen wird. Von politischer Liberalisierung scheinen die drei wenig zu halten. Aber vielleicht wartet ja doch ein Reformer in den Kulissen? Auch wenn es kein radikaler wie Gorbatschow ist, vielleicht einer, der zumindest mutiger als seine Vorgänger mit politischen Neuerungen experimentiert? Bei meinen Gesprächen mit Experten in Asien hörte ich Anfang 2011 häufig diese Ansicht: »Die Jasmin-Revolution in Nordafrika zeigt, dass nichts unmöglich ist, auch in Asien und sogar in China nicht.«

Tauchen wir deshalb in die Atmosphäre ein, die bis ins Frühjahr 2011 in China herrschte. Die alten und die neuen Führer werden von dem Wunsch getrieben, das Land wieder zu alter Größe zu bringen. Sie und auch viele Bürger empfinden die Geschichte Chinas als eine Geschichte der Demütigungen. In ihren Schulbüchern, TV-Serien und Museen werden sie immer wieder daran erinnert, dass die Kolonialmächte China im 19. Jahrhundert im Opiumkrieg besiegten und bis ins Innere des damaligen Kaiserreichs vorstießen. Nach dem Ersten Weltkrieg sprachen die Siegermächte in Versailles 1919 nicht den Chinesen, sondern den Japanern einen Teil der Provinz Shandong zu. Ab 1931 besetzten die Japaner große Teile Chinas.

Die KP stärkt diesen Opferkomplex. Sie braucht ihn zu ihrer eigenen Legitimation. Nur sie, erklärt sie ihren Untertanen, könne das Land zu Stärke und Selbstbewusstsein führen und es in eine Situation versetzen, in der es nicht mehr herumgestoßen wird wie ein schwächlicher Junge auf dem Schulhof. »Ohne die Partei gäbe es das neue China nicht«, singen die Chinesen von klein auf.

Doch ein merkwürdiger Widerspruch tat sich auf: Je selbstbewusster KP-Politiker nach außen auftraten, desto nervöser erschienen sie nach innen. Ein deutliches Zeichen dafür war der harte Umgang mit Andersdenkenden. Die Liste der verschwundenen Anwälte, Bürgerrechtler, Journalisten und Umweltschützer wurde immer länger. Petenten und Unbequeme landeten ohne Gerichtsurteil in von der Polizei und Funktionären illegal eingerichteten sogenannten »schwarzen Gefängnissen«, in Umerziehungslagern oder in der Psychiatrie. Das Gesetz war mehr Waffe des Staates als Schutz vor seiner Willkür. Der Anwalt Gao Zhisheng berichtete 2010 Journalisten, Polizisten hätten ihn in der Haft gefoltert. Bis zum Frühjahr 2011 war er wie vom Erdboden verschluckt.

Angehörige, die nachprüfen wollten, warum beim

Erdbeben in Sichuan 2008 so viele Schulen einstürzten, oder die nicht aufhörten, nach den Verantwortlichen für die Vergiftung von Milchpulver mit der Chemikalie Melamin zu suchen, riskierten ebenfalls ihre Freiheit. Der Vorwurf lautete in solchen Fällen »Anstachelung zur Untergrabung der Staatsgewalt« oder »Gefährdung des sozialen Friedens«.

Weltweites Aufsehen erregte das Schicksal des Autors und Philosophen Liu Xiaobo, der 2010 den Friedensnobelpreis erhielt. Ende 2009 verurteilte ihn das Erste Mittlere Volksgericht in Peking zu elf Jahren Gefängnis. Sein »Verbrechen«: Er hatte neun regierungskritische Aufsätze »mit hinterhältiger Absicht« geschrieben, vor allem aber die Charta 08 mitverfasst, die über das Internet verbreitet und bald von rund 10 000 Menschen unterschrieben wurde.

Dass die Meinungsfreiheit in der chinesischen Verfassung garantiert ist, interessierte die Juristen in KP-Diensten nicht, Lius Schriften »überschritten« alle Grenzen, befanden sie. »Niemand kann den menschlichen Wunsch nach Freiheit blockieren«, entgegnete Liu unbeirrt in seiner Verteidigungsrede, die er nicht halten durfte, die aber Freunde später im Internet veröffentlichten.

Die Charta 08 verlangt nicht ausdrücklich den Sturz der KP, fordert aber eine »Demokratie, basierend auf Gesetzen«. Die Verfasser plädieren für behutsamen Wandel und eine »moderne Regierung, in der die Gewaltenteilung garantiert wird. Dazu gehörten Meinungsfreiheit, Freiheit der Presse, Versammlungsfreiheit, die

Freiheit, Vereine zu gründen, die Freiheit, den Wohnort zu wählen, die Freiheiten, zu streiken, zu demonstrieren und zu protestieren ...«

Die Nachrichten über den Nobelpreis wurden zunächst in der Presse unterdrückt und mussten dann als Beweis für eine antichinesische Haltung des Auslands herhalten. Die Ehefrau des Preisträgers verschwand im Hausarrest.

Zensoren in Peking und den Provinzen wachen Tag und Nacht über Zeitungen, Rundfunk, Fernsehen und das Internet, damit sich unerwünschte Informationen nicht verbreiten. 350 Millionen »schädliche Informationen – Texte, Bilder und Videos eingeschlossen – wurden bis November gelöscht«, meldete der Chef des Informationsbüros des Staatsrats im Dezember 2010. Dazu zählten freilich nicht nur politische, sondern auch pornografische Inhalte.[66]

## Ein ungeschriebener Pakt

China polarisiert. Ausländische Politiker, Wissenschaftler und Journalisten werden häufig einem von zwei Lagern zugeordnet: den sogenannten Panda-Huggern oder den China-Bashern (auf Deutsch: Panda-Umarmer und China-Hasser). Kennzeichen der einen: Sie zeigen stets Verständnis für die Regierungspolitik, heben die Fortschritte der vergangenen Jahrzehnte hervor, entdecken bei der KP den Willen zu politischer Reform, verweisen auf die lange Geschichte und die ehrwürdige

Zivilisation des Landes und erklären seltsames Benehmen der Politiker gern mit kulturellen Eigenarten. Die Welt müsse sich mehr bemühen, China zu verstehen, fordern die Panda-Umarmer. Vor allem solle alles dafür getan werden, damit die Chinesen nicht ihr Gesicht verlieren.

Die China-Hasser hingegen halten die KP für einen Geheimbund, ähnlich dem der Mafia, der sich nichts dabei denkt, kritische Geister einzusperren und ausländischen Geschäftspartnern die Ideen zu klauen, um sie dann wieder aus dem Land zu drängen. Das Militär rüstet auf, was nach ihrer Ansicht beweist, dass das Gerede vom »friedlichen Aufschwung« Propaganda-Gewäsch sei.

Die Wahrheit liegt zwischen diesen Polen und manchmal an ihren Extremen. Hinzu kommt, dass sich die mächtigen Männer der KP nicht nur als Vertreter ihrer Partei, sondern als der gesamten chinesischen Nation darstellen. Wer ihre Politik bezweifelt, muss damit rechnen, als antichinesisch, antipatriotisch oder gar umstürzlerisch angegriffen zu werden.

Der neue chinesische Mittelstand werde irgendwann mehr Mitsprache, mehr Kontrolle und eine freiere Presse fordern, heißt es, die KP werde nicht umhinkommen, eines Tages ihr Regime zu lockern und den Bürgern demokratische Grundrechte zuzubilligen. »Wandel durch Annäherung« oder »Wandel durch Handel«, lautet das Schlagwort deutscher Politiker und Geschäftsleute. Dieses Konzept habe schon in der Sowjetunion funktioniert.

Unmöglich, wenden Pessimisten ein, und sie haben wohl recht: China ist anders als die Sowjetunion. Für einen Wandel in China sind Grundstrukturen einer Zivilgesellschaft notwendig, die die KP derzeit im Keim zu ersticken versucht. Im Frühjahr 2011 schienen jene Kräfte die Oberhand gewonnen zu haben, die Liberalisierung um jeden Preis abblocken wollten, wie die Festnahme des prominenten Künstlers Ai Weiwei Anfang April zeigte.

## Wie könnte China in Zukunft also aussehen? Drei Szenarien:

Das *zuversichtliche*: Das Land wird eine stabile Demokratie. Denn die Mittelklasse wächst, immer mehr Bauern wandern vom Land in die Städte ab. Bald dürfte jeder Chinese über 6000 Dollar im Jahr verdienen. Die Zahl der Bürgerinitiativen und eigenständig organisierten Interessengruppen (sogenannte Nichtregierungsorganisationen) steigt, weil die Regierung die mannigfaltigen sozialen Probleme ohne sie nicht mehr bewältigen kann. Die KP ist eines Tages nicht mehr in der Lage, ihre internen Differenzen unter einer kollektiven Führung zu verdecken. So entstehen Fraktionen – und am Ende Parteien.

Das *düstere*: Die Armen werden ärmer, die Reichen reicher. Immer mehr Menschen fühlen sich als Verlierer der Reformen. Die KP bekommt die Korruption nicht in den Griff, was den Zorn der Bürger verstärkt.

Zudem ist die Regierung nicht in der Lage, die steigende Arbeitslosigkeit zu bewältigen. In nicht allzu ferner Zukunft werden rund 955 Millionen Menschen im Erwerbsalter sein (1995 waren es 732 Millionen), sie alle hoffen auf einen guten Job. Die Umweltprobleme werden gravierender. Millionen Menschen, von Dürre und Überschwemmungen vertrieben, ziehen auf der Suche nach sauberem Wasser, nach sauberer Luft und sauberen Lebensmitteln durchs Land. Die Führung der KP, Funktionäre der sogenannten sechsten Generation, ist überfordert. Es kommt zu Chaos, Unruhen erschüttern das Land, Provinzen spalten sich ab, ein Strom von Flüchtlingen ergießt sich über Asien.

Das *neutrale*: Es bleibt alles, wie es ist. China wird weiterhin von einer Elite geführt, die es schafft, auf neue Situationen schnell zu reagieren – notfalls mit der Macht der Gewehrläufe. Eine Alternative zur KP gibt es nicht. Die Mittelklasse ist nicht an Gewaltenteilung interessiert, sondern daran, den Status quo zu erhalten, solange sie die Chance hat, ihre Kinder auf gute Schulen zu schicken, einmal im Jahr Urlaub zu machen, sich eine Wohnung zu kaufen. Sie setzt den Pakt mit der herrschenden Politikerkaste fort, um die Forderungen und Wünsche der armen Bevölkerungsmehrheit nach einem größeren Stück vom Wohlstandskuchen abzuwehren. Sie will verhindern, dass China wieder in die blutigen Turbulenzen der Kulturrevolution zurückfällt, gar wieder von Arbeitern und Bauern regiert wird, wie einst unter Mao Zedong.

Zurück in die Gegenwart: Im Namen der »Stabilität«

und der »Harmonischen Gesellschaft« geht die KP einen riskanten Weg: Sie unterdrückt wichtige Debatten und eine Verständigung der Bevölkerung über die Zukunft ihres Landes. Sie schiebt bei ethnischen Konflikten dem Ausland die Schuld für Probleme zu, die in Wahrheit hausgemacht sind.

Beispiel Tibet und Xinjiang: Chinas KP-Führer erlauben es den Bewohnern nicht, offen über ihre Schwierigkeiten, ihre Suche nach Identität und ihre Vorstellungen über ihr Leben innerhalb der chinesischen Gesellschaft zu debattieren. In diesem Klima werden normale Probleme zutiefst politisch. Kritik an der umstrittenen Schulpolitik für ethnische Minderheiten ist nicht möglich. Wer gleichwohl den Mund aufmacht, riskiert, als Separatist oder gar als Terrorist im Gefängnis zu landen. Damit säen Chinas Politiker neue, womöglich noch heftigere Unruhen.

## Die Zauberformel 70/30

China leidet unter einer weiteren Schwäche – dem Umgang mit der Vergangenheit. Der Mann, dessen Porträt seit Jahrzehnten am Tor des Himmlischen Friedens hängt und in dessen Namen Tragödien entfesselt wurden, wird nach wie vor verehrt: Mao Zedong. Seine Theorien haben Verfassungsrang, sein Konterfei prangt auf allen Geldscheinen von einem Yuan bis zu 100 Yuan.

Seit den fünfziger Jahren sind Millionen Menschen in der Volksrepublik ideologischen Kämpfen und wahnwitzigen Projekten zum Opfer gefallen. Verantwortlich dafür ist jene Partei, die heute die Geschicke des Landes führt. Nur 30 Prozent von Maos Taten seien falsch gewesen, erklärte Deng Xiaoping nach Maos Tod 1976 – der Rest gelte als o.k. Wer dieses Urteil in Zweifel zieht, zu laut über das Geschehen von damals spricht, zu tief nach den Ursachen forscht, zu bohrend nach der Verantwortung fragt, stellt die Macht der KP in Frage und gefährdet im schlimmsten Fall seine Freiheit.

Aber kann eine Gesellschaft in die Zukunft marschieren, wenn sie dunkle Episoden ihrer Geschichte radikal ausblendet? Ich denke nicht. Eines Tages wird sie von den Geistern der Vergangenheit eingeholt werden.

Nach der Innenschau sollten wir beobachten, wie China sich in der Welt verhält. Wie wirkt es nach außen – sanft oder aggressiv? Was will es erreichen, was verhindern? Fest steht: Seit 2009 ist China immer selbstbewusster aufgetreten – und hat zuweilen die nahen und fernen Nachbarn erschreckt. Mit Pekings Außenpolitik befasst sich das nächste Kapitel.

# »Der Einfluss wird größer«

## China verändert seine Außenpolitik

Am Rande der Zweiten Ringstraße von Peking steht ein großes graues Haus, das sich wie eine Festung nach außen wölbt. Draußen wachen Polizisten der Volksbefreiungsarmee, innen servieren Kellnerinnen in roten oder schwarzen Kostümen Gästen Tee, wir sind im Außenministerium der Volksrepublik China.

In ihren Büros, berichten chinesische Diplomaten, geht es schlicht zu: Es fehlt an Personal. In der Presseabteilung, zuständig für ausländische Journalisten, gibt es weder Sekretärinnen noch Boten. Die Funktionäre müssen deshalb selbst faxen und kopieren und können diese Arbeiten allenfalls an Nachwuchskräfte delegieren.

Chinesische Diplomaten werden nach dieser Lehrzeit nicht nur ins Ausland entsandt, sondern auch in Dörfer und Städte Chinas. Dort sollen sie als Vize-Bürgermeister oder Vize-Parteichefs Erfahrungen im Alltag jenes Landes sammeln, das sie später glaubwürdig nach außen vertreten müssen.

Yan Xuetong gehört zu den profiliertesten Wissenschaftlern und Außenpolitik-Experten. Er ist Anlaufstelle für ausländische Botschaftsangehörige und Journalisten, die sich von ihm Pekings Politik erklären lassen. Er spricht gut Englisch, sitzt auf einem lila Sessel in einem Empfangsraum der Qinghua-Universität im Nordwesten Pekings und legt an einem kalten Wintertag Asiens Zukunft dar.

Von einem aufsteigenden Kontinent im Sinne einer gemeinsamen Kraft will er nicht sprechen. Nein, sagt er, viele Länder Asiens wüchsen zwar wirtschaftlich, aber man könne den Kontinent keineswegs als Einheit betrachten, die das Gewicht der Welt verlagere. Es sei vielmehr China, das Asien mit nach oben ziehe. In den nächsten 20 Jahren, meint er, werde die Welt multipolarer werden, also nicht mehr eine Macht, die USA, werde das Geschehen bestimmen. Nur China habe eine Chance, an die amerikanische Supermacht heranzukommen – »nicht Russland, nicht Indien, nicht Brasilien«.

Yan Xuetong gilt als Stimme jener, die von der Regierung schon jetzt ein aktiveres Auftreten nach außen fordern. Wirtschaftskraft und Präsenz des Landes in der Welt müssen übereinstimmen, meint er. Über 30 Jahre haben sich Chinas Diplomaten an die Maxime für Chinas Außenpolitik des 1997 gestorbenen KP-Patriarchen Deng Xiaoping gehalten, »kühl, kühl, kühl den Kopf einziehen und unsere eigenen Angelegenheiten erledigen«.

Drei Prinzipien sollten die chinesische Diplomatie leiten, die Wu Jianmin, ehemaliger Botschafter und nun

Professor an der Universität für Außenpolitik, der hauseigenen Hochschule des Ministeriums, so beschrieb: »Keine Expansion, keine Hegemonie und keine Allianz«. China werde nicht in die Fußstapfen kolonialer Mächte treten, keine Dominanz anstreben, weil die Mächte, die das in der Vergangenheit taten, scheiterten und Allianzen einen neuen Kalten Krieg auslösen könnten.[67]

Zwei Jahre später versicherte Außenminister Yang Jiechi auf der Münchner Sicherheitskonferenz 2010 den skeptischen Zuhörern, »ein weiterentwickeltes China« müsse sie nicht beunruhigen, es sei »keine Bedrohung, sondern eine Chance«. Es werde andere Länder »weiterhin gleichberechtigt behandeln. Es wird anderen nie seinen eigenen Willen aufzwingen. Die Zeiten, da ein oder zwei Länder Entscheidungen für die ganze Welt trafen, sind längst vorbei. Wir treten stets dafür ein, dass alle Länder, egal ob groß oder klein, stark oder schwach, reich oder arm, gleichberechtigte Mitglieder der internationalen Gemeinschaft sind.«[68]

Während des ASEAN-Treffens acht Monate darauf in Hanoi wollte Yang von seinen sanften Worten nichts mehr wissen: Bei einer Diskussion über umstrittene Territorien in der Südchinesischen See wies er die Nachbarn darauf hin: »Erinnern Sie sich bitte alle daran, wie sehr Ihr Wohlstand von uns abhängt.« Und: »China ist ein großes Land, und andere Länder sind kleine Länder, und das ist eine Tatsache.« In den südostasiatischen Hauptstädten wurde dieser Fingerzeig aufmerksam registriert.[69]

## »Wir brauchen eine Große Mauer«

Pekings Diplomaten und Banker sitzen nun mit an den Konferenztischen der internationalen Finanzorganisationen – ob in der Weltbank oder im IWF in Washington –, und sie haben ein Ziel: Diese nach dem Zweiten Weltkrieg geschaffenen Institutionen sollen ihre eingefahrenen Geleise verlassen. Denn das herkömmliche Finanzsystem, meint China – und auch Indien – bevorzuge die Industriestaaten und benachteilige die »dynamischen Schwellenländer«, zu denen sie sich selbst zählen. Während der Asienkrise 1997 habe der IWF zudem den Krisenopfern viel Leid zugefügt.

Einfach dürfte dies nicht werden. Noch besitzen die USA im IWF dank ihrer ökonomischen Stärke einen Stimmenanteil von 17,77 Prozent, mit dem sie alle wichtigen Entscheidungen blockieren können. Aber China ist nach einem Beschluss der G-20-Länder 2010 mittlerweile an die dritte Stelle gerückt, es entsendet nun einen hohen Beamten der Zentralbank in die IWF-Spitze.[70]

»Wir haben uns vorgenommen, die Quotenanteile der ärmsten Länder zu schützen«, sagt Pekings Notenbankchef Zhou Xiaochuan. Außerdem will Peking mit den Personalkungeleien westlicher Industriestaaten Schluss machen. Im Blick hat es vor allem die Amerikaner, die den IWF beherrschen. Zhou: »Das Management des Fonds sollte durch einen offenen, transparenten und auf Verdiensten basierenden Prozess gewählt werden.«[71]

Das ist ein schöner Zug einer Partei, die eigene Personalien stets hinter verschlossenen Türen regelt. Die chinesische Regierung plädiert dafür, dass der IWF nicht wie ein strenger Buchprüfer nur die Etats armer Länder nach Schwachstellen durchforstet, sondern auch die Haushalte der Industriestaaten. Diese hätten schließlich durch »unangemessene Haushalts-, Währungs- und Finanzpolitik mehr Schaden am globalen Wirtschaftswachstum, an der Beschäftigungsrate, am Handel und am internationalen Währungssystem angerichtet« als die anderen, sagt der chinesische Finanzfachmann: »Überwachung muss fair und gleich sein. Die Regeln müssen neu geschrieben werden.«

Als IWF-Chef Dominique Strauss-Kahn im Mai 2011 wegen einer ihm vorgeworfenen Sex-Affäre in New York zurücktreten musste, nutzten die asiatischen Länder allerdings nicht die Chance, einen eigenen Kandidaten aufzustellen – oder gemeinsam einen zu stützen. Immerhin konnte die Strauss-Kahn-Nachfolgerin, die französische Finanzministerin Christine Lagarde, die Asiaten nicht mehr ignorieren: Während sie um Unterstützung für ihre Kandidatur warb, sprach sie in Neu-Delhi und Peking vor – und die chinesischen Zentralbanker gaben ihr schließlich den Segen.

Die Weltbank, die vor allem mit Krediten die Armut bekämpfen soll, führt nun ein Chinese mit an: Justin Yifu Lin, ein marxistischer Ökonom, der in Taiwan und Chicago studierte und auch sonst einen spannenden Lebenslauf aufweist. Im Mai 1979 schwamm der damalige Hauptmann der taiwanischen Armee von der Insel Kinmen (Quemoy) über das Meer nach Xiamen in die

Volksrepublik. Frau und Tochter ließ der Deserteur zurück. Er wollte, wie er später erklärte, ins »chinesische Mutterland« zurückkehren.

Als Senior-Vizepräsident und Chef-Ökonom der Weltbank will er das Ruder herumziehen. Strukturschwache Nationen sollen fortan nicht mehr zu neoliberalen Reformen nach dem Motto »Wir haben die Lösung für ihr Problem« gezwungen werden. Er hat ein Konzept vorgelegt, das er »Neue Strukturelle Ökonomie« (NSE) nennt. Das besagt, einfach formuliert: Wenn sich Länder aus der Armut befreien wollen, sollten sie den Weg Chinas nach 1978 gehen, »den Vorteil der Rückständigkeit« nutzen und sich an Erfahrungen und Strategien erfolgreicher Staaten orientieren, die ursprünglich ähnliche Voraussetzungen hatten wie sie selbst. Die jeweiligen Regierungen müssten vielversprechende »Pionier-Unternehmen« mit Steuererleichterungen und Krediten unterstützen. Lin empfiehlt zudem Ländern mit schlechter Infrastruktur den Aufbau von Sonderwirtschaftszonen – mit denen auch China Erfolg hatte.

2009 trat Peking dem Basler Ausschuss für Bankenaufsicht und dem Finanz-Stabilitäts-Gremium bei. Beide sollen Manager von Banken und Hedgefonds überwachen, damit die nicht wieder dubiose Finanzpakete schnüren, die 2008 die Mitschuld an der weltweiten Finanzkrise hatten. »Wir brauchen eine Große Mauer, die uns sicher hält«, sagt Liu Mingkang, Chef der Chinesischen Banken-Regulierungsbehörde. Deswegen schlägt er einen internationalen Vertrag vor, um das »nicht funktionierende Regulierungssystem« zu verbessern.[72]

Wohl auf Chinas Druck hat der IWF seine strengen Regeln bereits abgeschwächt: »Wir haben uns in Richtung weniger aufdringliche Bedingungen bewegt«, sagt IWF-Vizechef John Lipsky. »Wir konzentrieren uns nur auf Kernmaßnahmen, die für Stabilität, Wachstum und Armutsbekämpfung unabdingbar sind. Unsere Kredite umfassen nicht mehr bindende Vorschriften für Strukturmaßnahmen, sondern bieten größere Flexibilität ...«[73]

Asiatische Nichtregierungsorganisationen sind jedoch skeptisch: Obwohl der IWF beteuert, Länder kämen leichter an Geld als früher, stellten die Banker weiterhin Bedingungen, die nach Ansicht von Bhumika Muchhala vom Third World Network in Malaysia nur schwer zu erfüllen sind: »Die Krisenkredite des Fonds enthalten immer noch die alten Konditionen, die Ausgaben der öffentlichen Hand zu kürzen, die Defizite zu verringern und die Zinsen zu erhöhen – was genau das Gegenteil der expansiven Stimuluspolitik der G-20-Länder ist.«[74]

Chinas Staatsökonomen haben ein weiteres Ziel vor Augen: Eines Tages wollen sie den Dollar als internationale Reservewährung ablösen. Er sei nicht mehr zeitgemäß, sagen sie. Notenbankchef Zhou plädiert für eine künstliche Währung: die Sonderziehungsrechte des IWF, die auf einem Währungskorb basieren.

Kehren wir kurz der Welt der Banker und Börsen, der Finanzmärkte und Fonds den Rücken und schauen, was Chinas Diplomaten anderswo unternehmen. Sie initiierten zum Beispiel eine multilaterale Organisation – die Shanghaier Organisation für Zusammenarbeit (SOZ). Um den Streit über Nordkoreas Atomprogramm zu lösen, organisierten sie seit August 2003 im Staatsgästehaus im Westen Pekings die Sechsergespräche mit Nord- und Südkorea, Japan, Russland und den USA. Das Ziel: eine atomwaffenfreie koreanische Halbinsel. Erfolgreich waren sie bislang nicht. Um die Jahreswende 2010/2011 hatte sich die Runde festgefahren.

Es ist unübersehbar: Chinas Diplomaten, Militärs und Vertreter der staatlichen Außenhandelsfirmen tauchen inzwischen überall in der Welt auf, vor allem als Wettbewerber im Rennen um Rohstoffe und Märkte. Seit seinem Amtsantritt 2003 hat Staats- und Parteichef Hu alle Kontinente bereist, so viel wie er war bislang kein chinesischer Führer in der Welt unterwegs.

Die Marine schickt seit 2008 Kriegsschiffe in den Golf von Aden, die chinesische Frachter vor somalischen Piraten schützen sollen. Anfang 2011 dampfte die Fregatte »Xuzhou« nach Libyen, um Tausende chinesischer Arbeiter zu evakuieren. Längst entsendet China mehr Blauhelme als die USA, Großbritannien und Russland gemeinsam, unter anderem in den Sudan, Kongo, Libanon, nach Liberia und Haiti.[75]

Dabei missachten Chinas Diplomaten neuerdings ihr außenpolitisches Prinzip der »Nichteinmischung«, wie das Beispiel Libyens zeigt. Im UNO-Sicherheitsrat stimmte Peking im März 2011 nicht gegen die Resolution 1973, die die NATO ermächtigte, libysche Kriegsflugzeuge im Einsatz gegen Rebellen abzuschießen – es enthielt sich der Stimme. Und schließlich knüpfte es auch noch direkte Kontakte mit den Gegnern der Regierung von Oberst Muammar Gaddhafi.

Offenbar brachten drei Dinge die Chinesen dazu, ihre Grundsätze über Bord zu werfen: Sie fürchteten um lukrative Projekte im Wert von über 18 Milliarden Dollar, die sie mit den Libyern verabredet hatten, sie wollten die Arabische Liga nicht verärgern und mit Gaddhafi eine Rechnung begleichen. Der exzentrische Oberst hatte nämlich die Pekinger verärgert: 2006 lud er zum Beispiel den damaligen Präsidenten Taiwans, Chen Shui-bian ein, Libyen zu besuchen. Zudem hatte er es nie für nötig befunden, China zu besuchen.

## Knüppel aus dem Sack

Amerikaner und Europäer erwarten von China mehr Engagement, etwa im Kampf gegen die Klimaerwärmung, und sie fordern stärkere Hilfe Pekings beim Kampf gegen die Taliban in Afghanistan. Schließlich habe China am Hindukusch starke wirtschaftliche Interessen, argumentieren sie. Eine Staatsfirma gewann zum Beispiel die Ausschreibung, das Aynak-Kupferfeld auszubeuten, und investiert dafür 2,8 Milliarden Dollar.[76]

China, verlangte der frühere US-Vizeaußenminister und spätere Präsident der Weltbank, Robert Zoellick, sollte ein »verantwortlicher Teilhaber« sein. So etwas klingt nicht nur in chinesischen Ohren wie große Heuchelei. Waren es nicht die USA, die sich in der Vergangenheit mit ihrem Großmachtgehabe nicht wie ein

»verantwortlicher Teilhaber« aufgeführt haben? Gerade die Amerikaner beanspruchen das Recht für sich, mit allen Mitteln »ungehinderten Zugang zu Schlüsselmärkten, Energiequellen und strategische Ressourcen« zu schützen – notfalls mit dem Einsatz von GIs.[77]

Es war der große Umweltverschmutzer USA, der behauptete, er könne es sich nicht leisten, dem Kyoto-Protokoll beizutreten, mit dem viele Staaten Schadstoffe in der Luft verringern wollen. Und: Die USA unterstützen in Saudi-Arabien ein höchst undemokratisches Staatswesen. Sie weigern sich zudem, den Internationalen Gerichtshof in Den Haag anzuerkennen.

Auf der anderen Seite haben die Kritiker Chinas recht, die den Pekinger Politikern vorwerfen, von den Institutionen und Regeln zu profitieren, die traditionelle Industrienationen für den Welthandel und das Zusammenleben der Nationen geschaffen haben – und nichts dafür zu tun. Trotz seiner wirtschaftlichen Kraft gehöre Peking nicht zu den größten Geldgebern der Vereinten Nationen. »China setzt seine Freifahrt fort und trägt zur globalen Führung nur so viel bei, wie notwendig ist, westliche Kritik abzufedern«, sagt der amerikanische China-Experte David Shambaugh.[78]

Um den gegen China gerichteten Unwillen besser zu verstehen, müssen wir zurück zur Währungspolitik, die ein großer Streitpunkt ist. Peking halte den Kurs des Yuan künstlich niedrig, um chinesische Waren im Ausland billig verkaufen zu können, lautet der Vorwurf vieler Länder an die Chinesen. Dies koste in Amerika rund 1,4 Millionen Arbeitsplätze, rechnete der US-Nobelpreisträger für Wirtschaft, Paul Krugman, im Jahr 2009 vor.[79]

China macht das so: Die Notenbank kassiert die durch die Verkäufe ins Ausland verdienten Dollar von den Firmen zu einem festgelegten Wechselkurs ein und überweist ihnen dafür – frisch gedruckte – Yuan. Deshalb hat sie einen riesigen Berg an Währungsreserven aufgehäuft. Ende März 2011 war er 3,04 Billionen Dollar hoch. Mit dem Geld erwerben die Chinesen unter anderem amerikanische Staatsanleihen – und finanzieren die Schulden der Amerikaner. Rund 1160 Milliarden Dollar investierte China bis zum Jahresende 2010 in US-Papiere.

Wäre der Yuan frei umtauschbar, funktionierte das System so: Chinesische Betriebe verdienen Dollar und tauschen sie auf der Bank nach dem jeweiligen Wechselkurs in Yuan um. Je mehr sie Yuan nachfragen, desto teurer wird er nach den Regeln des Marktes. Die Folge: Ein US-Textilimporteur muss mehr Dollar aufbringen, um seine Rechnung in China zu bezahlen, die Preise für chinesische Waren im Ausland würden steigen.

Es sei ja alles noch viel schlimmer, sagt Krugman, dessen Urteil sich viele Politiker, unter anderem US-Finanzminister Timothy Geithner, angeschlossen haben. Die gesamte Weltwirtschaft könne um 1,5 Prozent mehr wachsen, wenn China nicht so wahnsinnig hohe Handels- und Devisenüberschüsse anhäufen und das Geld stattdessen wieder in den Wirtschaftskreislauf pumpen würde.[80] Deshalb drängen Amerikaner wie Europäer die Chinesen, den Yuan aufzuwerten. Sie verweisen dabei auf bestehende Verträge: Als Peking Mitglied des IWF wurde, verpflichtete es sich, »zu vermeiden, die Währung zu manipulieren« und nicht »langfristig, einseitig und in großem Umfang zu intervenieren«, um seine Währung unterzubewerten.[81]

Amerikanische Experten rechneten aus, wenn der Yuan in den nächsten Jahren um nur ein Prozent aufgewertet werden würde, sänken Chinas Handelsüberschüsse zwischen 15 und 25 Milliarden Dollar, das weltweite US-Defizit um bis zu sechs Milliarden. Bei einer Aufwertung um gar 20 Prozent schrumpfte das Plus um 350 bis 500 Milliarden Dollar und das amerikanische Minus um womöglich 120 Milliarden. Rund 500 000 Arbeitsplätze könnten in den USA geschaffen werden.[82]

Die Pekinger halten dagegen. Sie ließen sich nicht in ihre Währungspolitik hineinreden, sagen sie, die sei eine Angelegenheit der »nationalen Souveränität«. Zudem geben sie zu bedenken, dass der Yuan in den vergangenen Jahren schon um rund ein Fünftel teurer geworden ist – und die Aufwertung nur durch die von den USA verschuldete Krise 2008 unterbrochen wurde. Bei einer völligen Freigabe des Wechselkurses würde eine Unmenge von Spekulationsgeldern nach China fließen und die chinesische Wirtschaft herbe Verluste erleiden. Die Folge wären mehr Arbeitslose, die politische Stabilität wäre gefährdet. Daran könne, sagen sie, niemand in der Welt interessiert sein, auch die Amerikaner nicht.

Und überhaupt: Wer profitiere denn am meisten von China? Ausländische Unternehmen kämen in das

Reich der Mitte, zerstörten die Umwelt, verschwendeten Ressourcen und machten wegen der niedrigen Löhne den größten Reibach, klagt etwa der Hongkonger Finanzprofessor Lang Xianping. Ein in China hergestelltes Spielzeug bringe der US-Firma Mattel zum Beispiel 3,60 Dollar Profit, die chinesischen Hersteller bekämen davon allenfalls 1,5 Cent – weil »die Preise der Rohstoffe von der Wall Street und die Preise der Endprodukte von Firmen wie Mattel« kontrolliert würden.[83] Einen Aspekt hat Lang bei seiner Klage aber übersehen: Ohne die Investitionen der Ausländer, ohne ihre Technologie wären seine Landsleute wohl noch lange nicht dort angekommen, wo sie heute sind.

Der Vorwurf, China bringe mit Sturheit und Egoismus das Wirtschaftsgefüge der Welt durcheinander, verhindere sogar globales Wachstum, wird keineswegs überall im Westen geteilt. Auch die Forderung des einflussreichen Krugman, die Chinesen stärker unter Druck zu setzen, und, wie er einmal formulierte, »mit dem Baseball-Schläger zu schlagen«, kommt nicht gut an – zum Beispiel nicht bei dem erfahrenen Ökonomen und Asien-Experten Stephen Roach, der für die Investmentbank Morgan Stanley arbeitet.

Man sollte eigentlich seinem Freund Krugman mit dem besagten Knüppel eins überziehen, befand er. Denn die Ursache des Problems liege bei den Amerikanern selbst. Sie müssten einfach weniger Geld ausgeben und mehr sparen. Dann könnten sie ihre Schwierigkeiten selbst bewältigen, ohne anderen die Schuld zu geben.[84]

Der britische Historiker Paul Kennedy hält den Ruf,

den Yuan aufzuwerten, für einen »Kampf gegen Windmühlen«: Wenn Chinas Währung steige, falle der Dollar – und »dann werden Währungshändler – und, wichtiger, die nationalen Regierungen Asiens, Afrikas und Lateinamerikas – [...] ihre Währungsvorräte vom immer riskanteren Dollar lösen«. Aber ein Staat ohne wertvolle Währung verliere in der Welt an Macht und Einfluss.[85]

## Munitionskisten im Sand

Verlassen wir wieder die Währungspolitik und schauen nach Afrika. Dort hat Pekings Präsenz bei Europäern und Amerikaner Unruhe ausgelöst, vor allem die Art und Weise, wie seine Politiker, Diplomaten, staatliche Außenhändler und Techniker auftreten. Peking gewährte vielen Ländern günstige Kredite, erließ Schulden, baute Straßen, Stadien, Brücken, Wasserkraftwerke, Krankenhäuser und Häfen, erneuerte Eisenbahnlinien – und vergrößerte so seinen politischen Einfluss. Als die Weltbank, wie 2008 im Tschad, einen Kredit zurückzog, weil es sich nicht an Abmachungen hielt, oder, wie in Angola, Verhandlungen mit dem IWF über Finanzhilfe zu scheitern drohten, sprangen die Chinesen ein.

Malawi besitzt Uran und einige Seltene Erden – Rohstoffe, die für den Bau von Elektronik benötigt werden. Dort bauen chinesische Unternehmen das Parlamentsgebäude, ein Hotel und Konferenzzentrum sowie ein Fußballstadion. Dem kohlereichen Mozambik gewährte

Chinas staatliche Export-Import-Bank einen Zwei-Milliarden-Dollar-Kredit für den Bau eines Megadamms; der Flughafen und das Nationalstadion wurden mit chinesischen Geldern renoviert. Chinesische Unternehmen versprachen dem Land bis 2020 Geschäfte im Wert von 13 Milliarden Dollar.[86] Die Konkurrenz schläft allerdings nicht: Indische, malaysische, südkoreanische und brasilianische Unternehmen bemühen sich in Afrika ebenfalls um Geschäfte und Lizenzen.

Pekings Vormarsch in Afrika ist an sich nicht verwerflich. Aber er führt dazu, dass der Einfluss Amerikas und Europas schwindet. Der Peking-Konsens – Diplomatie ohne Vorbedingungen – untergrabe »die Fähigkeit der amerikanischen Politiker, die internationale Agenda zu gestalten, und der westlichen Finanzinstitutionen, bessere Regierungsformen von der nicht westlichen Welt zu verlangen«, sagt der US-Wissenschaftler Stefan Halper.[87]

China kooperiert mit allen Staaten, in denen es Waffen und andere Produkte verkaufen und Rohstoffe erwerben kann. Und es zeigt sich erkenntlich. UNO-Resolutionen gegen die Regierung in Khartum, der Völkermord im Westen Sudans vorgeworfen wird, blockierte Peking, bis kurz vor den Olympischen Spielen 2008 der internationale Druck zu stark wurde. Kritik an ihrer Nähe zu mörderischen Regimen beantworteten Pekings Diplomaten mit dem Hinweis, stille Diplomatie helfe mehr als öffentlicher Wirbel. Später stellte sich heraus, dass chinesische Firmen offenbar das Waffenembargo gegen den Sudan unterlaufen hatten. BBC-Reporter fanden nach Gefechten mit Rebellen im Südsudan Munitionskisten mit chinesischen Aufschriften.

Peking sträubte sich auch gegen Sanktionen gegen Iran, den viele Staaten, darunter die Bundesrepublik, davon abbringen wollen, die Atombombe zu bauen. »Dialog und Verhandlungen« seien der bessere Weg als Boykott, sagen seine Diplomaten. Anfang 2010 schickte es in New York nur einen rangniedrigen Beamten in die Iran-Runde von Großbritannien, Frankreich, Russland, Deutschland und den USA. Der verkündete schlicht, es sei nicht »die Zeit« für Sanktionen, Ende der Debatte.[88]

Später wehrten die Chinesen Aktionen gegen die »Wächter der Islamischen Revolution« ab, die auch Irans Atomprogramm kontrollieren. Deren Geldüberweisungen und Reisen sollten nach dem Willen der UNO blockiert werden. Den Diplomaten gelang es, die Aktionen abzuschwächen. Blockaden, argumentierten sie, dürften nicht den normalen Bürgern und dem normalen Handel schaden.

Das klingt vernünftig, wenn da nicht einige Haken wären. Zum einen ist China wirtschaftlich mit vielen Milliarden Dollar in Iran engagiert, es könnte also Geschäfte verlieren, wenn es sich Strafaktionen anderer Nationen anschlösse. So will es gemeinsam mit einem einheimischen Unternehmen für zwei Milliarden Dollar den größten Damm der Welt am Bakhtiari-Fluss im Südwesten errichten. Die U-Bahn in Teheran haben die Chinesen bereits gebaut – nachdem sie die Angebote der Konkurrenz, unter anderem Siemens, kräftig unterboten hatten.

Zwar versichern Pekings Funktionäre immer wieder, sie seien sehr daran interessiert, dass keine Materialien gehandelt werden, die man für die Fertigung von Atomwaffen benötigt. Iran kann sich aber in der Volksrepublik offenbar mit gerade solchen Materialien eindecken, die für Apparate gebraucht werden, die wiederum waffenfähiges Uran herstellen: Spezial-Vakuumpumpen, Kevlar, Kohlenstofffasern und besonders gehärteter Stahl. »China implementiert und setzt Handelskontrollen und Sanktionsgesetze nicht angemessen durch. Immer und immer wieder fahren Iraner dorthin und kaufen Sachen ein«, warnt der Nuklearwissenschaftler David Albright vom Woodrow Wilson International Center for Scolars in Washington.[89]

Auch Sanktionen gegen Simbabwe, ein Land reich an Platin und anderen Rohstoffen, mochte China nicht durchsetzen. Präsident Robert Mugabe, der die Opposition unterdrückt und die Wirtschaft seines Landes ruinierte, erhielt stattdessen den Titel eines Ehrenprofessors der Universität des Pekinger Außenministeriums. China baut in Simbabwe ein Ausbildungszentrum für Geheimdienstler, die »Robert Mugabe National School of Intelligence«.[90] Die chinesische Botschaft in Harare spendierte 2010 Mugabe zu dessen 86. Geburtstag eine Party.[91]

In anderen Regionen der Welt schaut die chinesische Regierung ebenfalls weg, wenn sie wirtschaftliche und strategische Interessen nicht gefährden will. Ein Massaker in der usbekischen Stadt Andischan im Mai 2005, bei dem Sicherheitskräfte nach Protesten und Geiselnahmen Hunderte von Zivilisten erschossen, hieß Peking als »Niederschlagung der drei Teufel – Terrorismus, Extremismus und Separatismus« – gut. Als die burmesische Junta wieder einmal den Hausarrest der inzwischen freigelassenen Oppositionellen Aung San Suu Kyi verlängerte, war dies nach Ansicht Pekings ein Akt »juristischer Souveränität« und nicht kritikwürdig.

Peking verteidigt seine Position mit dem »Prinzip der Nichteinmischung in die inneren Angelegenheiten anderer Staaten«. Dafür erwartet es Gegenleistungen – wirtschaftliche wie politische. Die Unternehmen wollen Kupfer, Zinn, Öl oder Gas ausbeuten. Die Regierungsfunktionäre wiederum verlangen ein eindeutiges Bekenntnis zur Ein-China-Politik: Wer mit Taiwan diplomatische Beziehungen aufnimmt, verliert schnell Sympathie und Aufträge, wer den Dalai Lama hofiert, ebenso.

Pekings Diplomaten sprechen neuerdings von einer »Roten Linie«, die nach ihrer Ansicht nicht überschritten werden dürfe. Südafrika lud 2009 auf Druck Pekings den Dalai Lama wieder aus, der zu einer Friedenskonferenz anreisen wollte. Regierungen, die trotz Protesten aus Peking stur bleiben, müssen büßen. Nachdem Bundeskanzlerin Angela Merkel das tibetische Religionsoberhaupt 2007 im Kanzleramt empfangen hatte, froren die Chinesen die Beziehungen für ein gutes halbes Jahr ein. Zwei Wirtschaftswissenschaftler der Universität Göttingen wiesen kürzlich in einer Studie nach, dass nach einem Treffen mit dem Dalai Lama Unternehmen dieser Länder für einen gewissen Zeitraum um rund acht Prozent weniger Maschinen, Schiffe oder Flugzeuge nach China verkauften.[92]

Heftig wurde es in Norwegen im Jahr 2010, kurz bevor dem Oppositionellen Liu Xiaobo der Friedensnobelpreis in Abwesenheit verliehen wurde. In einem Brief an Auslandsvertretungen in Oslo drohte Peking mit Konsequenzen, wenn ihre Botschafter im Zeremoniensaal Platz nähmen: »Wir hoffen stark, dass Ihr Land … nicht an Aktivitäten teilnimmt, die gegen China gerichtet sind«, hieß es darin.

Als »kindisches Benehmen« bezeichnete der Hongkonger Journalist und Autor der »South China Morning Post«, Frank Ching, diese Drohung. Die Welt werde ihre Schlüsse aus Chinas künftigem Benehmen als Supermacht ziehen. Es sei für China Zeit, »erwachsen zu werden […], nicht kleinlich zu sein und sich nicht in hoffnungslose und unkluge Dinge zu verzetteln.«[93]

Die Warnung Chinas in Oslo hatte gleichwohl Erfolg. Neben Staaten wie Russland, die ohnehin nicht viel vom Friedensnobelpreis halten, blieben Länder wie Afghanistan, Serbien oder die Philippinen fern.

Es fehlte auch Nepal. Der kleine Himalaja-Staat bekommt schon längere Zeit den Druck chinesischer Diplomaten zu spüren. Die stören sich vor allem an Demonstrationen von Tibetern in den Straßen Kathmandus. Nun hat die Regierung solche Proteste verboten. Tibetische Aktivisten warfen der nepalesischen Polizei Anfang 2011 vor, Flüchtlinge nach China zurückgeschickt zu haben und damit von der Praxis abgewichen zu sein, sie mit Hilfe des UNO-Flüchtlingskomitees stillschweigend nach Indien zu schleusen. Sie vermuten, wohl zu Recht, den langen Arm Pekings hinter den Abschiebungen.

Chinas Streicheleinheiten in der Dritten Welt zahlen sich inzwischen aus. Das ist vor allem in der UNO zu spüren, und die EU ist das Opfer. Ihre Diplomaten mussten zwischen 2007 und 2008 mehr Abstimmungsniederlagen als gewohnt einstecken, insbesondere, wenn es um die Menschenrechte ging. Sie hatten die Unterstützung von rund einem Viertel aller UNO-Mitglieder verloren. Diese stimmten in der Generalversammlung, im Sicherheitsrat und im Genfer Rat für Menschenrechte im Gegensatz zu früher häufig mit China – und mit Russland. In Genf allein verlor die EU mehr als die Hälfte aller Voten. »Schwindende Macht, die Spielregeln zu bestimmen«, diagnostiziert eine Londoner Studie. »Die UNO wird zunehmend durch China, Russland und ihre Alliierten geformt.«[94]

## Zwei bestimmen die Welt

»Im 21. Jahrhundert«, sagt Staats- und Parteichef Hu Jintao, »gehört das Verhältnis zwischen China und den USA zu den wichtigsten in der Welt.« »Ohne China geht nichts mehr«, sagt US-Präsident Barack Obama.

China und Amerika. Das sind die großen Rivalen, die ohne einander nicht leben können und von deren Verhältnis das Schicksal der Welt abhängen wird. Der amerikanische Präsident zeigt mit seiner Äußerung, dass er die veränderte Weltlage anerkennt. »Die Beziehungen zwischen den Vereinigten Staaten und China werden das 21. Jahrhundert prägen«, sagt er. Nur wenn beide Staaten an einem Strang zögen, könnten Amerikaner und Chinesen wichtige Ziele erreichen – sei es in der Frage des Klimawandels, der Bewältigung der Wirtschaftskrise oder der Nichtverbreitung von Atomwaffen.

Aus asiatischer Sicht ist Obama, der Jahre seiner Jugend in Indonesien verbrachte, der erste »pazifische« Präsident Amerikas, im Unterschied zu seinen Vorgängern, die sich viel stärker nach Europa orientierten. Der frühere US-Sicherheitsberater Zbigniew Brzezinski sieht bereits eine geopolitische Verschiebung vom Atlantik zum Pazifik. Er spricht von China und den USA als »Gruppe der Zwei, die die Welt verändern könnte«. Sogar von »Chimerica« ist bereits die Rede. Den Begriff hat der britische Politologe Niall Ferguson geprägt, weil China und Amerika so eng verbunden sind, dass sie längst »eine Wirtschaftseinheit« bildeten.[95]

Chinas neue Stärke war ein Schock für viele Amerikaner. Für Unternehmer und Politiker ist es ein ungewohntes Gefühl, dass ihr Land abhängig von Entscheidungen ist, die im fernen Reich der Mitte von kommunistischen Machthabern gefällt werden. Die Volksrepublik hat die USA nicht nur als Ziel Nr. 1 für ausländische Investitionen überholt. Chinesische Unternehmen kaufen sich in US-Firmen ein, wie bereits beim Computergiganten IBM geschehen.

Deshalb erfand der stellvertretende US-Außenminister James Steinberg für das Verhältnis zu China die Formel der »Strategischen Rückversicherung«. Der Gedanke, der dahintersteckt: Wenn Washington und seine Alliierten die Chinesen als »wohlhabende und erfolgreiche Macht« auf der internationalen Bühne willkommen heißen, müsse Peking der Welt im Gegenzug beweisen, dass seine »wachsende globale Rolle nicht auf Kosten der Sicherheit und des Wohlstandes anderer« gehe.[96]

»Wir stehen im Wettbewerb mit China um Einfluss. Lassen Sie mal den humanitären Wir-tun-das-woran-wir-glauben-Aspekt beiseite. Reden wir mal nur über Realpolitik. Wir stehen im Wettbewerb mit China«, stellte US-Außenministerin Hillary Clinton Anfang März 2011 im US-Senat klar, nachdem die republikanische Mehrheit damit gedroht hatte, Entwicklungshilfe im Pazifik zu kürzen. »China versucht hinter uns und unter uns da reinzukommen.« Es habe zum Beispiel alle Führer kleiner pazifischer Nationen zu sich eingeladen und sie großzügig bewirtet.

Clinton weiter: »Wir haben eine Menge Unterstützung im Pazifischen Ozean. Viele dieser kleinen Länder stimmen mit uns in den Vereinten Nationen, sie sind feste amerikanische Alliierte, sie verfechten unsere Werte.« Aber, so Clinton, Entwicklungshilfe sei nicht nur aus humanitären und moralischen Gründen wichtig, sondern diene auch dazu, Amerikas Einfluss in der Welt zu sichern. »Wenn jemand denkt, dass unser Rückzug (aus der Entwicklungshilfe, Anm. A. L.) keine Rolle spielt für unsere Führungsrolle in einer Welt, in der wir mit China und mit Iran konkurrieren, dann macht er einen Fehler.«[97]

Die chinesischen Funktionäre ihrerseits verdächtigen die Amerikaner, nur eines im Sinn zu haben: China an seinem »friedfertigen Aufstieg« zu hindern und ihm westliche Werte wie Demokratie aufdrängen zu wollen. Alles, was aus den USA kommt, wird in Peking deshalb akribisch daraufhin untersucht, ob es dem Ziel dienen soll, »China klein zu halten«. Washingtons Forderung, den Yuan aufzuwerten, ist für Peking ein klarer Beweis. »Der Kern der neuen US-Strategie (in Asien) ist es, Chinas regionalen Einfluss zu schwächen und die US-Allianzen in der Region zu sichern«, schreibt Liu Ming vom Shanghaier Institut für Asien- und Pazifik-Studien.[98]

## Viele Köche und ein schwacher Minister

Nähern wir uns noch einmal dem grauen Gebäude an Pekings Zweiter Ringstraße, Chinas Außenministerium. Wird hier wirklich die Außenpolitik geformt? Wer genau steckt hinter ihr? Wer entscheidet über Strategien und Taktiken, Finten und Finessen, Noten und Nadelstiche, Verträge und Pakte? Wer ist die letzte Instanz?

An der Spitze des Außenamts stand ab 2007 Außenminister Yang Jiechi, ein Karrierediplomat, der an der London School of Economics studiert hat. Experten halten ihn jedoch nicht für den entscheidenden Mann. Das

Stockholmer Internationale Friedensforschungsinstitut (SIPRI) hat sich unter Chinas Experten umgehört und ist zu dem Schluss gekommen, dass der Minister und sein Ministerium »nicht notwendigerweise der wichtigste Akteur bei der Gestaltung von Außenpolitik« seien.[99]

Über Yang stand der für die Außenpolitik zuständige Staatsrat, Dai Bingguo, eine Art Oberminister, der mit besonderen Aufgaben betraut wird. Er befasste sich mit Nordkorea und der EU. Dabei war auch die »Internationale Abteilung des Zentralkomitees« und ihr Chef, Wang Jiarui. Er pflegte die Beziehungen zu anderen Parteien.

Leitzentrale aber ist ein geheimnisvolles Gremium, das im Hintergrund wirkt, »die Führungsgruppe für Außenpolitik« der Kommunistischen Partei. Dazu gehörten neben Yang und Dai und Wang der Handelsminister, der Verteidigungsminister und der Minister für Staatssicherheit. Einer durfte nicht fehlen – der Präsident und KP-Chef selbst: Hu Jintao.

Er hat das letzte Wort, entscheidet etwa, ob Frankreich einen Auftrag für den Bau von Airbus-Flugzeugen bekommt. Er soll die Reaktion auf Nordkoreas zweiten Atombombentest im Mai 2009 festgelegt haben, weil sich Diplomaten und Militärs nicht auf eine Antwort einigen konnten. Sie fiel übrigens recht verhalten aus.

In letzter Zeit griffen nach den Erkenntnissen der Friedensforscher noch andere Akteure in die Außenpolitik ein, etwa die Volksbefreiungsarmee (PLA). Die stellt ihre Macht stärker als bisher zur Schau und redet mit, wenn es um das Verhältnis zu Indien, Japan, Nordkorea, Pakistan, Russland und den USA geht. Das Zweite Artilleriekorps der Armee, das am Startknopf der Atomraketen sitzt, und das Ministerium für Staatssicherheit sowie wichtige Staatsbetriebe beeinflussen nun ebenfalls die Außenpolitik mit.

Die Stockholmer Friedensforscher entdeckten einen weiteren Akteur: die Netizen. Das sind jene einfachen Bürger und Wissenschaftler, die in den vielen Internet-Blogs und Foren außenpolitische Entscheidungen kommentieren, zuweilen nationalistische Stimmungen, etwa gegen Japan, anheizen und auf deren Gemütslage Chinas Funktionäre immer stärker Rücksicht nehmen müssen, wenn sie keine Proteste riskieren wollen.

Die komplizierte Gemengelage verhindert zuweilen schnelle Reaktionen. Positionen müssen zwischen vielen Akteuren abgestimmt werden. Nachdem im März 2010 die südkoreanische Korvette »Cheonan« offenbar von einem nordkoreanischen Torpedo versenkt worden war, brauchte Peking eine kleine Ewigkeit für eine Stellungnahme. Die Chinesen mussten die schwere Frage klären, ob sie sich von ihren Verbündeten in Pjöngjang distanzieren oder zu ihnen halten wollen. Schließlich hieß es: Kein Kommentar, abwarten.

Ohne China gibt es kein mächtiges Asien, sagt der chinesische Experte Yan Xuetong. Die künftige Rolle des Kontinents in der Welt hängt aber nicht nur von der Volksrepublik ab, sondern auch davon, wie die Asiaten in der Welt auftreten werden, wie sie ihre Beziehungen unter sich regeln, wie sie Streit ausräumen, auf welche Strategien sie sich verständigen. Werden die Asiaten eines Tages so eng zusammenrücken wie die Europäer, gar eine Asiatische Union mit eigener Währung schaffen? Das Innenleben Asiens betrachten wir im nächsten Kapitel.

## Der Traum vom gemeinsamen Asien

### Ein Staatenbund mit eigenem Rhythmus und ein unheimlicher Pakt

Das gelb gekachelte Gebäude im Süden Jakartas strahlt den Charme der siebziger Jahre aus. An der Wand des Foyers hängt neben Fahnen das Zertifikat 161000705 des »TÜV Nord«. Es bescheinigt den Hausherren, ein »Management-System« anzuwenden, das mit »dem folgenden Standard im folgenden Bereich übereinstimmt: Bereitstellung von Sekretariatsleistungen für die Realisierung, Koordinierung und Durchführung von regionalen Aktivitäten der ASEAN«.

Dies ist die Zentrale des »Verbandes der Südostasiatischen Nationen« (ASEAN), und die kommt offenbar nicht umhin, sich von deutschen Prüfern gute Arbeit bescheinigen zu lassen. Die Hauptaufgabe des Staatenbundes: Die »wirtschaftliche und soziale Stabilität der Region zu stärken und die friedliche Entwicklung zu sichern«.

Es ist eine faszinierende Region, die der Verband vertritt: In Südostasien mit seinen rund 600 Millionen

Einwohnern leben mehr Muslime als in der arabischen Welt und mehr Christen als in Spanien und Frankreich. Die Seestraßen der Region sind strategisch wichtig, durch sie fahren Tanker und Frachter mit Rohstoffen für Industriegiganten wie China, Japan und Südkorea. Südostasien selbst versorgt die Welt unter anderem mit Gummi und Palmöl.

Es war eine Gruppe von Staaten, die unterschiedlicher nicht sein konnten, die sich 1967 zusammenschlossen – gerade von den Kolonialmächten befreit, untereinander heftig zerstritten. In Vietnam kämpften Amerikaner gegen die kommunistischen Vietcong, die Wirren von Chinas »Großer Proletarischen Kulturrevolution« drohten auf andere Länder überzugreifen, kommunistische Partisanen fochten in Laos und Kambodscha. Die Furcht wuchs, ein asiatisches Land nach dem anderen könne wie ein Dominostein umfallen und in den Einflussbereich der Sowjetunion oder Chinas geraten.

Mit Hilfe der neuen Organisation wollten Singapur, die Philippinen, Malaysia, Thailand und Indonesien ihre eigenen Konflikte friedlich beilegen – und vor allem verhindern, dass ihre Länder zum Spielball der Großmächte wurden. Eine wichtige Bedingung war: Sich »nicht in die internen Angelegenheiten anderer Staaten einmischen«. Dieses Prinzip gilt noch heute.

Die Entstehungsgeschichte wirkt bis in die Gegenwart hinein. ASEAN hat keine gemeinsame Gesetzgebung, auf die sich die Mitglieder einigen könnten, kein Parlament. Eine gemeinsame Währung ist so weit entfernt wie der Mars. Das ASEAN-Sekretariat in Jakarta beschäftigt gerade mal 250 Angestellte und hat einen jährlichen Etat von 14 Millionen Dollar.[100]

Später sind das Sultanat Brunei Darussalam, Myanmar, Vietnam, Laos und Kambodscha dem Verband beigetreten. Osttimor hat einen Aufnahmeantrag gestellt. Das Prinzip, den Mund zu halten, haben die Mitglieder bewahrt. Kritik an der Junta in Myanmar tragen die Nachbarn, wenn überhaupt, nur sehr vorsichtig und hinter verschlossenen Türen vor. Die dortigen Wahlen im November 2010, allenthalben als Farce verurteilt, fand der damalige ASEAN-Sprecher, der indonesische Außenminister Marty Natalegawa, »zuträglich und transparent«. Er und seine ASEAN-Außenminister-Kollegen sprachen sich dafür aus, Sanktionen gegen Myanmar aufzuheben.

Es sind vor allem solche Erklärungen, die ASEAN immer wieder in die Kritik rücken – und es ist ihre in der Satzung verordnete Passivität. Als Osttimor, von Indonesien 1976 mit der heimlichen Unterstützung der USA völkerrechtswidrig besetzt, 1999 in einem Referendum für seine Unabhängigkeit stimmte, mordeten und brandschatzten proindonesische Milizen mit der Unterstützung der indonesischen Armee – ASEAN blieb stumm. Die Frage der umstrittenen Grenzen in der Südchinesischen See – ASEAN hat keine Lösung parat. Die Brandrodungen auf Borneo, wo mächtige Firmenkonglomerate aus dem Dschungel, geduldet von korrupten indonesischen Beamten, seltene Tropenhölzer abtransportieren und Platz für Kautschukplantagen schaffen, werden von ASEAN nicht öffentlich gebrandmarkt –

obwohl der Rauch regelmäßig über der ganzen Region hängt und sogar den Flugverkehr behindert.

## Plus, plus, plus

Bürgerrechtler werfen ASEAN vor, sich nicht ausreichend um den florierenden Menschenhandel in Asien zu kümmern. Die US-Menschenrechtsorganisation Human Rights Watch forderte 2009 in einem Brief an den »Lieben Generalsekretär Surin Pitsuwan«, sich endlich der Millionen wehr- und rechtloser Wanderarbeiter anzunehmen. Die »ASEAN muss eine wichtige Rolle übernehmen, um sicherzustellen, dass Regierungen Standards schaffen und durchsetzen, dass Anwerbung, Beschäftigung und das Zurückschicken so geschehen, dass internationale Menschenrechtsnormen respektiert werden«.[101] Zwar nimmt sich mittlerweile eine ASEAN-»task force« der Probleme der rund 13,5 Millionen Wanderarbeiter in der Region an, doch mehr als Empfehlungen an die Regierungen hat sie bislang nicht abgegeben.

ASEAN, wenden Befürworter ein, habe durch etliche Gesprächsforen Konflikte zwischen den Mitgliedsstaaten verhindert und so ein Gefühl der Zusammengehörigkeit vermittelt. Ihr Generalsekretär ist ein gut aussehender Mann; bevor er nach Jakarta zog, war er Außenminister Thailands. Er trägt einen schwarzen Anzug und eine rosa Krawatte, auf dem Tisch in seinem Büro in Jakarta steht ein Rosengesteck.

Surin Pitsuwan ist guter Dinge, denn ASEAN komme politisch voran, sagt er mir in einem Gespräch. Zum ersten Mal in der Geschichte existiert eine ASEAN-Kommission für Menschenrechte. Die hat zwar nicht viel zu sagen, weil jeder Mitgliedstaat verhindern kann, dass er verurteilt wird. Aber Surin sagt: »Ein Anfang ist gemacht. Es gibt Hoffnung für die Zivilgesellschaft: Jetzt haben wir immerhin eine Institution, die jeder herausfordern und kritisieren kann.« Pitsuwan ist noch aus einem anderen Grund zufrieden: »Zum ersten Mal in der Geschichte unserer Gemeinschaft«, sagt er, »hat die UNO uns beauftragt, einen Konflikt zu lösen. Für mich ist das sehr aufregend.«

Er meint den Konflikt zwischen den ASEAN-Mitgliedern Kambodscha und Thailand, der im Frühjahr 2011 wieder aufgeflammt ist. Beide Länder streiten sich, wem der alte Hindu-Tempel Preah Vihear gehört. Er liegt auf einem Tafelberg auf kambodschanischer Seite im Grenzgebiet, sein Eingang ist nur von Thailand aus zugänglich. Es ist ein lächerlicher Konflikt, der immer wieder von thailändischen Nationalisten und kambodschanischen Militärs geschürt wird. Menschen starben, Hunderte von thailändischen Anwohnern flohen vor Kugeln, Granaten und Raketen.

Die kambodschanisch-thailändische Krise zeigt: Die Region ist weit davon entfernt, eine politische Einheit zu sein. Nein, sagt Surin Pitsuwan, dafür ist Asien zu unterschiedlich und zu vielfältig. Der Bund habe seinen »eigenen Rhythmus. Wir sind nicht so weit, eine Asiatische Union zu werden, wir sind bereit, so etwas wie eine ›Plus-, Plus-, Plus‹-Gemeinschaft zu werden. So viel können wir gerade verkraften.«

Surin meint damit die vielen Foren der ASEAN, etwa das Regional Forum (ARF), das über die Sicherheit der Region debattiert und an dem die EU, Australien und Russland teilnehmen, den »Ostasien-Gipfel« (ASEAN, Australien, China, Indien, Japan, Südkorea, Neuseeland), »ASEAN plus 1« (ASEAN plus Indien) oder »ASEAN plus 3« (ASEAN plus China, Japan und Südkorea) oder »ASEAN plus 6« (ASEAN plus China, Japan, Südkorea, Neuseeland, Australien und die USA).

Trotz dieser verwirrenden Vielfalt von Gremien, Gipfeln, Kommissionen, Konferenzen und Debattierklubs, die mitunter selbst nicht genau wissen, für was sie eigentlich gut sind, und die zuweilen mehr einem Versorgungsheim für Schönredner, ausgediente Diplomaten und abgehalfterte Politiker als einer schlagkräftigen Institution ähneln, hat sich ASEAN zu einem wichtigen Verband entwickelt – indem es sich seit 1997 an China, Japan und Südkorea anlehnt.

»ASEAN plus 3« schuf 2008 im nordthailändischen Chiang Mai ein Bollwerk gegen die nächste Finanzkrise: Sie vergrößerte den Fonds für sogenannte Swap-Vereinbarungen, die Devisengeschäfte absichern. Die Finanzminister verabredeten zudem einen Abwehrmechanismus gegen Währungsspekulanten, die Mitte der neunziger Jahre den thailändischen Baht in Bedrängnis gebracht und Asiens Finanzkrise ausgelöst hatten. Jedes Mitglied hat fortan das Recht, sich im Notfall japanische Yen auszuleihen, um die eigene Währung zu stützen. Diese Summe wurde 2008 auf 120 Milliarden US-Dollar aufgestockt.

Das Geschehen in Chiang Mai werten die Asiaten als großen Erfolg auf dem Weg zu einem starken Kontinent. Denn als Einheit haben sie sich nie betrachtet. Die Region war immer ein politischer Flickenteppich, die südostasiatischen Königreiche waren sich spinnefeind, Städte wurden niedergebrannt, Staaten ausradiert. Verbunden waren die Regenten nur durch die zeitweilige Abhängigkeit von China und den europäischen Kolonialmächten wie Holland, Großbritannien und Frankreich, die – bis auf Thailand – den Kontinent beherrschten. In der Ming-Dynastie im 15. Jahrhundert mussten die Königreiche und Sultanate an den Sohn des Himmels in der Verbotenen Stadt Tribute entrichten. Sie taten es – beeindruckt und wohl auch eingeschüchtert von den Dschunken voller Krieger des chinesischen Eunuchen Zheng He, einem Muslim, der die kleinen und großen Potentaten einlud, sie zum Drachenthron zu begleiten.

Später gab es immer wieder Versuche, ein asiatisches Bewusstsein zu schaffen. Der chinesische Reformer und Revolutionär Sun Yat-sen, Gründungsvater der Republik China, propagierte Anfang des 20. Jahrhunderts den Pan-Asianismus und forderte die Region auf, sich der »unterdrückten asiatischen Völker« anzunehmen. Der indische Philosoph und Nobelpreisträger Rabindranath Tagore warb für eine »spirituelle Zivilisation des Ostens«.

»Asien ist eins«, verkündete der japanische Kunstwissenschaftler Okakura Tenshin zu Beginn des 20. Jahrhunderts – und griff tief in die Wertekiste: Jede asiatische Rasse liebe das »Ultimative und Universelle«, im Gegensatz zu den »maritimen Völkern des Mittelmeers und des Baltikums, die auf dem Partikularen verweilen und den Sinn des Lebens und nicht sein Ende suchen«.[102]

In den dreißiger Jahren des vorigen Jahrhunderts waren es die Japaner, die vom »Erwachen des gedemütigten, gestörten, miserablen und tumben Asien« sprachen – und es mit brutaler Gewalt von europäischen und amerikanischen Kolonialmächten befreien wollten. Sie besetzten Teile Chinas und eroberten den Kontinent bis zu den Philippinen. Das vermeintlich uneinnehmbare britische Singapur nahmen sie 1942 in einem Handstreich. Die Begründung ist im berüchtigten Yasakuni-Schrein in Tokio nachzulesen: Die Japaner sahen sich als Retter Asiens.

Das Konzept »Asien« ist wieder modern. Der japanische Intellektuelle Yoichi Funabashi wirbt für eine »Asianisierung Asiens«. Zuletzt war es sein Landsmann, der Oppositionsführer und spätere Premierminister Yukio Hatoyama von der Demokratischen Partei, der »angesichts des zu Ende gehenden US-Unilateralismus« und der »Sorgen über die künftige Rolle des Dollars« dafür plädierte, in Richtung einer »regionalen Währungsunion und politischer Integration« in einer »Ostasiatischen Gemeinschaft« zu arbeiten.[103]

## Der gute Onkel im Norden

Mit einer Mischung aus Hoffnung, Faszination und Sorge beobachten die Asiaten, was der mächtige Nachbar China tut und was er lässt. Jeder weiß: Mit einem Riesen stellt man sich besser gut.

Das liegt nicht nur am chinesischen Anspruch auf die Paracel- und Spratly-Inseln im Südchinesischen Meer. Indien ist nervös, weil die Chinesen in seiner Nähe etliche Straßen und Häfen bereits bauen oder bauen wollen, die eines Tages militärisch genutzt werden könnten: in Gwadar beim indischen Erzrivalen Pakistan, in Chittagong und Cox's Bazar in Bangladesch, in Hambantota im Süden Sri Lankas und Kyaukpyu beim Nachbarn Myanmar. Die indische Armee schaut zudem besorgt nach Kaschmir, um das sie sich mit Pakistan streitet. Im Norden, genauer in der Region Gilgit-Baltistan, sind chinesische Truppen aufgetaucht, die von dort eine Straße nach Gwadar ziehen wollen und damit »Indien herausfordern«, wie Ex-Außenminister Jaswant Singh sagt.[104]

Bei aller Kritik an den Amerikanern – bei meinen Reisen habe ich außerhalb von China keinen einzigen Politiker oder Experten getroffen, der einen Abzug der Amerikaner aus der Region befürwortete. Der alte Fuchs der asiatischen Politik, der Singapurer Lee Kuan Yew, brachte es 2009 auf den Punkt: »Die Größe Chinas macht es für den Rest Asiens, Indien und Japan eingeschlossen, unmöglich, in puncto Einfluss und Leistungsvermögen ein Gegengewicht zu bilden.« Seine Schlussfolgerung:

»Also brauchen wir die Amerikaner, die Balance zu halten.«[105] Peking was not amused.

China dominiert bereits einen großen Teil der laotischen Wirtschaft, chinesische Arbeiter sind in Laos allgegenwärtig. Seit dem Jahr 2000 haben staatliche und private Unternehmer Milliarden Dollar in Hotels, Straßen, Wasserbau und Minen investiert. Die Grenzstadt Boten ist gar an eine chinesische Gesellschaft für 30 Jahre vermietet worden, hier wird mit Yuan bezahlt. Während viele Laoten sich über den wirtschaftlichen Aufschwung freuen, sind andere skeptisch. Sie fürchten, ihre Identität zu verlieren und eines Tages ganz von den Chinesen beherrscht zu werden. Schon roden chinesische Unternehmen den Dschungel für Kautschukplantagen. Mit Hilfe der Regierung in Vientiane zwingen sie Dörfer, Land abzugeben.[106]

Ähnlich sieht es in Myanmar aus. In Mandalay betreiben Chinesen – viele stammen aus der südlichen Provinz Yunnan – Restaurants, Hotels, kleine Läden. Chinesische Festivals, Feuerwerk und Drachentanz gehören zum Alltag der Stadt. Im Norden sind Grenzorte wie Mong La fest in chinesischer Hand, dort locken Casinos Spieler aus Wuhan, Shanghai oder Chengdu an, Chips, Hotels, Essen und die Prostituierten werden mit Yuan bezahlt, einen Pass müssen die Zocker nicht vorzeigen. Weiter westlich, in der von den Wa, einer ethnischen Minderheit, kontrollierten Grenzregion, rumpeln blaue chinesische Lastwagen an Stelzenhäusern vorbei zu einsamen Grenzübergängen, beladen mit wertvollen Tropenhölzern.

Der Bau von acht Dämmen am Oberlauf des Mekong, darunter der Xiaowan-Damm, der vier Milliarden US-Dollar kosten, die höchste Staumauer der Welt haben wird und 15 Milliarden Kubikmeter Wasser stauen kann, beunruhigt Länder wie Laos, Kambodscha, Thailand und Vietnam. Wenn der Strom in seinem Lauf beeinflusst wird, wären ihre Fischgründe und Reisfelder gefährdet. Vietnam fürchtet, das Mekong-Delta könnte durch Meerwasser versalzen, wenn weniger Wasser herunterströmt.

China hingegen glaubt nicht an negative Folgen. Die Dämme nützten sogar der Umwelt, versichern die Funktionäre. Sie werden eines Tages für eine Leistung von ca. 15 500 Megawatt Strom sorgen. Damit könne der Bau von 30 großen Kohlekraftwerken vermieden werden – ein wichtiger Beitrag für eine saubere Umwelt.[107]

Die Chinesen haben verstanden, dass die Nachbarn empfindlich sind. Sie versuchen deshalb, ihre Ängste zu besänftigen und als guter Onkel aufzutreten. Sie initiierten etwa ein Freihandelsabkommen mit ASEAN, das 2010 in Kraft trat und von dem knapp zwei Milliarden Menschen profitieren sollen. Für 90 Prozent der Waren müssen keine Zölle mehr gezahlt werden, bis 2015 werden viele Tarife um rund die Hälfte gesenkt. 2009 handelten die ASEAN-Staaten und China bereits mit Waren im Wert von rund 178 Milliarden US-Dollar. In der ersten Hälfte 2010 waren es zwischen ASEAN und China Güter im Wert von 136,5 Milliarden Dollar, fast 55 Prozent mehr als im gleichen Zeitraum des Vorjahres.[108]

China erleichtert überdies den Handelspartnern die

Geschäfte. Obwohl seine »Volkswährung« nicht frei umgetauscht werden darf, erlaubt die Zentralbank mittlerweile Ausnahmen, damit Unternehmen nicht mühselig Dollar wechseln müssen. Einige Geschäfte dürfen in Yuan abgewickelt werden. Ausländischen Firmen ist es im südchinesischen Hongkong sogar erlaubt, Bonds in Yuan auszugeben, um Geld für Investitionen in China zu sammeln. Amerikas Bulettenbrater McDonald's durfte sich für über 170 neue Filialen in China 200 Millionen Yuan (rund 20,8 Millionen Euro) besorgen. Banker nennen diese Papiere mittlerweile scherzhaft Dim-Sum-Bonds, genannt nach den Hongkonger Fleischtaschen mit Füllung.

## Die Lehre von den drei Teufeln

Ortswechsel: Von den Straßenschluchten Hongkongs und den ASEAN-Konferenzsälen in den Fünf-Sterne-Hotels von Jakarta, Singapur und Bangkok geht es nach Peking zur »Straße des Leuchtenden Pferdes«. In der Nähe der amerikanischen, japanischen und malaysischen Botschaft steht in einem neuen Diplomatenviertel ein gelbliches dreistöckiges Haus mit russischer und chinesischer Aufschrift über dem Eingang: Das »Sekretariat der Shanghai Organisation für Zusammenarbeit« (SOZ). Davor schwingt ein Wachsoldat in grüner Uniform den Reisigbesen.

Es ist eine mächtige und undurchsichtige Organisation, deren Eingang er putzt. Ursprünglich trug sie wegen ihrer fünf Gründungsmitglieder und ihres Gründungsorts einen Namen wie eine Jazzkapelle: Shanghai 5. Dazu gehörten China, Russland, Kasachstan, Kirgisien und Tadschikistan. 2001 kam Usbekistan hinzu. Als offizielle Beobachter haben sich Indien, Pakistan, die Mongolei und Iran registriert, Weißrussland und Sri Lanka sind sogenannte Dialogpartner.

Was ist das für ein formidabler Verein, der die halbe Welt umspannt, in dem Staaten mit über 1,5 Milliarden Einwohnern beteiligt sind, der starke Armeen besitzt, viele Rohstoffquellen kontrolliert und, wie der kasachische Präsident Nursultan Nasarbajew einst erklärte, dessen Führer »die Hälfte der Menschheit repräsentieren«?[109]

China war Drehbuchschreiber und Regisseur für diese Organisation, die sich offiziell den Kampf gegen »Terrorismus, Extremismus und Separatismus« zur Aufgabe gemacht hat. Die Chinesen nennen diese Feinde die »drei Teufel«. Auch den internationalen Drogenhandel will die SOZ bekämpfen, da sich Terrororganisationen ihre Kassen mit Rauschgift-Profiten füllen. Das alles soll im »Geiste des Vertrauens, des gemeinsamen Wohlstands, der Achtung der staatlichen Souveränität und der strikten Nichteinmischung in die internen Angelegenheiten« geschehen, heißt es.[110]

Gleichzeitig wollen die Partner stärker miteinander Handel treiben, Straßen und Pipelines bauen, Öl- und Gasquellen gemeinsam erschließen. China und Kasachstan werden gemeinsam einen Hochgeschwindigkeitszug zwischen der Hauptstadt Astana (früher:

Zelinograd; hier lebten viele Russlanddeutsche) und Almaty bauen, zudem unterzeichneten beide Länder einen Vertrag über viele Milliarden Dollar, der die Kasachen verpflichtet, Uran nach Südchina zu liefern.[111] Nach der internationalen Finanzkrise bot Chinas Staats- und Parteichef Hu Jintao im Juni 2009 den SOZ-Partnern einen Notkredit von zehn Milliarden Dollar an. Zudem schlugen die Chinesen vor, eine SOZ-Investitionsbank zu gründen. Ihr Angebot ist großzügig: Sie steuern sechs Milliarden Dollar bei, die anderen teilen die restlichen zwei Milliarden untereinander auf.

Kurzum: Für Peking ist die SOZ das Mittel, Märkte in Zentralasien zu erobern und an Rohstoffe heranzukommen. Wie formulierte es doch der chinesische General Liu Yazhou so schön: »Zentralasien ist das dickste Stück Kuchen, das die modernen Chinesen vom Himmel geschenkt bekommen haben.«[112]

## Mit Langstreckenbombern gegen Terroristen

Im September 2010 rasseln Panzer über die kasachische Steppe, Artilleriefeuer dröhnt, Fallschirmjäger schweben vom Himmel. »Friedensmission 2010« heißt das Manöver des SOZ, an dem rund 5 000 Soldaten teilnehmen. Den Chinesen gelingt es zum ersten Mal, mit Langstreckenbombern vom Typ H-6, die in der Luft aufgetankt werden, Ziele weit entfernt von der Heimat präzise zu bombardieren.

Die SOZ übe den Kampf gegen Terroristen, heißt es

offiziell. Der chinesische Konteradmiral Yin Zhuo sagt: »Die Strategie hinter den Anti-Terror-Militärübungen der SOZ ist es, die Länder Zentralasiens zu vereinigen und ihnen dabei zu helfen, Extremisten zu bekämpfen, die durch internationale Organisationen die Sicherheit einer legitimen Regierung bedrohen könnten«.[113]

Hinter dem Aufmarsch steckt eine Doktrin, die sich die Chinesen ausgedacht haben – der Kampf gegen die bereits erwähnten »drei Teufel«: Terrorismus, Extremismus und Separatismus. Das ist der Grund, warum Menschenrechtsorganisationen über das Geschehen in der SOZ stark beunruhigt sind. Denn diese Formel könne leicht zum Vorwand genommen werden, ethnische und religiöse Gruppen zu unterdrücken. Die Gruppe Human Rights in China (HRIC) erinnert in einem 2011 veröffentlichten Weißbuch, wie Peking mit Uiguren und Tibetern umgeht, die ebenfalls als »separatistische und extremistische Bedrohung« empfunden würden.

Ob die Sorge berechtigt ist, wird sich in Zukunft erweisen. Problematisch ist jedenfalls, dass sich SOZ-Mitglieder über internationales Recht hinwegsetzen. Kirgisien lieferte 2006 zum Beispiel fünf Usbeken aus, die nach den Schüssen auf Demonstranten in Andischan geflohen waren. Da ihnen zu Hause Folter drohte, verstieß die Regierung damit gegen die UNO-Flüchtlingskonvention. Aber, gaben offizielle Stellen später zu, SOZ-Verträge seien ihnen wichtiger gewesen als internationales Recht.[114]

Damit scheint es China gelungen zu sein, die »Drei Teufel«-Doktrin über fast ein Drittel der Menschheit zu breiten und so Rechte in drei Fünfteln des eurasischen Kontinents zu beeinflussen, der zudem eine der wirtschaftlich und politisch instabilsten Regionen der Welt ist. Mit Hilfe der »drei Teufel« lässt es sich rechtfertigen, Aufstände wie die »Orangene Revolution« in der Ukraine oder die »Rosenrevolution« in Georgien niederzuschlagen.

Von einer schlagkräftigen Militärallianz sind die SOZ-Mitglieder allerdings noch weit entfernt, eine gemeinsame Kommandostruktur existiert nicht, Militärmanöver wie das in Kasachstan waren bislang selten, und sie liefen, wie die Usbeken kritisierten, nach veraltetem sowjetischem Muster ab.

Was steckt also wirklich hinter der SOZ? Die Antwort lieferte bereits 2005 der russische Außenminister Sergej Lawrow: Es geht um eine Gegenmacht zu den USA und zur NATO. Die SOZ wolle »eine rationale und gerechte Weltordnung etablieren«, ein »fundamentales neues Modell der geopolitischen Integration«, offenbarte er.[115]

Sehr zum Ärger von Peking und Moskau haben die Amerikaner Nachschubstationen für ihren Afghanistan-Krieg gegen die Taliban in der Region gepachtet, etwa in Kirgisien. 2005 forderte die SOZ auf ihrem Gipfel in der kasachischen Hauptstadt Astana die Amerikaner auf, ihre Truppen aus Usbekistan zurückzuziehen – was dann auch geschah. Zudem verlangte die Organisation von Washington einen Zeitplan für den Abzug seiner Truppen aus Afghanistan.

Ein stärkeres ASEAN und ein neues Bündnis in Zentralasien, mit dem sogar die Atommächte Indien und

Pakistan sympathisieren: Asien entwickelt damit nicht nur wirtschaftliche, sondern auch politische Schwungkraft. Doch sein Aufstieg ist belastet mit einer Fülle von internen Konflikten. Von ihnen handelt das nächste Kapitel.

# Alte Tempel, karge Inseln und heiße Grenzen

## Asien ist ein Kontinent voller Konflikte

Gesperrte Straßen, Polizisten mit Helmen, Schutzschilden und Schlagstöcken. Im Februar 2011 ist Bangkoks Innenstadt rund um das Regierungsgebäude belagert. Zahlreiche Demonstranten haben Zelte errichtet, auf provisorisch zusammengezimmerten Bühnen diskutieren Menschen, Fotos zeigen den Hindu-Tempel Preah Vihear. Der Tempel ist der Grund der Aktion vor dem Regierungsgebäude: Die Protestierenden wollen ihn zurückhaben.

ASEAN-Generalsekretär Surin Pitsuwan hatte den Streit schon erwähnt. Gehört das Weltkulturerbe Preah Vihear zu Thailand oder zu Kambodscha? 1962 hat der Internationale Gerichtshof in Den Haag die Gemäuer Kambodscha zu geschlagen, was national gesinnte Thailänder seither als Schmach für ihr Königreich empfinden. Im Frühjahr 2011 wurde wieder geschossen, Soldaten starben, Menschen flüchteten.

Ich habe besondere Erinnerungen an diesen Ort. 1998 ging der Kampf zwischen den Roten Khmer und Regierungstruppen zu Ende, die nach ihrer Machtübernahme 1975 aus Kambodscha mit Tod und Terror eine Agrargesellschaft formen wollten. Etwa 1,7 Millionen Menschen kamen ums Leben, die Hauptstadt Phnom Penh wurde entvölkert. Schließlich besetzte Vietnam das Land, die kommunistischen Bauernkrieger zogen sich an die thailändische Grenze zurück, wo sie nach internen Streitigkeiten ab 1996 begannen, die Waffen zu strecken – so auch ein Kommando, das seinen Stützpunkt in Preah Vihear aufgeschlagen hatte.

Kollegen und ich flogen in einem Militärhubschrauber zum Tempel. Bei der Landung krachte die russische MI-8 in ein Minenfeld, schlug um, die herumfliegenden Rotoren ließen drei Minen detonieren, und nur durch ein Wunder kamen Besatzung, Soldaten und Journalisten mit Knochenbrüchen und Prellungen davon. Ich hatte nur ein paar blaue Flecke.

Der Bürgerkrieg in Kambodscha ist seit vielen Jahren vorbei, die letzten Anführer der Roten Khmer standen seit 2010 in Phnom Penh vor einem internationalen Gericht, ein besonders dunkles Kapitel in der Geschichte Asiens geht zu Ende.

Der Streit um den historischen Tempel ist nur ein Konflikt von vielen in Asien. Vielerorts begegnen sich die Menschen mit Misstrauen, zwischen ethnischen und religiösen Gruppen schwelt Streit, alte Rechnungen warten darauf, beglichen zu werden. Noch fehlt der politische Wille, Lösungen zu finden. Stattdessen schüren Politiker, wie in Thailand, nationalistische Gefühle, versuchen aus Toten und Verwundeten innenpolitisch Kapital zu schlagen.

## Wem gehört Taiwan?

Es sind vor allem zwei Kontroversen zwischen Menschen, die jeweils die gleiche Sprache sprechen, die Asiens Stabilität gefährden – jene auf der koreanischen Halbinsel und die um die Insel Taiwan.

Im Juli 2008 knallten auf den Flughäfen in Taipei und Peking Champagnerkorken, Funktionäre und Geschäftsleute beider Seiten klopften sich gegenseitig auf die Schultern, Drachentänzer sprangen um sie herum.

China und Taiwan feierten damals einen Wendepunkt in ihrer schwierigen Geschichte. Passagiere aus beiden Ländern durften nun regelmäßig direkt über die Taiwan-Straße fliegen, ohne Zwischenstopp in Hongkong oder Macau, in Japan oder Südkorea.

Was einst ein Ding der Unmöglichkeit war, gehört seither zum Alltag: Taiwanische Maschinen starten und landen auf den Flughäfen des Festlandes und chinesische auf denen der Insel. Die Volksrepublik und Taiwan gehen entspannter miteinander um. Beide Seiten strichen für mehr als 800 Waren die Zölle, taiwanische Unternehmen dürfen auf dem Festland nun Dienstleistungen anbieten, eine taiwanische Bank bekam die Erlaubnis, in der Volksrepublik Kreditgeschäfte mit Landsleuten zu machen. Touristen vom Festland besuchen die

Insel, 2010 betrug das Handelsvolumen zwischen China und Taiwan 110 Milliarden Dollar.

Aber: Der Streit zwischen der Volksrepublik China und der Republik China (Taiwan) ist nicht vorüber. Er schwelt seit 1949, als Nationalistenführer Chiang Kaishek seine Niederlage im Bürgerkrieg gegen Mao Zedongs Kommunisten eingestand und mit den Resten seiner Armee und Anhängern auf die Insel floh.

Es geht um die Frage, wer das wahre China ist, wer zu wem gehört, wer China in den internationalen Organisationen vertritt. Peking hat feste Ansichten: Es gibt nur »ein China«, und Taiwan ist ein Teil davon, es gehört sozusagen zum Festland. Die KP droht sogar mit einem Angriff, falls sich die Taiwaner offiziell für unabhängig erklären sollten, über 1000 Raketen zielen auf die Insel.

Es ist über 40 Jahre her, dass Taipei – und nicht das maoistische Peking – China in der UNO vertrat. Doch dann wendete sich das Blatt. US-Präsident Richard Nixon besuchte 1972 die Volksrepublik, schon 1971 übernahm Peking Taiwans Sitz in den Vereinten Nationen. Derzeit pflegen nur 23 Staaten diplomatische Beziehungen zu der Insel, dazu gehören etwa Paraguay und der Vatikan.

In den übrigen Ländern sind Politiker aus Taiwan, wenn überhaupt, nur als Privatpersonen willkommen, der Präsident wird dort nicht offiziell empfangen, er hat sogar Probleme, Flugplätze zum Auftanken seiner Regierungsmaschine zu finden. Allerdings besitzt Taiwan einen mächtigen Verbündeten: die USA. Washington hat sich verpflichtet, den Insulanern unter Umständen zu Hilfe zu kommen, falls sie angegriffen werden.

Auch die Politiker in Taipei hielten lange Zeit die Fiktion aufrecht, dass sie allein die rechtmäßige Regierung für ganz China stellten. Dafür bestimmten sie sogar Abgeordnete und Gouverneure, die auf der Insel saßen, aber für die verlorenen Provinzen auf der anderen Seite der Taiwan-Straße zuständig sein sollten. Das haben die Taiwaner inzwischen aufgegeben. Der erste von der Bevölkerung gewählte Präsident Lee Teng-hui, der auf der Insel geboren wurde, sprach 1999 sogar von »zwei Staaten« und erregte damit großen Zorn in Peking. Drei Jahre zuvor hatten ein Besuch Lees in den USA und seine Kandidatur bei den Präsidentschaftswahlen die Chinesen so sehr erbost, dass sie Raketen Richtung Insel abfeuerten. Washington beorderte zwei Flugzeugträger in die Region. Asien stand am Rande eines Krieges.

Lees Nachfolger Chen Shui-bian, ein ehemaliger Rechtsanwalt von der Demokratischen Fortschrittspartei, schob Taiwan weiter in Richtung Eigenständigkeit: Zwar erklärte er die Insel nicht formal für unabhängig, doch er sprach von einem »souveränen Land«, dessen Bewohner zwar Chinesen seien, gleichzeitig aber Bürger Taiwans. Dies traf die Stimmung einer großen Mehrheit der Bevölkerung, die stolz auf ihre Demokratie ist und es satthat, international als Chinesen zweiter Klasse behandelt zu werden. Nun erhielten sie sogar Reisepässe mit dem Zusatz »Taiwan« auf dem Deckblatt. Peking zürnte, der Nationale Volkskongress verabschiedete 2005 ein Antiabspaltungsgesetz, in dem die Drohung der Gewalt in Paragrafen gegossen wurde.

Chens konservativer Nachfolger Ma Ying-jeou von der Nationalen Volkspartei (Kuomintang) fuhr einen sanfteren Kurs. Er zog sich auf eine Formel zurück, die half, Gegensätze zu überbrücken – den sogenannten »1992 Konsens«.

Was verbirgt sich hinter der Formel, die bei informellen Gesprächen in Hongkong in jenem Jahr gefunden wurde? Beide Seiten gehen davon aus, dass Insel und Festland zu »einem China« gehören, aber was das für ein China sei, werde »unterschiedlich interpretiert«. Die Pekinger legen mehr Gewicht auf das »eine China«, die Taiwaner auf die »unterschiedlichen Interpretationen«. Präsident Ma beharrte darauf, dieses »eine China« werde es nur geben, wenn das Festland die Demokratie einführe.

Festgeschrieben ist der »1992 Konsens« jedoch nirgendwo, und einige Politiker behaupten gar, er existiere überhaupt nicht. Sogar dem damaligen taiwanischen Unterhändler, dem Geschäftsmann Koo Chen-fu, ging später der Begriff »Konsens« zu weit. »Um die Tatsachen besser widerzuspiegeln und eine unwahre Anwendung zu verhindern«, schrieb er in seiner Biografie, sollte »Konsens« durch das Wort »Verständigung« ersetzt werden.[116]

Peking jedenfalls hat die Taiwan-Frage zu seinem »Kerninteresse« erklärt und scheint fest entschlossen, wirtschaftlichen Aufschwung für einen Krieg zu riskieren, falls die Taiwaner sich endgültig lossagen würden.

Noch immer verhindert die Volksrepublik den Beitritt Taiwans zu wichtigen internationalen Organisationen, dürfen taiwanische Sportler nur unter der Flagge »Chinese Taipei« antreten und verlangen die Pekinger Funktionäre von allen Staatsgästen ein Bekenntnis zur »Ein-China-Politik« – das die, von US-Präsident Barack Obama bis Bundeskanzlerin Angela Merkel, prompt abliefern.

## Brennpunkt Korea

Ein anderer Krisenherd Asiens liegt nur rund tausend Kilometer von Taiwan entfernt. Auf der koreanischen Halbinsel herrscht, zumindest formal, sogar Krieg. Und eine Seite, der nordkoreanische Herrscher Kim Jong Il, hat sich mittlerweile Atombomben angeschafft, Experten schätzen: mindestens vier.

Begonnen hatte alles, als das kommunistische Nordkorea 1950 den Süden erobern wollte. Dem kamen UNO-Truppen unter dem Kommando der Amerikaner zu Hilfe, auch Türken und Luxemburger waren dabei. Als sie die nordkoreanische Armee an den Yalu-Fluss an der chinesischen Grenze zurückgedrängt hatten, griff eine »Freiwilligen«-Armee Chinas ein. Die Kämpfe flammten erneut auf, einen Sieger gab es nicht, dafür bis zu 1,5 Millionen tote und verwundete Soldaten und über zwei Millionen zivile Opfer. Am 38. Breitengrad, dort, wo 1950 alles anfing, schlossen die Feinde am 27. Juli 1953 nach 158 Sitzungen ein Waffenstillstandsabkommen, einen Friedensvertrag brachten sie nicht zustan-

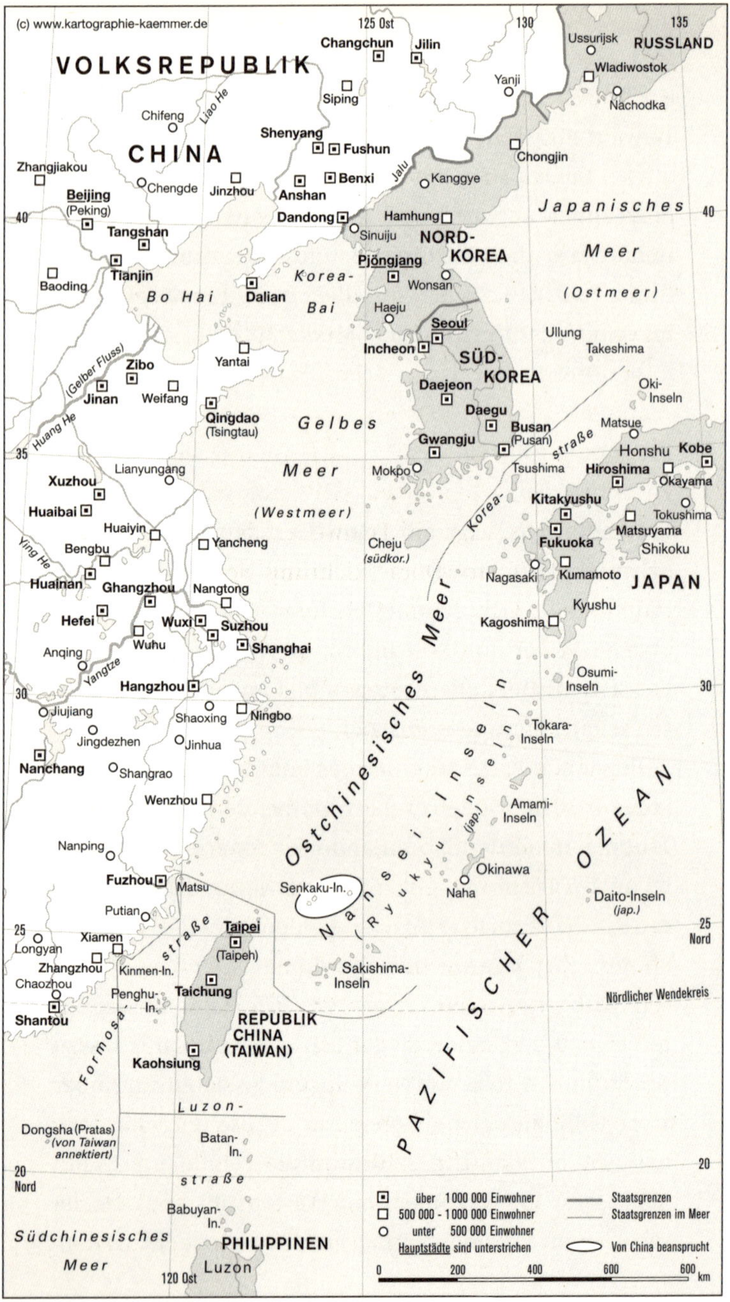

(c) www.kartographie-kaemmer.de
VOLKSREPUBLIK
CHINA
RUSSLAND
NORD-
KOREA
SÜD-
KOREA
JAPAN
REPUBLIK
CHINA
(TAIWAN)
PHILIPPINEN
Changchun
Jilin
Siping
Ussurijsk
Wladiwostok
Nachodka
Yanji
Chifeng
Liao He
Shenyang
Fushun
Zhangjiakou
Chengde
Jinzhou
Anshan
Benxi
Jalu
Chongjin
Kanggye
Beijing
(Peking)
Tangshan
Dandong
Hamhung
Sinuiju
Tianjin
Pjöngjang
Wonsan
Baoding
Bo Hai
Dalian
Korea-
Bai
Haeju
Seoul
Incheon
Japanisches
Meer
(Ostmeer)
Ullung
Takeshima
Zibo
Yantai
(Gelber Fluss)
Jinan
Weifang
Qingdao
(Tsingtau)
Huang He
Daejeon
Daegu
Busan
(Pusan)
Gwangju
Oki-
Inseln
Matsue
Honshu
Kobe
Hiroshima
Okayama
Tokushima
Gelbes
Meer
(Westmeer)
Lianyungang
Xuzhou
Huaibai
Huaiyin
Yancheng
Ying He
Bengbu
Huainan
Ghangzhou
Nangtong
Hefei
Wuxi
Suzhou
Wuhu
Shanghai
Anqing
Yangtze
Mokpo
Tsushima
Korea-
straße
Kitakyushu
Fukuoka
Matsuyama
Shikoku
Cheju
(südkor.)
Nagasaki
Kumamoto
Kyushu
Kagoshima
Hangzhou
Jiujiang
Shaoxing
Ningbo
Jingdezhen
Jinhua
Nanchang
Shangrao
Wenzhou
Osumi-
Inseln
Tokara-
Inseln
Amami-
Inseln
Ostchinesisches
Meer
Nansei-Inseln
(Ryukyu-Inseln)
(jap.)
Nanping
Fuzhou
Matsu
Senkaku-In.
Okinawa
Naha
Daito-Inseln
(jap.)
Putian
Longyan
Xiamen
Zhangzhou
Chaozhou
Shantou
Kinmen-In.
Penghu-
In.
Taipei
(Taipeh)
Taichung
Kaohsiung
Formosa-
straße
Sakishima-
Inseln
PAZIFISCHER OZEAN
Nördlicher Wendekreis
Luzon-
straße
Dongsha (Pratas)
(von Taiwan
annektiert)
Batan-
In.
Babuyan-
In.
Südchinesisches
Meer
Luzon
125 Ost
130
135
40
35
30
25
Nord
20
Nord
120 Ost
über 1 000 000 Einwohner
500 000 - 1 000 000 Einwohner
unter 500 000 Einwohner
Hauptstädte sind unterstrichen
Staatsgrenzen
Staatsgrenzen im Meer
Von China beansprucht
0
200
400
600
600
km

de. Seither trennt ein 248 Kilometer langer und rund vier Kilometer breiter Grenzstreifen die beiden Länder.

Ortstermin im Herbst 2010, demilitarisierte Zone an ebenjenem 38. Breitengrad. Irgendwo zwischen Bäumen, Wiesen und Feldern verläuft dieser legendäre Breitengrad. Im Dunst liegt die nordkoreanische Stadt Kaesong mit ihrer Sonderwirtschaftszone, in der fast 42 000 nordkoreanische Arbeiter für über 100 südkoreanische Fabriken Waren produzieren. Auf der Straße dorthin ist bis auf ein paar Militärlaster kein Auto zu entdecken. »Wir lassen LKW nur jede Stunde im Konvoi durch«, sagt ein Feldwebel, der von der Beobachtungsplattform »Dora« Richtung Norden starrt. An einer Wand steht das Motto seiner Truppe: »Stolz und Vertrauen«.

Reisebusse bringen Touristen an Kasernen, Kirchen und Reisfeldern vorbei zu den Sehenswürdigkeiten dieses merkwürdigen Platzes, etwa zum Tunnel Nr. 3, den die Nordkoreaner 1978 gruben, um den Süden zu erobern. Eine kleine offene Bahn fährt hinab in die Tiefe. Wäre der Plan geglückt, hätten 30 000 Soldaten in der Stunde die Grenze unterqueren können.

Sogar Plakate mit den Kandidaten von Provinzwahlen hängen an einer Straßenkreuzung. In der Sonne glitzert der nagelneue Bahnhof Dorasan, die letzte Station im Süden. Doch Passagiere gibt es nicht, den Durchgang zu den Bahnsteigen versperrt ein Soldat mit schwarzem Stahlhelm, zwei weiße Fangschnüre an den Schultern. Auf einem blauen Schild stehen die Ziele der Züge: Seoul und Pjöngjang. Die Signale stehen auf Rot.

Ich hatte zwei Mal die Gelegenheit, auch die nordkoreanische Seite zu sehen. Dort hängen nur Parolen und keine Wahlplakate. Der Bus manövriert durch eine schmale Gasse mit Betonbarrieren und viel Stacheldraht.

Meist sind es schneidige Offiziere, die Besuchern die Grenzanlagen und historischen Gebäude von Panmunjom zeigen, unter anderem die Baracke, in der das Waffenstillstandsabkommen unterzeichnet wurde. Auf drei Tischen, mit grünem Filztuch bedeckt, stehen die nordkoreanische und die UNO-Fahne in Glaskästchen, davor liegen die Urkunden in koreanischer und englischer Sprache, ihr roter Einband ist stark beschädigt. Für Touristen gibt es Souvenirs zu kaufen, etwa metallene Essstäbchen und aus Stroh geflochtene Pantoffeln.

Amerikanische, süd- und nordkoreanische Soldaten stehen sich hier gegenüber. Die Nordkoreaner, sonst nur mit großen Tellermützen auf dem Kopf, tragen Stahlhelme. Denn die Lage ist gespannter geworden, seit am 26. März 2010 ein nordkoreanischer Torpedo die südkoreanische Korvette »Cheonan« traf und 46 Seeleute in die Tiefe riss. So jedenfalls lautete das Ergebnis einer internationalen Untersuchungskommission. Gleichwohl blieb der Rest eines Zweifels, ob es nicht andere Ursachen der Tragödie gab, die »Cheonan« etwa auf eine alte Mine fuhr.

Nur ein paar Kilometer entfernt schlugen am 23. November 2010 auf der kleinen Grenzinsel Yeonpyeong Granaten ein, zwei Soldaten und zwei Zivilisten starben. Dieses Mal war die Herkunft der tödlichen Geschosse eindeutig: Nordkorea. Sie hätten sich nur gegen Grenzverletzungen gewehrt, erklärten die Nordkoreaner. Und: Man werde in einen »heiligen Vernichtungsfeldzug ziehen«, um die »verräterische Clique« um den südkoreanischen Präsidenten Lee Myung Bak von dieser Erde zu radieren, dafür sogar Atombomben einsetzen, verkünden die Parteizeitungen.

Die Argumentation der Nordkoreaner ist so abwegig nicht, wenn sie den Südkoreanern vorwerfen, die Grenze im Meer zu verletzen. Denn deren Verlauf ist seit dem Kriegsende umstritten. Pjöngjang hat sie nie akzeptiert, weil sie den Süden bevorzuge. Als im August 1953 die demilitarisierte Zone und Waffenstillstandslinie auf dem Festland festgelegt wurden, zog ein Kommandeur der UNO-Truppen auf der Karte einen willkürlichen Strich ins Meer hinaus – die Nördliche Grenzlinie (Northern Limit Line, NLL) war damit geschaffen.

Schon damals wehrte sich Pjöngjang, konnte sich, geschwächt durch den Krieg, aber nicht durchsetzen. Später schlug Nordkorea die sogenannte Maritime Demarkationslinie vor, die viel weiter südlicher verläuft, aber die drei wichtigsten Inseln weiterhin Südkorea lässt. Seoul lehnte ab. Deshalb liefern sich Süd- und Nordkoreaner immer wieder Seegefechte, meist wenn die Krabbensaison beginnt und nordkoreanische Kutter versuchen, in von Südkorea beanspruchtem Gebiet zu fischen. Nahe der Insel Yeonpyeong rammten und beschossen sich einander Kriegsschiffe beider Länder im

Juni 1999 und 2002, nahe der Insel Daecheong gab es im November 2009 ein Gefecht, an dem die später versenkte Korvette »Cheonan« teilnahm.

»Die Grenze im Gelben Meer, westlicher Teil, birgt die größte Möglichkeit in sich, einen zweiten Koreakrieg auszulösen«, warnte die International Crisis Group Ende 2010.[117]

Sogar in Südkorea halten Politiker die Linie für bedenklich. Der frühere südkoreanische Präsident Roh Moo Hyun versuchte deshalb, die Lage zu entschärfen. Bei seinem Besuch in Pjöngjang 2007 sicherte er dem nordkoreanischen Herrscher Kim Jong Il zu, eine »Friedenszone« mit »gemeinsamer Fischereizone« im Gelben Meer zu schaffen. Doch Roh konnte sich innenpolitisch nicht durchsetzen, er war kurz vor dem Ende seiner Amtszeit ein machtloser Politiker.

Nachfolger Lee versprach, alle Vereinbarungen seines Vorgängers genau zu überprüfen. Kaum hatte er diese Worte ausgesprochen, war klar, dass er den Grenzverlauf im Meer nicht verändern würde. Kim müsse zunächst sein Atomprogramm abspecken, bevor seine Seeleute ihre Netze über guten Fischgründen des Südens auswerfen dürften, forderte Lee.

Unklar ist, warum sich der Norden Ende 2010 plötzlich so provokant verhielt. Eine Erklärung lieferte die innenpolitische Szenerie in Pjöngjang. Dort hatte der kränkelnde Kim auf einer Parteikonferenz die Macht seines Clans abgesichert. Er beförderte seinen dritten Sohn zum Vier-Sterne-General und übertrug ihm zwei wichtige Posten in der Partei. Dabei war Kim Jong Un gerade mal 28 – ein junger Mann, der deutlich besser ernährt ist als gleichaltrige Landsleute und der ein Schweizer Internat besucht hat.

Mit dem Artillerieangriff auf Yeonpyeong wollte die neue Führungsriege offenbar beweisen, dass mit ihr ebenso wenig zu spaßen ist wie mit der alten Besetzung. Wie sich später herausstellte, waren Vater und Sohn einen Tag vor der Attacke in der Nähe der Küste. Es ist unwahrscheinlich, dass sie die Aktion nicht mit dem Militär absprachen.[118]

Vor allem aber wollte Kim die Aufmerksamkeit der Welt auf sich lenken. Sein Ziel war, Präsident Barack Obama an den Verhandlungstisch zu zwingen und sich die Sicherheit seines Regimes garantieren zu lassen. Am Ende sollten beide Seiten Botschafter austauschen, die Nordkoreaner zum Sieger des Krieges erklärt werden und dafür Hilfslieferungen kassieren. Dafür wäre Kim wohl bereit, sein Nuklearprogramm einzufrieren – ohne allerdings die Atombomben anzutasten.

## »Wir beanspruchen alles«

Während die Welt gespannt auf Korea blickte, trafen sich Ende 2010 der indische Premier Manmohan Singh und Pekings Ministerpräsident Wen Jiabao in Neu-Delhi. Der schmächtige Wen mit dem erhobenen Zeigefinger und der groß gewachsene Singh mit dem blauen Turban eines Sikhs schienen sich gut zu verstehen. Beide Länder vereinbarten Geschäfte für mehr als 16 Milliarden

Dollar. Der bilaterale Handel soll bis 2015 von 60 auf 100 Milliarden Dollar wachsen.

Doch hinter der freundlichen Kulisse schwelt Misstrauen. »Chinesen und Inder können einander nicht leiden«, sagt Mohan Guruswamy, der Wissenschaftler und Wirtschaftsberater in Neu-Delhi. Die zwei asiatischen Riesen haben eine Menge Sträuße auszufechten. Sie teilen fast 3400 Kilometer Grenze miteinander, meist unwegsames Terrain im Himalaja, und streiten, wo Indien anfängt und China aufhört.

Ältere Inder erinnern sich an die Kämpfe von 1962, als chinesische Soldaten nach Indien vorrückten, bis sie sich schließlich überraschend wieder auf ihr Territorium zurückzogen. Peking hatte seinen Standpunkt auf sehr blutige Weise demonstriert, ein längerer Krieg hätte wohl zu viele Soldaten erfordert. Rund 2000 Soldaten starben. In der chinesischen Öffentlichkeit sind solche historischen Ereignisse wenig bekannt. In den Schulen lernen die Kinder, dass ihr Land stets Opfer, aber nie Aggressor war.

Seither herrscht, zumindest an der Oberfläche, Ruhe. Kompromisse wurden gefunden: Tibet gehöre zu China, gestanden die Inder ein, der Bundesstaat Sikkim sei indisch, erklärten die Chinesen. Umstritten ist allerdings der indische Bundesstaat Arunachal Pradesh, der ungefähr so groß ist wie Österreich und in dem rund 1,4 Millionen Menschen leben.

Unvergessen für viele Inder ist der TV-Auftritt des damaligen Pekinger Botschafters in Neu-Delhi im Jahr 2006, Sun Yuxi, der mit extremer Offenheit erklärte:

»Unsere Haltung ist, dass der gesamte Staat Arunachal Pradesh chinesisches Territorium ist ... Wir beanspruchen alles. Das ist unsere Position.«[119]

In Wahrheit ist die Lage so eindeutig nicht, Inder und Chinesen müssen mit dem Erbe der Geschichte fertig werden. Diese abgelegene Bergregion war einst von Tibet regiert worden, religiös steht sie unter dem Einfluss der Sekte der Gelbmützen – jener buddhistischen Religionsausrichtung, deren Oberhaupt der Dalai Lama ist.

1914 hatten die Tibeter nach einem Feldzug der Briten ihre Region an die Europäer abgetreten, die damals Indien als Kolonialmacht beherrschten. Sie setzten die nach dem damaligen britischen Verwalter benannte McMahon-Linie als Grenze zwischen Britisch-Indien und Tibet fest – und diese willkürliche Demarkationslinie auf dem Kamm des Himalajas ist die Grenze, die noch heute Ärger bereitet.

Nachdem Indien 1947 unabhängig geworden war, machte es Arunachal Pradesh zum Bundesstaat, freilich zu einem besonderen. Ausländer wie Einheimische benötigen eine Sondergenehmigung, wenn sie dieses Gebiet besuchen wollen.

Der Pekinger Standpunkt hingegen ist simpel: Arunachal Pradesh gehörte einst zu Tibet, Tibet gehörte immer zu China, wurde 1951 von der Volksbefreiungsarmee »befreit«, seither ist das »Land des Schnees« erst recht China, also auch Arunachal Pradesh. Punktum. 2010 berichten indische Militärs von seltsamen Aktivitäten auf chinesischer Seite. Soldaten der Volksbefreiungsarmee würden auf indisches Territorium vordringen, Straßen bauen, Stellungen errichten – und in aller Stille immer mehr Boden unter ihre Kontrolle bringen.

2009 sei es zu 270 Grenzverletzungen und 2 300 Provokationen in Ladakh und Arunachal Pradesh durch die Chinesen gekommen, sagt Brahma Chellaney, Professor am Centre for Policy Research in Neu-Delhi. Im Dezember 2010 drangen Soldaten ins indisch verwaltete Kaschmir ein und bedrohten Bauarbeiter an einer Busstation.[120] Die Grenze im Himalaja sei mittlerweile »heißer« als früher, warnt Chellaney. Viele indische Militärs sähen in China heute entsprechend eine größere Gefahr als im Erzfeind Pakistan.[121]

## Die Vision eines alten Soldaten

Dipankar Banerjee ist ehemaliger Generalmajor der indischen Armee, ein Infanterist, ein Haudegen. »Ich war bei fast allen Kriegen dabei«, berichtet er mir. Damit meint er vor allem die Auseinandersetzungen um das zwischen Indien und Pakistan umstrittene Kaschmir. In den neunziger Jahren befehligte er dort die indischen Truppen.

Heute widmet sich Banerjee dem Frieden. Er leitet in Neu-Delhi das »Institut für Friedens- und Konfliktstudien« und versucht, in die Zukunft zu schauen. Der freundliche ältere Herr ist Gast auf vielen internationalen Konferenzen. Sein Büro im Souterrain hat keine Fenster, an der Wand hängt eine chinesische Kalligrafie, ein Angestellter bringt Wasser.

Er macht sich weniger um die chinesisch-indische Grenze Sorgen als um ein anderes Gebiet: Afghanistan und Pakistan. Dort, fürchtet er, könnte vieles schiefgehen. »Die Amerikaner und die NATO werden sich ab 2014 aus Afghanistan zurückziehen«, sagt er. »Und ein sehr wahrscheinliches Szenario ist, dass Afghanistan wieder in Stammesgebiete zerfällt.«

Die mögliche Folge: Die afghanischen Paschtunen werden sich mit Paschtunen in Pakistan vereinigen, dort könnten sie die Provinz Khyber Pakthunkwah annektieren. Pakistans Grenzen wären damit gefährdet, und die ohnehin krisengeschüttelte Atommacht würde noch instabiler, als sie es schon ist. »Das hat globale Konsequenzen, Flüchtlinge können sogar bis nach Europa vordringen«, sagt Banerjee.

## Umstrittene Inseln

Zurück in die Gegenwart, von einem möglichen zu einem realen Krisenherd. Von Südasien führt der Weg nach Osten auf die chinesische Insel Hainan, von den Paschtunen zu einem Seebären namens Su Chengfen, der alt geworden ist inmitten eines internationalen Konflikts. Heute schaut er skeptisch auf die Wolken und die Wogen. Dann schüttelt er den Kopf. Nein, die Flotte werde ihre Anker nicht lichten, die See sei zu bewegt, das Manövrieren für die 300 Tonnen schweren Fischkutter zu schwierig: »In drei Tagen sehen wir weiter.«

Mit 13 Jahren ging Su das erste Mal an Bord eines

Fischkutters, sieben Jahre später wurde er Kapitän. Sein Heimathafen ist Tanmen, er kennt sich wie kein anderer aus in der Südchinesischen See. Seine Netze wirft er mal zwischen den Xisha-, mal bei den Nansha-Inseln aus. In der Welt besser bekannt sind sie als Paracel- und Spratly-Inseln – und sie sind eine Gefahr für Asiens Stabilität.

Ein paar hundert Seemeilen östlich hat ein anderer chinesischer Fischer am 8. September 2010 seine Netze ausgeworfen: Zhan Qixiong aus dem Dorf Gangfu fischt vor den Diaoyu-Inseln im Ostchinesischen Meer. Diese Gewässer sind völkerrechtlich ebenfalls umstritten; China und Japan reklamieren sie für sich, die Japaner nennen die Inseln Senkaku. Dass die Region heikel ist, weiß Zhan, doch seit einiger Zeit schwimmen hier wieder mehr Fische, also nimmt er Kurs auf die Inseln. An diesem Tag hat er die Rechnung ohne die Japaner gemacht. Boote der Küstenwache versuchen, ihn und seine Kollegen abzudrängen. Sirenen heulen, Befehle auf Japanisch und Chinesisch hallen über das Wasser.

Zhan holt in aller Ruhe seinen Fang ein und lässt es auf einen Konflikt ankommen. Plötzlich gibt er Gas, der Schornstein seiner »Minjinyu« stößt schwarzen Rauch aus, sie schießt auf ein Boot der japanischen Küstenwache zu und rammt es am Heck. Offenbar hat der Fischer es auf die Ruderanlage des Japaners abgesehen. Er versucht zu fliehen, es kommt wieder zu einer Rempelei. Schließlich nehmen japanische Matrosen Zhan, seine Männer und die Seeleute anderer Boote fest.

Die Paracel- und Spratly-Inseln in der Südchinesischen See und die Diaoyu-Inseln im Osten haben eine Gemeinsamkeit: Die meisten sind unbewohnt und unwirtlich, viele bestehen aus kaum mehr als Felsen, Sandbänken, Atollen und Riffen, oft ohne Wasserquellen, Heimat von Ratten und Schildkröten, heiß und häufig von der See überschwemmt. Die Eilande im Süden sind überdies ärgerliche Hindernisse für Seeleute und allenfalls für Wetterstationen zu gebrauchen.

Und um diese Inseln geht es:

- China und Japan streiten sich um insgesamt acht Inseln und ein paar Felsen. Sie liegen rund 410 Kilometer westlich von Okinawa und 370 Kilometer vom chinesischen Festland entfernt – alle zusammen sind sie allenfalls sieben Quadratkilometer groß.
- Vietnam und China befehden sich wegen der Paracel-Inseln, insgesamt sind es 30. Die größte, Woody-Island, umfasst 2,1 Quadratkilometer. 1971 bauten chinesische Soldaten hier einen Hafen, später kam ein Flughafen hinzu, auf dem Kampfflieger landen können.
- Komplizierter wird es bei den Spratlys. Das sind insgesamt rund 150 Felsen, Atolle und Riffe, von denen insgesamt gerade mal fünf Quadratkilometer aus dem Wasser ragen. China, Vietnam, Taiwan, Malaysia, Brunei und die Philippinen beanspruchen sie. Die jeweils einem Land am nächsten gelegene Insel ist von den Philippinen 190 km, von der vietnamesischen Küste 475 km, von Malaysia rund 300 km und von der südlichsten Provinz der VR China, der Insel Hainan, gar mehr als 1 000 km entfernt.[122]

## Nationalstolz, Öl und ein japanischer Hochzeitsunternehmer

Alle chinesischen Asienkarten haben in der rechten unteren Ecke einen Sonderteil, auf dem die chinesische Grenze in der Südchinesischen See aufgezeichnet ist: Sie berührt fast die Strände Malaysias und der Philippinen. Für die Chinesen ist diese Demarkationslinie eine »strategische Grenze«, die in der Nähe ihrer südlichsten Insel verläuft.

Alle Insel-Konflikte besitzen handfeste Gründe: Es geht um verletzte nationale Gefühle, um Sicherheit von Schifffahrtsstraßen, um viel Geld. Wer die Paracel- und Spratly-Inseln beherrscht, kontrolliert die wichtige Passage zwischen dem westlichen Pazifik und dem Indischen Ozean. Für die amerikanische Flotte ist sie wichtig, aber auch für Handelsschiffe, die mit enormen Mengen an Gütern und Rohstoffen das Gebiet passieren.

Zudem sind die Fischgründe reich, Millionen Menschen in den Anrainerstaaten sind auf die Fänge angewiesen. Das Allerwichtigste aber: In der Region werden nach chinesischen Daten rund 25 Milliarden Kubikmeter Gas und, je nach Berechnung, 28 bis 105 Milliarden Barrel Öl vermutet. Zum Vergleich: Bislang wurden auf der Erde und auf den Meeren rund 650 Milliarden Barrel gefördert. 370000 Tonnen Phosphor könnten überdies abgebaut werden. Ein wenig nördlich der Spratlys vermuten Geologen weitere knapp 88 Milliarden Barrel Öl.

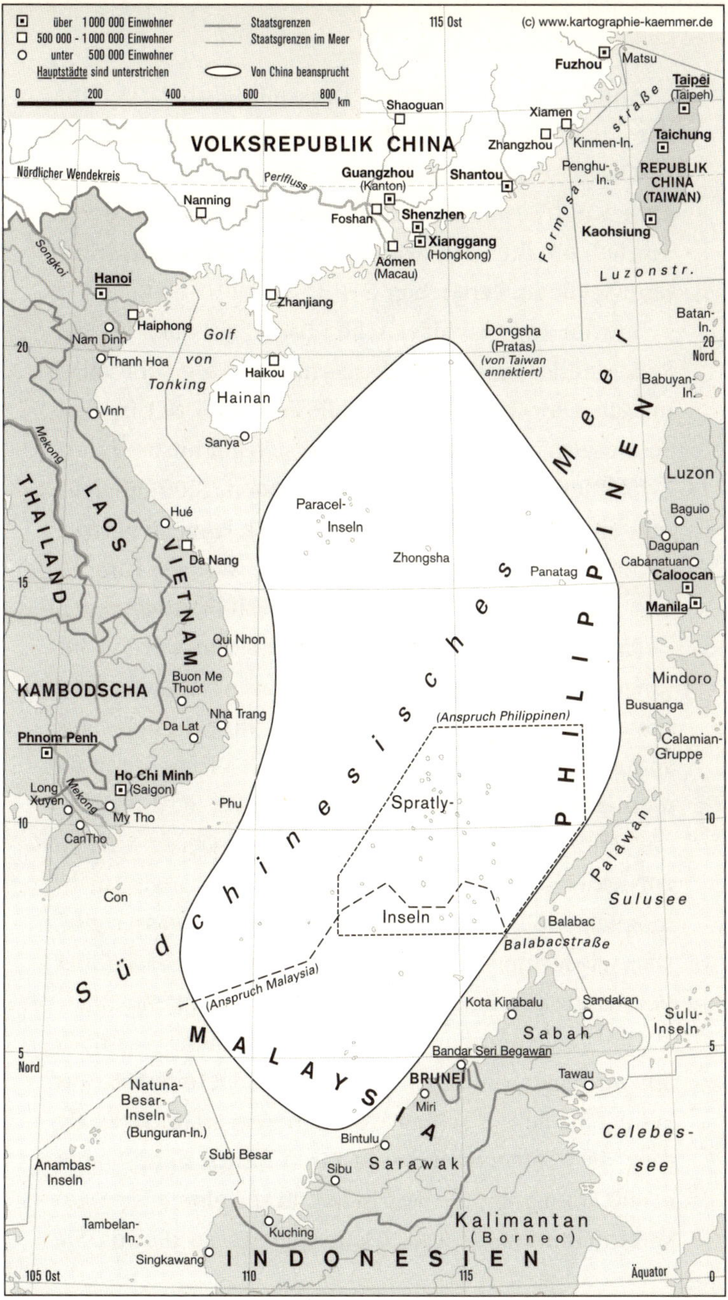

über 1 000 000 Einwohner
500 000 - 1 000 000 Einwohner
unter 500 000 Einwohner
Hauptstädte sind unterstrichen
Staatsgrenzen
Staatsgrenzen im Meer
Von China beansprucht
0 200 400 600 800 km
115 Ost
(c) www.kartographie-kaemmer.de
VOLKSREPUBLIK CHINA
Nördlicher Wendekreis
Fuzhou
Matsu
Taipei (Taipeh)
Shaoguan
Xiamen
Zhangzhou
Kinmen-In.
Taichung
Formosastraße
Penghu-In.
REPUBLIK CHINA (TAIWAN)
Kaohsiung
Luzonstr.
Perlfluss
Guangzhou (Kanton)
Shantou
Nanning
Foshan
Shenzhen
Xianggang (Hongkong)
Aomen (Macau)
Songkoi
Hanoi
Haiphong
Zhanjiang
Nam Dinh
Thanh Hoa
Golf von Tonking
Haikou
Hainan
Sanya
Vinh
Dongsha (Pratas)
(von Taiwan annektiert)
Batan-In.
20 Nord
Babuyan-In.
Luzon
Baguio
Dagupan
Cabanatuan
Caloocan
Manila
Mekong
THAILAND
LAOS
VIETNAM
Hué
Da Nang
Paracel-Inseln
Zhongsha
Panatag
Qui Nhon
Buon Me Thuot
Nha Trang
Da Lat
KAMBODSCHA
Phnom Penh
Ho Chi Minh (Saigon)
Long Xuyen
My Tho
CanTho
Phu
Con
Südchinesisches Meer
PHILIPPINEN
Mindoro
Busuanga
Calamian-Gruppe
(Anspruch Philippinen)
Spratly-Inseln
Palawan
Sulusee
Balabac
Balabacstraße
(Anspruch Malaysia)
MALAYSIA
Kota Kinabalu
Sandakan
Sabah
Sulu-Inseln
Bandar Seri Begawan
BRUNEI
Tawau
Miri
Natuna-Besar-Inseln (Bunguran-In.)
Subi Besar
Anambas-Inseln
Bintulu
Sarawak
Sibu
Celebessee
Tambelan-In.
Kuching
Kalimantan (Borneo)
Singkawang
INDONESIEN
105 Ost
110
115
Äquator
20
15
10
5 Nord
0

Ähnlich sieht es bei den Diaoyu-Inseln aus: Anfang der sechziger Jahre fanden Experten im Auftrag des UNO-Wirtschafts- und Sozialrats auf dem Kontinentalsockel auf 80 000 Quadratmeilen Sedimente, die vermutlich ölhaltig und womöglich so ergiebig sein könnten wie die im Persischen Golf.

Sowohl im Ostchinesischen Meer als auch in der Südchinesischen See ist die rechtliche Lage aber völlig unklar. Die Ansprüche, die alle bei der UNO in New York registriert werden, beziehen sich auf Küstenlinien, Zwölf-Meilen-Zonen, Wirtschaftszonen (200 Meilen), »erweiterte« Wirtschaftszonen und die Frage, wo Kontinentalsockel anfangen und aufhören, was eine Insel ist und was nur ein Felsen.

Paragrafen und deren Interpretationen werden herangezogen, alte Seekarten präsentiert – letztlich agiert schiere Interessenpolitik. China und Taiwan, sich sonst spinnefeind, sind sich in diesem Fall einig. Sie argumentieren, schon vor Jahrhunderten hätten Chinesen die Spratly-Inseln besiedelt, was die anderen Staaten zurückweisen: Dauerhaftes Leben sei dort gar nicht möglich, weil es auf den Inseln kein Trinkwasser gibt. Dies wiederum sei nach internationalem Seerecht aber Voraussetzung, Besitzrechte geltend zu machen.

Die Paracel-Inseln sind in chinesischen Seekarten aus der Yuan-Dynastie (1271–1368) eingezeichnet, was Peking als Beweis seiner Ansprüche wertet. Später nahmen die Vietnamesen sie in ihren Besitz, dann waren es die Franzosen, die sie als Teil ihrer Kolonie Vietnam vereinnahmten. Sogar die Deutschen waren 1883 da. Sie wollten das Areal, aus welchen Gründen auch immer, vermessen, zogen sich aber nach einem Protest aus Peking zurück.

Zwei Jahre nach ihrer Machtübernahme 1949 erklärten Chinas Kommunisten die Inseln zu ihrem Hoheitsgebiet. In den Jahren darauf setzte sich Chinas Marine auf einigen fest, 1974 kamen bei einem Feuergefecht 18 vietnamesische Matrosen ums Leben.

Dann begannen sich die Chinesen für die Spratlys im Norden zu interessieren. Nach und nach besetzten sie das Mischief Reef, das Discovery Great Reef oder das Cuarteron Reef. Sogar Sandbänke, die bei hoher Flut unter Wasser stehen, erklärte Peking zu seinem Eigentum. Um sie zu befestigen, Piere, Leuchtfeuer und Fahrrinnen zu bauen, sprengten die Chinesen unbekümmert Korallenriffe.[123]

Inzwischen kontrollieren die Vietnamesen 21, die Philippinen neun, die Chinesen sieben, die Malaysier fünf Inseln und die Taiwaner eine.[124]

Im Osten behauptet Japan, es habe die Diaoyu-Inseln 1884 entdeckt und dort keine Spur gefunden, die darauf schließen ließe, dass jemand vor ihnen, etwa Chinesen, dort gewesen seien. Tokio kontrollierte diese Inseln von 1895 bis zu seiner Niederlage im Zweiten Weltkrieg 1945.

Chinesen und Taiwaner dagegen erklären einhellig: »Diese Inseln gehören uns« – präziser der Stadt Toucheng im Bezirk Yilan auf Taiwan. Die Begründung: Chinesen hätten die Inselgruppe im 16. Jahrhundert entdeckt, was unter anderem eine auf einem Trödelmarkt in Nanjing gefundene alte Seekarte beweise, und bis 1895 verwaltet. Dann fiel sie nach dem japanisch-chinesischen Krieg an den Sieger Japan. Auch Taiwan wechselte damals den Besitzer.

Die Siegermächte entzogen 1945 in Potsdam den Japanern die Kontrolle über viele Inseln, so auch über die Senkakus. Die Amerikaner verwalteten sie bis 1972 und gaben sie schließlich an die Präfektur Okinawa zurück. Um zu beweisen, dass es der rechtmäßige Besitzer ist, zieht Tokio offizielle Atlanten und Geschichtsbücher der Taiwaner und Festland-Chinesen hervor. Diese wiesen die Inseln bis 1979 ausdrücklich als japanisches Territorium aus.[125]

Alles ist aber noch viel verworrener: Um die Jahrhundertwende kaufte der japanische Unternehmer Tatsushiro Koga vier Inseln, er siedelte dort 200 Leute an, um Fische zu verarbeiten. 1940 ging der Betrieb ein, seither lebt dort keine Menschenseele mehr, nur ein paar japanische Aktivisten errichteten ein Leuchtfeuer. Sein Sohn Yoshitsugu Koga starb 1978, seine Witwe verkaufte zwei Inseln an einen gewissen Kurihara Kunitatsu weiter, der in Saitama nahe Tokio ein Hochzeitsgeschäft betreibt. Derzeit hat die japanische Regierung die Inseln von ihm gepachtet.[126]

Dem Zwischenfall um Kapitän Zhan folgte ein heftiger diplomatischer Krach zwischen Peking und Tokio. Denn die Japaner wollten den chinesischen Skipper bestrafen, die Chinesen ihrerseits nahmen vier Japaner fest und stoppten zeitweise den Verkauf Seltener Erden an Japan. In China demonstrierten Nationalisten. Vor allem die Tatsache, dass Fischer Zhan vor ein japanisches Gericht sollte, erboste die chinesische Regierung, denn dies sei ein Angriff auf ihre Souveränität. Der Schaden für die beiderseitigen Beziehungen sei »irreparabel«, erklärte das englischsprachige KP-Organ China Daily.

Schließlich ließen die Japaner Zhan am 24. September 2010 noch vor einer Gerichtsverhandlung frei. In seinem Dorf wurde er wie ein Held gefeiert. Die chinesische Regierung verlangte für seine vermeintlich rechtswidrige Festnahme eine Entschuldigung von den Japanern, als Antwort bekam sie eine Rechnung für die Reparatur der Schiffe.

Auch Zhans Kollege Su Chengfen war einmal drei Tage in vietnamesischer Haft, gemeinsam mit 79 anderen Seeleuten. In der Südchinesischen See ist die Stimmung in letzter Zeit gespannter geworden. Peking forderte die Öl-Unternehmen BP und Exxon Mobile auf, ihre Ölsuche in den von China reklamierten Gewässern einzustellen. Immer mehr Kriegsschiffe kreuzten in der Region, die Chinesen setzten 2009 und 2010 Hunderte von vietnamesischen Fischern fest. 2011 stiegen die Spannungen weiter an: Drei chinesische Boote kappten die Kabel eines Forschungsschiffs der Firma PetroVietnam, zwei chinesische MiG-Flugzeuge bedrängten laut philippinischer Regierung eigene Patrouillenmaschinen.

Als Manila im März 2011 mitteilte, eine britische Firma habe Untersuchungen des Meeresbodens auf der Reed Bank, 150 Kilometer östlich der Spratlys, abgeschlossen, reagierte Peking sofort: Ohne die Erlaubnis der chinesischen Regierung sei die Suche nach Öl oder Gas in Seegebieten unter chinesischer Rechtsprechung eine »Verletzung der chinesischen Souveränität« und damit »illegal und ungültig«, erklärte Außenamtssprecherin Jiang Yu.[127]

2010 hatten sich die Amerikaner eingemischt. Sie seien für Verhandlungen und gegen Gewaltandrohungen, sagte Außenministerin Hillary Clinton auf dem »Asien Regionalforum« in Hanoi im Sommer. Und sie fügte hinzu: Es sei im »nationalen Interesse« der Amerikaner, dass sich alle friedlich einigten. Dies war eine deutliche Warnung an die Chinesen, die in Peking gar nicht gut ankam. China sei gegen die »Internationalisierung« des Streits, wehrte sich Außenminister Yang und hatte in seiner Logik recht: Warum soll man etwas »internationalisieren«, was einem bereits gehört? Und er ermahnte Clinton, sich in der Region zurückzuhalten: »Asien ist bereits aufgestanden und hat seine Würde wieder zurückgewonnen.«[128]

Dabei hatte alles schon einmal freundlicher ausgesehen. Peking zeigte sich 2002 auf einer ASEAN-Konferenz in Phnom Penh verständigungsbereit. Alle Seiten versprachen, »sich zurückzuhalten« und Aktivitäten zu unterlassen, die einen Konflikt auslösen könnten. Zahlreiche südostasiatische Politiker waren erleichtert.[129]

Allerdings war dies nur eine unverbindliche Erklärung, kaum mehr als ein »Verhaltenskodex«. Acht Jahre später sorgte die chinesische Regierung wieder für Unruhe. Sie erklärte nach Aussagen von US-Außenministerin Hillary Clinton die Inseln zum »Kerninteresse«

ihrer Politik. Hat Clinton ihre Gesprächspartner richtig verstanden, wäre eine neue Eskalationsstufe erreicht. Auch Taiwan und Tibet gelten als »Kerninteresse« Chinas, die Peking notfalls mit Waffengewalt verteidigen will.[130]

Die Fischer verschiedener Nationalitäten regeln den Zwist bislang auf ihre Weise, wie der Chinese Su berichtet – durch kleine Geschenke an die Mannschaften der Küstenwachen, die je nach politischer Großwetterlage mal die Hand aufhalten, mal die Kutter abdrängen, mal die Seeleute einsperren. Mit den politischen Spannungen ist der Preis gestiegen: Aus Zigaretten wurden Geldscheine, aus den Geldscheinen Goldschmuck. Aber für Su und seine Kollegen lohnt sich die Tour in das gefährliche Gebiet dennoch. Eine einzige bringt jedem Kutter 20000 bis 30000 Yuan, also rund 2000 bis 3000 Euro, ein.[131]

Streit um einsame Himalaja-Täler und um karge Inseln, angeheizt von nationalistischen Eiferern, Potentaten mit der Bombe und Regenten, die über die Souveränität ihres Landes sogar Kriege riskieren – Asien besitzt derzeit alle Zutaten für Konflikte, die seinen wirtschaftlichen Aufschwung gefährden könnten. Doch der Kontinent hat mehr Lasten zu tragen. Von denen handelt das nächste Kapitel.

## »Wenn der Gigant umfällt«

### Zu Risiken und Nebenwirkungen des asiatischen Booms

Die weißen Wasserwerfer ziehen sich zurück bis ans Ende der Straße, mit ihnen Polizisten und Soldaten. Kleinbusse mit Journalisten rollen heran. Die örtlichen Behörden wollen uns zeigen, was uigurische Extremisten in den Tagen zuvor angerichtet haben. Einen großen Autosalon hatten sie zum Beispiel in diesem Viertel angezündet.

Doch der Pressetermin geht schief. Als wir in den Seitenstraßen mit uigurischen Anwohnern sprechen, umringen uns schnell schreiende und weinende Frauen, die Auskunft über das Schicksal ihrer Männer, Söhne und Brüder verlangen. Die seien in den Nächten zuvor von Verhaftungskommandos abgeholt worden: »Sogar Kinder haben sie mitgenommen.«

Die Frauen nutzen die Anwesenheit ausländischer Kameras und versammeln sich auf der Hauptstraße. Polizisten greifen zu ihren Pistolen, Soldaten schwingen Schlagstöcke, die Wasserwerfer rollen wieder heran.

Schließlich gelingt es, eine Eskalation abzuwenden, die Frauen kehren nach Hause zurück.

Auf den Straßen Ürümqis, der Hauptstadt der von Uiguren und anderen muslimischen Volksgruppen bewohnten Region Xinjiang am westlichen Rand Chinas, herrscht im Juli 2009 Ausnahmezustand. Soldaten der »Bewaffneten Volkspolizei«, einer Einheit des Militärs, sperren ganze Stadtviertel ab, lagern auf Kreuzungen und in Gassen. Abends lesen Politkommissare den Uniformierten Kommentare aus den Parteizeitungen vor. Telefonverbindungen ins Ausland werden gekappt, SMS-Texte blockiert, der Zugang zum Internet wird erst Monate später wieder erlaubt werden.

Begonnen hatten die Unruhen am 5. Juli nach einer Demonstration uigurischer Studenten, die blutig endete. Ein plötzlich aufgetauchter Mob war auf Han-Chinesen losgegangen. Am Ende zählen die Behörden 197 Tote, zahlreiche Geschäfte und Häuser waren in Brand gesetzt worden. Später zogen Han-Chinesen gegen Uiguren los.

Auslöser des Protestes war ein Ereignis Tausende Kilometer weiter im Südosten gewesen. Dort wurden in einer Fabrik zwei uigurische Wanderarbeiter von Han-Chinesen erschlagen. Die protestierenden Studenten verlangten genauere Informationen, die Staatsmacht reagierte hart auf die Morde in Ürümqi. Hunderte von Menschen wurden verhaftet, einige zum Tode verurteilt, hohe Funktionäre abgelöst. Die wahre Ursache der Tragödie, wie wir in Gesprächen mit Uiguren herausfanden, waren offenbar nicht Extremisten, die für ein von China unabhängiges »Ost-Turkestan« kämpften. Vielmehr hatte sich Wut über chinesische Bevormundung und Korruption Bahn gebrochen – sowie die Furcht, von Chinas Aufschwung abgehängt zu werden.

Die Geschehnisse in Ürümqi zeigen, wie schwierig Chinas Innenleben zuweilen ist, wie schnell politische und soziale Spannungen explodieren können. Allenthalben in Indien und Südostasien habe ich Politikern wie Wissenschaftlern diese Frage gestellt: Was kann Asiens Aufstieg verhindern? Die Antwort war immer klar und gleich: Zu große soziale Ungleichheit auf dem Kontinent und Instabilität in China.

Xinjiang ist nur eine der Regionen Chinas, in denen es brodelt. Ein Jahr zuvor, 2008, hatten Mönche auf den Straßen Lhasas, der Hauptstadt Tibets, protestiert. Auch hier waren die Demonstrationen in Gewalt gegen Han-Chinesen und andere Zuwanderer umgeschlagen. In den tibetischen Siedlungsgebieten der angrenzenden Provinzen solidarisierten sich Geistliche und Anwohner. Lamas, mit denen wir sprechen konnten, wiederholten ein ums andere Mal Klagen über Funktionäre, die zu sehr in die Klöster hineinregierten. Die Mönche würden zu politischen Ergebenheitsadressen gezwungen. Die KP wolle das letzte Wort haben, wenn Lebende Buddhas, also die Reinkarnation besonders heiliger Geistlicher, gefunden werden müssen. Was die Tibeter der Pekinger Zentralregierung besonders übelnehmen: Sie verweigert ihrem religiösen Oberhaupt, dem Dalai Lama, die Rückkehr nach Tibet.

Unruhig ist es an den Rändern der Volksrepublik,

unruhig ist es auch im Landesinnern. Immer häufiger hat es die KP mit Bürgern zu tun, die sich nicht mehr so leicht einschüchtern lassen wie früher. Oft protestieren sie gegen korrupte Funktionäre, gegen ungerechte Landenteignungen, gegen Gift spuckende Fabriken. Da gehen Polizeiwagen und sogar Rathäuser in Flammen auf, und zuweilen wird es so rau, dass die Armee auf Demonstranten schießt. Im Jahr 2008 zählten die Behörden über 120 000 »Massenzwischenfälle«.

Streiks, Demonstrationen und Proteste gehören zum Alltag vieler Länder. In China, dessen Führung »Stabilität« und »Harmonie« beschwört, bergen sie stets den Keim einer politischen Krise. Und damit stellt sich die Frage, ob sich das Land in seinem Drang vorwärts nicht irgendwann festfährt.

## Doom oder Boom?

Kein Land der Welt hat bislang über so viele Jahre hinweg Wachstumsraten von neun, zehn, elf Prozent geschafft. Auch in China dürfte es nicht so weitergehen. Die Asiatische Entwicklungsbank sagt eine Schwächeperiode voraus, wenn Peking seine Politik fortsetze, zu viel in Fabriken und Anlagen zu investieren, anstatt mehr auf Bildung und Forschung zu setzen. Chinas Wirtschaft werde von 2010 bis 2030 im Schnitt nur noch um 5,5 Prozent wachsen, verglichen mit 9,4 Prozent zwischen 1981 und 2007. Die gleiche Warnung gilt übrigens ebenfalls für andere asiatische Staaten.[132]

Der amerikanische Wirtschaftsprofessor Michael Pettis unterrichtet chinesische Studenten an der Peking-Universität in Finanzpolitik und fördert in seiner Musikkneipe »D-22« Chinas Rock-Nachwuchs. Auch er sieht Chinas Zukunft eher skeptisch: »Es gibt eine umfangreiche Geschichte von mehr oder weniger zentral geplanten, sehr unausgeglichenen, von Investitionen angetriebenen großen Ökonomien mit sehr hohen Wachstumsraten über Jahrzehnte, die alle wilde Vorhersagen jeder Art über das zukünftige Wachstum ausgelöst haben«, sagt er. Und in jedem Fall, etwa in Brasilien, Japan und der UdSSR, »wurden die Erwartungen nicht mal annähernd erfüllt«, sagte er mir.

Die gleichen Bedenken hegt Stephen Roach, Professor an der Yale-Universität und Asien-Chef der US-Bank Morgan Stanley. Er steht an einem Nachmittag im März 2011 am Rednerpult eines Ballsaals im Pekinger Grand Hyatt Hotel und beschwört vor europäischen Geschäftsleuten eine Umkehr der chinesischen Wirtschaftspolitik: »Der Flugzeugträger muss seinen Kurs ändern, und er muss es sofort tun!«

Mit dem »Flugzeugträger« meint er China. Wie viele asiatische Staaten stütze das Reich der Mitte seine Wirtschaft zu sehr auf Exporte – ein riskanter Weg, wie der amerikanische Experte findet. Denn die Welt ist »unbequemer« für China geworden: Europa ist hoch verschuldet, die USA sind es ebenso, die Ölpreise steigen, und Japan dürfte sich lange nicht von der riesigen Natur- und Atomkatastrophe erholen – alles Faktoren, die dazu führen, dass nicht mehr so viele chinesische Waren gekauft werden. Also muss China seine Ökonomie so schnell wie möglich umstellen, folgert Roach: Weniger exportieren, mehr zu Hause konsumieren, lautet seine Devise. Doch die Chinesen sparen lieber. Denn sie benötigen Rücklagen, um für das Alter, die Ausbildung ihrer Kinder und für Arztrechnungen vorzusorgen. Die Sozialversicherung Chinas steckt erst in den Anfängen.

Ähnlich denkt Roach übrigens über den ganzen Kontinent. Der Traum vom asiatischen Jahrhundert sei reine Romantik. Die asiatischen Regierungen, sagt der Finanzfachmann, hätten zwar aus den Fehlern der schweren Finanzkrise 1997/1998 gelernt: Neue Devisenreserven wurden angehäuft; die Leistungsbilanz, also die Bilanz aller Zahlungen eines Landes ins Ausland und ins Inland, ist wieder positiv; die Zahl der kurzfristigen Kredite aus dem Ausland wurde heruntergeschraubt. Damit kann sich Asien in Zukunft besser gegen Spekulanten wehren.

Roach sieht dennoch eine große Gefahr. Das Wirtschaftswachstum sei zu stark von Ausfuhren abhängig. Das macht Asien zu anfällig für Krisen anderswo in der Welt. Kaufen Amerikaner und Europäer eines Tages weniger ein, weil es ihnen selbst nicht gut geht, wäre dies ein herber Schlag. Nur wenn es Asien gelänge, sein Wachstum von den Exporten auf den heimischen Konsum zu drehen, könnte dieses Risiko entschärft werden, meint Roach: »Eine Spirale abwärts kommt, und Asien scheint bedenklich unvorbereitet.«[133]

Doom oder boom? Niedergang oder Aufschwung? Was China angeht, seien all diese Szenarien viel zu pessimistisch, entgegnet Jonathan Anderson von der Schweizer Bank UBS. Ein Misserfolg Chinas brauche mehr als nur niedrigere Wachstumszahlen, sondern »massive Störungen oder eine schwere Krise, die das Wachstum über eine lange, lange Zeitperiode aushebelt – und diese Krise muss ziemlich bald kommen«.[134]

## Teures Wachstum

Was meinen die Chinesen selbst? Pekings Politiker sind sich der Risiken durchaus bewusst und in ihren Äußerungen viel vorsichtiger als so manch ausländischer Besucher, der im modernen Hauptstadt-Flughafen ankommt und in den Top-Hotels absteigt. Die Wirtschaft kranke, sei »unstabil, unausgeglichen, unkoordiniert und nicht nachhaltig«, warnte Premier Wen Jiabao 2007 in seinem Rechenschaftsbericht vor dem Nationalen Volkskongress.

Vorsicht vor grandiosen Erfolgsdaten forderte auch der Chef der großen staatlichen China Construction Bank, Guo Shuqing: »Während wir ununterbrochen Fabriken, Straßen und Häuser errichten, reißen wir sie mit dem gleichen Eifer wieder ab. Und nach unseren statistischen Methoden zählen all diese Aktionen zum Bruttoinlandsprodukt«, schrieb er im China Daily.[135] Und weiter: »Die Effizienz unseres Wirtschaftswachstums ist relativ niedrig.«

Zugleich beklagt er pure Verschwendung: Die Investitionen in die Infrastruktur seien so extrem hoch, dass

»mehrere Autobahnen und Trassen für Hochgeschwindigkeitszüge gleichzeitig gebaut werden, und zwar in die gleiche Richtung«.

Vor allem aber bleiben viele Menschen außen vor. Wer durch Pekings Innenstadt mit ihren gläsernen Verwaltungsgebäuden, dem kühn verwinkelten neuen Fernsehzentrum und seinen breiten Straßen läuft, sieht eine moderne Großstadt, die den Vergleich mit anderen Metropolen nicht zu scheuen braucht. Wer aber nur ein paar Kilometer aus der Hauptstadt hinausfährt, gerät in eine andere Welt. Hier tuckern uralte Dreiradgefährte über schlechte Straßen, die Menschen haben wenig Geld, sie sind einfach gekleidet, leben in simplen Behausungen.

Die 1,34 Milliarden Chinesen konsumieren gerade mal ungefähr genauso viel wie die knapp 66 Millionen Franzosen.[136] Ein Bauer in der südwestlichen Provinz Guizhou verdient im ganzen Jahr, was eine wohlhabende Pekinger Familie schon mal in einer einzigen Stunde in einem Restaurant ausgibt: Rund 200 Euro. Der Gini-Koeffizient, der die Ungleichheit in der Bevölkerung beschreibt (bei 0 sind alle gleich, bei 1 herrscht extreme Ungleichheit), lag 2008 bei 0,47, der gleiche Wert übrigens wie in den USA. Mehr als 60 Prozent aller versteckten Einkommen, also jener, die mehr oder weniger illegal verdient wurden, gehören den reichen zehn Prozent der Bevölkerung – meist KP-Funktionären und ihren Familien.[137]

Nimmt man zum Maßstab, wie sich das Bruttoinlandsprodukt pro Kopf der Bevölkerung verteilt, dann landet China erst an Stelle 106 in der Welt, hinter Kolumbien und kurz vor El Salvador.

Yu Yongding, Wirtschaftswissenschaftler und früher hoher Funktionär der Zentralbank, sieht ebenfalls schwarz. Für seine Prognose bekam er sogar Platz im englischsprachigen KP-Organ China Daily – ein Hinweis, dass er die Stimmung vieler seiner Genossen traf. Chinas wirtschaftliche Zukunft sei bedroht durch wachsende soziale Spannungen, Umweltverschmutzung, schlechte öffentliche Dienstleistungen, zu starke Abhängigkeit von Exporten und Überinvestitionen zum Beispiel bei Immobilien. Yu: »Chinas schnelles Wachstum wurde extrem teuer erkauft. Unsere künftigen Generationen werden den wahren Preis zahlen müssen.«[138]

Noch fehle es der chinesischen Wirtschaft an Innovationskraft und Kreativität. Und ohne die Fähigkeit, zu erfinden und Neues zu erschaffen, stehe selbst ein Riese auf tönernen Füßen. »Und wenn der Gigant umfällt, kommen viele nicht heil davon«, meint Yu. Eine »unheilige Allianz von Reichen und Mächtigen« profitiere vom Aufschwung, ein System der »Speichelleckerei« und des »Zynismus« sei entstanden, politische Reformen seien deshalb dringlicher denn je. »Wenn China es nicht schafft, seine Strukturprobleme zu bewältigen, wird das Wachstum nicht nachhaltig sein«, warnt der Wirtschaftwissenschaftler.

Zu seiner Aussage passte die Nachricht, dass mittlerweile viele Milliardäre im Nationalen Volkskongress sitzen. Die reichsten 70 der 2 987 Delegierten besaßen zusammen 52,6 Milliarden Euro.[139]

## Früher alt als reich

Damit nicht genug. China steht vor einem demografischen Problem. Im Gegensatz zu Indien droht es alt zu werden, bevor es reich wird. Mitte dieses Jahrhunderts werden, je nach Schätzung, zwischen 350 und 400 Millionen Menschen über 60 Jahre alt sein. Das wäre ein Drittel der Gesamtbevölkerung. In einigen Städten könnten die Alten sogar fast die Hälfte der Einwohner stellen.[140] Dies hat vor allem zwei Gründe: Erstens lebt Chinas Bevölkerung länger. Bis Mitte des Jahrhunderts könnten Frauen im Schnitt 81, Männer 76 Jahre alt werden, was ein großer zivilisatorischer Fortschritt wäre. Als die KP 1949 die Volksrepublik ausrief, hatten die Chinesen allenfalls eine Lebenserwartung von 45 beziehungsweise 42 Jahren. Zweitens setzen chinesische Familien immer weniger Nachwuchs in die Welt. Die Chinesinnen bekommen durchschnittlich nur 1,5 Kinder. Schuld ist die staatliche Ein-Kind-Politik. Wer mehr als eines bekommt, muss mit schweren Strafen oder gar mit Zwangssterilisation und -abtreibung rechnen. Die Regeln sind zwar gelockert worden. Paare in großen Städten, die selbst Einzelkinder sind, dürfen nun zwei Kinder bekommen, und auf dem Lande sind zwei oder gar drei Kinder erlaubt, wenn das erste ein Mädchen oder behindert ist. Doch die Führung denkt bislang nicht daran, die Vorschriften abzuschaffen, rund 500 000 Funktionäre sind allein damit beschäftigt aufzupassen, dass sie eingehalten werden.

»Die bevorstehende demografische Krise wird China im 21. Jahrhundert in großem Maße prägen«, sagt Feng Wang, Direktor des wissenschaftlichen Brookings-Tsinghua Center. Die Zahl der Toten wird schon bald die der Neugeborenen übertreffen. 2025 dürfte nach Wangs Berechnung die Zahl der Chinesen ihren Gipfel von 1,4 Milliarden erreicht haben – und dann wird es bergabgehen. Die Folge: China muss mehr Geld für die Alten ausgeben – und in den Fabriken werden weniger junge und billige Arbeiter an den Maschinen und Fließbändern stehen. Die Löhne steigen, und die Waren werden teurer. »Chinas demografischer Wandel wird weitreichende Folgen für die Weltwirtschaft haben, die in den letzten zwei Jahrzehnten und mehr von China als Welt-Fabrik abhängig war«, so Feng.[141]

Das Seniorenheer ist kein chinesisches Phänomen allein, ganz Asien wird grau. Einer der Gründe, warum Japans Wirtschaft nicht mehr so beeindruckend wächst wie einst, ist das hohe Alter der Japaner. Aber: China ist nicht gut vorbereitet. Nur rund 270 Millionen Chinesen hatten 2010 eine rudimentäre Rentenversicherung abgeschlossen. Das waren 35 Prozent der arbeitenden Bevölkerung und weniger als die Hälfte der in Industriestaaten üblichen 80 Prozent.

Die medizinische Versorgung ist schlecht und teuer, es fehlt an Altenheimen. Auf tausend Alte kamen Ende 2010 lediglich 8,6 Betten – anders als in den Industrieländern, in denen für tausend Senioren durchschnittlich 50 bis 70 Betten in Alteneinrichtungen zur Verfügung standen. Vor allem in den Dörfern sind viele Alte auf sich selbst angewiesen.[142]

## Cadmium im Reis

Die Demografie ist nur eine der vielen Schwachstellen Chinas. Den Boom der früheren Jahre haben sich die Chinesen teuer erkauft – und sie tun es weiterhin. Längst fressen die Umweltschäden einen großen Teil des Zuwachses wieder auf. Fachleute schätzten sie im Jahr 2008 auf 900 Milliarden Yuan (damals rund 1 003 Milliarden Euro), das wären drei Prozent des Bruttoinlandsprodukts.

2010 und 2011 lasen die Chinesen in ihren Zeitungen Horrormeldungen über ungesunde Lebensmittel, gepanschte Milch, vergiftetes Getreide. Wenigstens zehn Prozent der Reisernte enthält unerlaubte Mengen von Schwermetallen, darunter Cadmium.[143] Mit gewaltigen Baum-Pflanzaktionen versuchen die Behörden vor allem im Norden die Wüste aufzuhalten. Wer vom Flughafen Lanzhou, der Hauptstadt der Provinz Gansu, stadteinwärts fährt, sieht an den Hängen neue Bäume, daneben die Werbetafeln jener Firmen und Behörden, die sie stiften mussten.

Chinas landwirtschaftliche Anbaufläche schrumpft, das Land muss immer mehr Lebensmittel im Ausland kaufen. Der chinesische Import von Sojabohnen macht bereits ein Drittel des gesamten Welthandels mit diesem Gemüse aus. »In Chinas Tausenden von Jahren der Zivilisation war der Konflikt zwischen Menschheit und Natur noch nie so ernst wie heute«, mahnte Anfang 2011 Umweltminister Zhou Shengxian. Der Raubbau und der Rückgang an Vorräten sowie die ökologischen

Belastungen hätten »ernste Folgen für die wirtschaftliche und soziale Entwicklung der Nation«.[144]

China geht es nicht allein so. Umweltsünden sind ein Problem ganz Asiens. Seine Luft ist ungesund. Schuld daran sind nicht nur die Abgase von Kohlekraftwerken und Autos; allein in Peking wurden im Jahr 2010 rund 750 000 neue Fahrzeuge zugelassen. Auf dem Land zünden Bauern Stroh, Bäume und Büsche an, um zu düngen oder Platz für Felder zu schaffen. Auf Borneo, wo Unternehmen den Dschungel systematisch für Plantagen abfackeln, brannten 1997 große Landstriche, dichter Rauch hing über großen Regionen Südostasiens. Flugzeuge konnten nicht starten und nicht landen, Menschen hatten Schwierigkeiten zu atmen.

In manchen Gegenden Asiens dringt Sonnenlicht nur selten durch die Smogdecke. Die meisten chinesischen Kraftwerke verfeuern Kohle und leiten damit tonnenweise Kohlendioxid in die Atmosphäre. Schon schrumpfen die Reisernten, weil nicht mehr genug Strahlen durch die Wolkendecke dringen und die Wolken immer größer werden. Das Wetter ändert sich: Mehr Stürme als üblich fegen über den Kontinent.[145] »Das Entstehen einer atmosphärischen braunen Wolke dürfte den jüngsten Anstieg der Lebensmittelpreise verschärfen und eine Herausforderung für das Überleben der Schwächsten sein«, warnt das UNO-Umweltprogramm.[146] Die Weltgesundheitsorganisation (WHO) schätzt die Zahl der Asiaten, die jedes Jahr an den Folgen der Umweltverschmutzung sterben, sogar auf 530 000. In fast jeder asiatischen Stadt schweben mehr Feinstaub, Stickoxide oder Schwefeldioxid in der Luft, als die WHO für hinnehmbar hält.[147]

Asiens Flüsse sind schmutziger als andere in der Welt, 469 Millionen Asiaten haben keinen Zugang zu sauberem Trinkwasser, in China sind es rund 360 Millionen Menschen. In Indonesien ist fast die Hälfte der Bevölkerung auf Wasser angewiesen, das sie nur in der Nähe von vermüllten Plätzen zapfen kann. In der Hauptstadt Jakarta sind über 80 Prozent der Wasserquellen verschmutzt. Fast zwei Milliarden Asiaten besitzen keine hygienischen Toiletten und Waschgelegenheiten.

Der rund 6300 Kilometer lange Yangtze ist über weite Strecken ein totes Gewässer. Der Tai-See in Chinas Osten, der Trinkwasser für zwei Millionen Menschen lieferte, ist durch Abwässer von Fabriken zerstört, eine dicke giftgrüne Algenschicht bedeckte ihn 2007 zu großen Teilen. Wenn China es nicht schaffe, sein Wasser zu reinigen, werde es um 2020 rund 30 Millionen Umweltflüchtlinge geben, prophezeit die Weltbank. Auch in anderen Orten Asiens werden Menschen nach sauberem Wasser suchen, die Folgen werden »großen Einfluss auf die Sicherheit in der ganzen Region haben«, warnt eine Studie der Asia Society.[148]

Immer wieder bringen heftige Überschwemmungskatastrophen, wie die 2010 in Pakistan, die Menschen in Nöte – insgesamt aber mangelt es in Asien an Wasser. Asiens Mega-Metropolen werden bis 2020 rund 40 Prozent mehr Wasser benötigen als bisher. In China ist Wasser bereits so knapp, dass vielerorts die Produktion bedroht ist.

Dramatischer noch könnte sich die Lage auf dem Dach der Welt entwickeln: Weil das Klima wärmer wird, schmelzen die Gletscher. Es ist nicht ausgeschlossen, dass große Flüsse wie der Ganges, Indus, Brahmaputra, Salween oder der Mekong in Zukunft zu Rinnsalen verkommen werden. Die Flüsse aber sind die Lebensadern von China, Indien, Bhutan, Nepal, Bangladesch, Myanmar, Pakistan, Kambodscha, Laos, Thailand und Vietnam, wo rund die Hälfte der Menschheit lebt.

Die Inder machen sich derweil große Sorgen über den Plan Pekings, bei ihrem Nord-Süd-Umleitungsprojekt Wasser aus dem Brahmaputra (in Tibet heißt er Yarlung Tsangpo) zum Gelben Fluss hochzupumpen, der wiederum einen großen Teil des Nordens mit Wasser versorgt. Weil die Anwohner und Fabriken enorme Mengen abzapften, erreichte der Gelbe Fluss Ende der neunziger Jahre für viele Tage im Jahr nicht mehr das Meer. »Wasser als Waffe«, nennt Brahma Chellaney, Professor für Strategische Studien in Neu-Delhi, diesen Plan: »Die Mega-Umleitung würde die Erklärung eines Wasserkrieges gegen Indien und Bangladesch bedeuten.«[149]

Umstrittene Grenzen, mangelndes Wasser, schmutzige Umwelt: Das alles löst in Asien Unruhe und Unsicherheit aus. Die Furcht ist groß, dass regionale Konflikte eskalieren könnten. Deshalb modernisieren sich die Armeen des Kontinents und rüsten auf. Allen voran China, wie das nächste Kapitel beschreibt.

# Zwischen Dornen und Disteln

## Asiens Armeen rüsten auf – allen voran die chinesische

In China sind sie auf vielen Straßen und Plätzen zu sehen: Die Infanteristen, Flieger und Seeleute der Volksbefreiungsarmee. Die Waffe in der Hand, schauen sie von Plakaten und Leuchtschriften ernst in die Ferne. »Unsere Truppen marschieren der Sonne entgegen«, verkünden sie pathetisch.

Die Transparente sollen die Verbundenheit zwischen Armee und Volk demonstrieren – zugleich erschrecken und beruhigen. Es waren diese Soldaten, die den Studentenaufruhr 1989 niederschlugen, es sind diese Soldaten, die Chinas Bürger vor Angriffen von außen schützen und ihrer Heimat zu neuer Größe verhelfen.

Chinas Volksbefreiungsarmee ist längst keine Massentruppe ausgemergelter Bauernjungs in dünnen grünen Stoffschuhen mehr. Sie ist auf dem Weg zu einer schlagkräftigen Hightech-Truppe mit gut ausgebildeten und ausgerüsteten Soldaten, die auch den Angriff auf feindliche Computer zur Aufgabe haben.

Sie nennt sich nach ihrem Gründungsdatum am 1. August 1927 diskret »Acht-Eins«. Diese beiden Zahlen sind das Emblem der Truppe. Immer wieder fordern andere Staaten, allen voran die USA, mehr Transparenz von China ein, etwa über die Rüstungsausgaben. Rund 78 Milliarden Dollar waren es offiziell im Jahr 2010. Weil Peking wegen der Finanzkrise sparen musste, wuchs der Haushalt »nur« um 7,8 Prozent, also nicht ganz so energisch wie in den Vorjahren. Von 1998 bis 2008 war er jeweils um rund zwölf Prozent gestiegen. Für 2011 sind 91,5 Milliarden Dollar eingeplant, das wären über 17 Prozent Zuwachs.

Ausländische Experten halten die Daten für gefälscht. Weil etliche Ausgaben in anderen Ecken des Haushalts versteckt sind, schätzen amerikanische Geheimdienstler das jährliche Budget, Forschungsausgaben eingeschlossen, auf rund 70 bis 100 Milliarden. Ihre australischen Kollegen fanden heraus, dass 2006 doppelt so viel Geld an die Armee floss wie offiziell angegeben. Anstatt 35 Milliarden waren es rund 70 Milliarden Dollar.

Um die Kirche im Dorf zu lassen: Selbst wenn man die höchste Summe annimmt, wäre sie weit geringer als jene, die die USA oder Großbritannien jeweils für ihre Streitkräfte bereitstellen. Und Chinas Polizei, Geheimdienste, Gerichte und Gefängnisse erhielten 2010 offiziell sogar mehr als die Soldaten: 95 Milliarden Dollar.[150]

Aber in Asien liegt Chinas Rüstungsetat vor dem Japans (2008: 42,75 Milliarden Dollar) und Indiens (2008: 24,72 Milliarden Dollar) weit an der Spitze. Auf Vorwürfe, China rüste übertrieben auf, entgegnet Premierminister Wen Jiabao: »Wenn man berücksichtigt, dass China 1,3 Milliarden Menschen, ein Territorium von 9,6 Millionen Quadratkilometern, 22 000 Kilometer lange Landgrenzen und 18 000 Kilometer lange Wassergrenzen hat, dann stehen die Militärausgaben dazu im Verhältnis, und sie sind sogar noch kleiner als die vieler anderer Länder.«[151]

Das Geld geben Chinas Generäle nicht nur für Hightech-Waffen aus. Viel Material ist veraltet, und um Hochschulabsolventen anzulocken, muss die Armee attraktiven Sold bieten. Ein Oberst verdient netto mittlerweile zwischen 3 000 und 4 000 Yuan (300 bis 400 Euro) im Monat, Zuschüsse nicht eingerechnet.

Mittlerweile dienen rund 2,3 Millionen Männer und Frauen, früher waren es ca. vier Millionen. Unbekannt ist jedoch, wie viele Chinesen zu den Milizen gehören, die wie Soldaten einsatzbereit sind. Schätzungen reichen von zehn Millionen bis zu 140 Millionen Männer und Frauen.

Geheimnisumwittert wie das Rüstungsbudget ist das Hauptquartier neben dem Militärmuseum im Westen Pekings. Von außen macht es einen verlassenen Eindruck. Gäste gelangen nur selten hinein. Beim Peking-Besuch des damaligen deutschen Verteidigungsministers Franz Josef Jung im April 2007 durfte ich es betreten. Zwei riesige schwarz-rote Vasen säumen den Eingang, acht Punktstrahler tauchen die in Marmor und Granit gehaltene Eingangshalle in fahles Licht. Hinten steht ein antiker Streitwagen der Terrakotta-Armee. An den Wänden hängen Schlachtengemälde. Sie zeigen unter anderem den legendären Oberbefehlshaber Zhu De aus Mao-Zeiten, der im Schnee mit ein paar Kampfgenossen in die Ferne schaut. In der Tiefe des Saales huscht eine Soldatin mit Pferdeschwanz vorbei, sie trägt eine grüne Tarnuniform.

So verschlossen das Innenleben der Armee ist, so gegenwärtig ist sie im Alltag der Chinesen. Sie strahlt auf eigenen Fernsehkanälen aus, kaum eine TV-Gala oder ein Provinzfest vergeht ohne den Auftritt goldbetresster und ondulierter Offizierinnen, die das Vaterland (»Ich liebe China«) besingen. In den Schulen lernen bereits die Knirpse, im Stechschritt zu marschieren, jedes Jahr bevölkern Hunderttausende von Studenten im Kampfdrillich die Züge, um sich für drei Monate in den Kasernen schleifen zu lassen.

Die Bewaffnete Volkspolizei, eine Armee-Untereinheit von rund 660 000 Männern und Frauen, hält Fußball-Rowdies in Schach, schlägt Demonstrationen nieder, bewacht Botschaften, baut bei Fluten Dämme und rückt aus, um Brände zu löschen.

Wie viel Geld auch immer jedes Jahr in ihre Kassen fließt – fest steht: Chinas Armee rüstet energisch auf. Sie schafft sich immer mehr und bessere Raketen, U-Boote und Flugzeuge an – und die Nachbarn ziehen nach. Bei ihnen ist die sogenannte »Selbstverteidigungs-Gegenattacke« unvergessen, die 1979 die Volksbefreiungsarmee losschlug, um Vietnam für angebliche Provokationen zu bestrafen. Nach drei Wochen erklärten sich beide Armeen zum Sieger und beklagten Tausende von Toten.

## Eurofighter in Südindien

Längst ist in Asien ein heftiger Rüstungswettlauf im Gange. Die Waffenhändler machen auf den Messen des Kontinents blendende Geschäfte. Auf dem Weg vom südindischen Mysore nach Bangalore fällt mir eine Broschüre in die Hände, die »Show Daily, Day Three«. Sie beschreibt das Geschehen am 3. Tag der Luftfahrtmesse »Aero India 2011« im Februar. Deutlicher konnte die Botschaft kaum sein. Die europäische Rüstungsindustrie will an den Konflikten Asiens kräftig mitverdienen.

»Indien und andere Nationen sind wichtige Märkte für Kampfflugzeuge«, verkündet Enzo Casolini, Chef des Eurofighter-Konsortiums. Auf einem Foto steht neben seinen Kollegen aus Italien, Spanien und Großbritannien auch der damalige deutsche Verteidigungsminister Karl-Theodor zu Guttenberg auf der Rollbahn von Bangalore, er trägt einen schicken hellen Tropenanzug.

Das deutsche Unternehmen Diehl BGT Defence aus Überlingen preist seine Iris-T-Rakete, ein Luft-Luft-Geschoss mit Infrarotsucher, an. Das Mehrzweck-Kampfflugzeug »Rafaele«, wirbt eine Seite weiter der Chef der französischen Luftwaffe, General Jean-Paul Paloméros, passe genau zu den Bedürfnissen der indischen Flieger. Und das russische Unternehmen Irkut (Motto: »Nur das Feinste«) wirbt für die »MiG 29K« und das Trainingsflugzeug »Yak-130«. Algerien, Libyen und Syrien sind bereits seine Kunden, erfahre ich aus dem Blatt.

So geht es allenthalben in Asien zu. Südkorea und Vietnam vergrößern ihre Flotten, Indien hat in Russland sogar einen Flugzeugträger bestellt, es baut zudem einen eigenen. Auch Panzer und Flugzeuge, wie Mehrzweck-Kampfbomber vom Typ »Suchoi«, will es in Russland anschaffen und die vorhandenen für über zwei Milliarden Dollar modernisieren. In Frankreich kauft Neu-Delhi überdies U-Boote.

Indien hat ein eigenes Atom-U-Boot vom Stapel gelassen, die »INS Arihant«. Es kann bis zu zwölf nukleare Kurzstreckenraketen abfeuern und ist, wie Premierminister Manmohan Singh verkündete, ein »historischer Meilenstein« der Landesverteidigung. Zwei weitere U-Boote sollen folgen. Zudem least Indien von Russland zwei atomar betriebene Jagd-U-Boote.[152]

Indiens Ziel ist die Kontrolle des Indischen Ozeans, durch den rund die Hälfte aller Containerschiffe dieser Welt fahren. Das Land ist, wie auch China und Japan, auf den Import von Rohstoffen angewiesen, die aus Mozambik, Indonesien, Südafrika und Australien per Schiff kommen. Gas und Öl kauft es am Persischen Golf, unter anderem in Iran, von dort müssen die Tanker durch die Straße von Hormuz manövrieren, die wiederum dicht an der Küste des verfeindeten Pakistan liegt.[153]

Die Japaner mischen beim Waffenkauf ebenfalls eifrig mit – und begründen dies unter anderem mit dem Nachbarn China. »Es wird allmählich zu einer beträchtlichen Bedrohung«, sagte der frühere Premier Taro Aso.[154]

Aus einer nur mit Handfeuerwaffen ausgerüsteten, 75000 Mann zählenden japanischen Bereitschaftspolizei der frühen fünfziger Jahre ist mittlerweile die Berufsarmee der »Japanischen Selbstverteidigungsstreitkräfte« geworden. 240 000 Mann stehen unter Waffen. Mit rund 110 Kriegsschiffen, zum Teil mit modernster Radartechnik ausgerüstet, und über 370 Kampfjets zählt Japans Truppe zu den am besten ausgerüsteten Armeen – nicht nur in Asien, sondern weltweit.[155]

Die Japaner, nach ihrer Verfassung auf die Verteidigung und nur auf die Verteidigung ihres Landes verpflichtet, wollen ihre Strategie ändern: Die Truppe soll mobiler und flexibler werden, dazu werden Aufklärung und Raketenabwehr gestärkt, und es sollen neue Luft- und Marine-Einheiten geschaffen werden. Die Zahl der U-Boote wird von 16 auf 22 erhöht.[156]

## Das Militär zuerst

Außer China haben die Japaner einen weiteren starken Nachbarn: Nordkorea, das eine der größten Armeen der Welt unterhält, zumindest nach der Zahl ihrer Soldaten. 1,1 Millionen Männer und Frauen stehen permanent unter Waffen, sie müssen jahrelang Wehrdienst leisten. In kurzer Zeit könnten rund 4,7 Millionen Reservisten mobilisiert werden.

»Songun« heißt die Politik der Kim-Dynastie – »das Militär zuerst«. Das heißt: Nordkoreas Gesellschaft ist völlig auf seine Armee ausgerichtet, sie prägt den Alltag und die Politik.

Die Macht dieser Truppe erlebte ich im Jahr 2001, als ich mit einer Delegation des UNO-Welternährungsprogramms durch das ausgehungerte Land reiste. Die Organisation lieferte Getreide und Kraftkekse. Nachdem wir auf einem Militärflughafen in der Nähe der nordöstlichen Hafenstadt Chongjin gelandet waren, versuchte unser Begleiter, ein Vize-Außenminister, die Wagenkolonne hinter dem Zaun auf das Flugfeld zu holen, damit wir nicht unser Gepäck schleppen mussten. Zwischen Autos und Flugzeug stand jedoch ein dem Aussehen nach etwa 14-jähriger Wachsoldat an einer Schranke. Der starrte durch den hohen Politiker hindurch, die Barriere blieb unten. Der Bitte eines Zivilisten zu folgen, war unter seiner Würde.

Unklar ist, wie gut der sture junge Mann und seine Kampfgenossen ausgebildet und wie modern ihre Waffen sind. Auf den Straßen Nordkoreas sind uralte Militärlaster aus der ehemaligen Sowjetunion und der Tschechoslowakei zu sehen, viele Soldaten sind zu Fuß unterwegs und stoppen schon mal mit vorgehaltener Waffe zivile Fahrzeuge. Womöglich dienen vollmundige Drohungen wie »Seoul in ein Flammenmeer zu verwandeln« und die »Hochburg der Aggressoren zu sprengen« nur dazu, Schwächen zu kaschieren. Allerdings besitzen die Nordkoreaner mittlerweile rund 800 Kurz- und Mittelstreckenraketen, sie testeten auch bereits Langstreckengeschosse. Experten sind nicht davon überzeugt, dass die genau treffen können. Aber was nicht ist, kann noch werden. Jedenfalls hat Nordkorea Ländern wie Pakistan und Iran bereits Waffen und Technologie verkauft.

## »Ernsthaft besorgt«

Allen voran schreitet China. Der Luftwaffen-Oberst Dai Xu sagt, sein Land sei noch nicht so weit, die Interessen des Landes weltweit zu schützen. Die amerikanische Armee sei wie ein Adler, die russische wie ein Vogel Strauß – der nicht fliegen, aber sehr schnell rennen könne –, die chinesische aber »kann weder fliegen noch schnell laufen«.[157]

»Friedlich und ohne hegemoniale Gelüste« wollten sie im 21. Jahrhundert aufsteigen, versichern die Chinesen. Ein im März 2011 veröffentlichtes Weißbuch beschreibt die Ziele ihrer Armee so:

> Sicherung der nationalen Souveränität, Sicherheit und nationale Entwicklung, Bewahrung der sozialen Harmonie und Stabilität, Beschleunigung der Modernisierung der nationalen Verteidigung und Bewahrung des Weltfriedens.

In letzter Zeit mischten sich aggressive Töne in diese Beteuerungen, unter anderem geäußert von einer Gruppe offenkundig ärgerlicher Offiziere, denen die Politik des Politbüros zu passiv ist. China könne sich nicht als »starke Nation« ansehen, solange es sich nicht das »von seinen Nachbarn geraubte Land zurückgeholt hat«, erklärte Generalmajor Luo Yuan von der Akademie der Militärwissenschaften.[158]

Diese Bemerkung war offenbar gegen Indien gerichtet. Öfter geht es gegen die USA, die nach Ansicht der Pekinger Militärs versuchen, mit alten (Südkorea) und neuen Allianzen (Indien) China einzukreisen. Die amerikanische Flotte, argumentieren die Militärs, habe vor den Küsten Chinas nichts zu suchen, denn die Gewässer gehörten eindeutig zur chinesischen Interessensphäre. Vor allem ärgert sie der Plan der Amerikaner, Taiwan Waffen für rund 6,4 Milliarden Dollar zu verkaufen. China sollte die USA dafür »bestrafen«, fordert Yang Yi, ein Konteradmiral a. D. und früherer Chef der Universität für Nationale Verteidigung: »Wir müssen ihnen schaden.«[159] Und General Liu Yuan, Politkommissar der Logistiktruppen, befand: »Wo würde die Große Einheit ohne Krieg herkommen? Wie kann die Fusion der Nation, der Rasse, der Kultur, des Südens und des Nordens ohne Gewalt erreicht werden?«[160]

Pekings Funktionäre sind beseelt von dem Gedanken, sich nicht mehr von den Amerikanern unter Druck setzen zu lassen, wie etwa 1996, als nach Drohmanövern gegen Taiwan zwei US-Flugzeugträger in der Taiwan-Straße aufkreuzten. Deshalb ist ihr oberstes strategisches Ziel, ein Gegengewicht zu den US-Streitkräften in Asien aufzubauen – und sie aus einem Konflikt um Taiwan herauszuhalten.

Um die Amerikaner zu bändigen, hat der frühere Vize-Kommandeur der Zweiten Artillerie-Einheit, Zhao Xijun, die Strategie des »Bedrohungskrieges am Rande« entwickelt. Raketen und Marschflugkörper sollen auf Ziele dicht neben der US-Flotte abgeschossen werden und die Amerikaner so erschrecken, dass sie abdrehen. Absicht sei es zu demonstrieren, »dass wir dazu in der Lage und fest entschlossen sind, eine Flugzeugträger-Flotte zu zerstören«, sagt Zhao.[161]

China entwickelt und testet nach den Erkenntnissen des US-Verteidigungsministeriums eine Antischiffsrakete, die »Ostwind«-21D, die sogar Flugzeugträger versenken könnte, weil sie nach dem Wiedereintritt in die Atmosphäre besonders wendig Abwehrgeschossen ausweichen kann. Strittig ist unter den amerikanischen Militärs nur, ob diese Waffe bereits einsatzbereit ist.

»Die US-Marine war bislang nicht mit hochakkuraten ballistischen Raketen konfrontiert, die sich bewegende Schiffe auf See treffen können«, warnt ein Bericht für den US-Kongress. Nun sei es bald so weit.[162]

Auch auf anderen Gebieten kommen die chinesischen Militärs voran. Artilleristen zerschossen 2007 mit einer Mittelstreckenrakete einen ausgedienten Wettersatelliten in angeblich 35 000 Einzelteile – und bewiesen damit, dass sie im Krieg der Sterne mit den Amerikanern mithalten wollen. Im November 2010 feuerte China den sechsten Satelliten des »Beidou-2«-Programms ins All. Er dient dem Aufbau eines weltweiten Navigationssystems, das China vom amerikanischen »Global Positioning System« (GPS) unabhängig und dem europäischem System »Galileo« Konkurrenz machen soll. Bis 2020 sollen insgesamt 35 Satelliten die Erde umkreisen. Damit, so sagt der ehemalige General Yu Guangyu, »braucht die Welt nicht mehr die USA zu fragen, wohin es geht«.[163] Vor allem aber ist die Volksbefreiungsarmee nicht mehr auf die Gnade der Amerikaner angewiesen, die im Ernstfall die geografischen Daten manipulieren könnten und es vermutlich bereits getan haben.

Im Oktober 2007 war ein chinesisches U-Boot in der

Nähe des US-Flugzeugträgers »Kitty Hawk« aufgetaucht, ohne dass die amerikanischen Seeleute es vorher bemerkt hätten. Dies war ein deutlicher Fingerzeig an Washington, dass mit der chinesischen Marine zu rechnen ist. Auf der Insel Hainan hat sie nun einen Marinestützpunkt mit unterirdischen Bunkern errichtet, von hier aus hat die Flotte es nicht weit bis zu den Paracel- und Spratly-Inseln. Amerikas Stützpunkte im Pazifik, zum Beispiel auf Guam, sind im Gegensatz zu früher gefährdet, daher müssen es sich die Kommandanten der US-Flotte genau überlegen, wie nahe sie an die chinesische Küste heranmanövrieren. »Ich bin nicht mehr nur neugierig, sondern ernsthaft besorgt«, kommentierte der US-Stabschef Admiral Michael Mullen im Juni 2010 die chinesische Aufrüstung.[164]

## Der Gesang der Nachtigallen

Längst ist die chinesische Armee nicht mehr nur dazu da, als »Stählerne Große Mauer« das »Vaterland zu verteidigen«. Chinas U-Boote und Zerstörer wollen in Zukunft die sogenannte »Erste Inselkette«, also jene Inseln nahe der chinesischen Küste inklusive Taiwan und die Spratlys, überwinden und den Pazifik nicht mehr allein den Amerikanern überlassen. Unter »neuen historischen Umständen«, sagt General Zhang Zhaoyin aus der Militärregion Chengdu, müsse sich die Armee von ihrer Doktrin, in »Friedenszeiten eine friedensorientierte Armee zu schaffen«, verabschieden und sich den »fundamentalen Aufgaben einer Armee« zuwenden: »Sich auf Schlachten vorbereiten, Kriege führen und Kriege gewinnen«.

China könne nicht »inmitten von Nachtigallengesang und Schwalbentänzen« aufsteigen, befand ein anderer Militär-Stratege, Jin Yinan, sondern müsse sich wohl »seinen Pfad durch Dornen und Disteln schlagen«.[165]

In den letzten Jahren hat die chinesische Marine moderne russische Diesel-U-Boote angeschafft. Zudem will sie eigene U-Boote bauen, die neu entwickelte Atomraketen abfeuern können. Eines der Boote wird bereits erprobt. »Die Ozeane sind unsere Lebensquellen. Wenn der Handel abgeschnitten wird, würde die Wirtschaft abstürzen«, sagt Ni Lexiong vom Shanghaier Institut für Nationale Verteidigungsstrategien. »Was würde mit einer Nation mit einer nach außen gerichteten Wirtschaft geschehen, wenn wir einen Krieg führen müssten und ihn verlieren würden, weil wir nicht die Hoheit auf dem Meer hatten?« Seine Schlussfolgerung ist klar: »Wir brauchen eine starke Marine.«[166]

Dazu gehören Flugzeugträger. Sie sollen Konvois von Handelsschiffen schützen. »Eisenbahn auf hoher See« nannte Mao Zedong dies 1958. Lange Zeit spekulierten Experten über den Bau eines solchen Monstrums, nun scheint der Plan bestätigt: durch eine Nachricht, versteckt am Ende des 570 Seiten langen Jahresberichts der »Staatlichen Meeresverwaltung« vom Mai 2010. 2009, heißt es da, »hat China die Idee und den Plan vorgebracht, Flugzeugträger zu bauen. Das deutet darauf hin, dass China die historische Ära begonnen hat, eine maritime Supermacht zu werden«. Zwischen 2010 und 2020 sei die ›kritische Periode‹, diese strategische Mission zu erfüllen …«[167]

Die Vorbereitungen für solch eine schwimmende Festung laufen seit langem, und sie entbehren nicht der Komik. China schaffte sich mehrere ausgediente Exemplare an, von den Australiern die »Melbourne«, von den Russen die »Minsk«, die »Kiew« und schließlich die »Warjag«. Die hatte 1998 eine angeblich private Firma für nur 20 Millionen Dollar von der Ukraine gekauft, um sie in der ehemaligen portugiesischen Kolonie Macau in ein schwimmendes Spielcasino mit besonderem Ambiente umzuwandeln.

Auf dem Weg von Nikolayew im Schwarzen Meer nach China ging das 300 Meter lange völlig ausgeschlachtete Schiff bei starkem Wind beinahe verloren. In der Ägäis riss es sich im November 2001 vom Haken des Schleppers los, trieb zwölf Stunden auf eine Insel zu und konnte nur mit Müh und Not wieder eingefangen werden. Zuvor hatte sich die Türkei geweigert, die »Warjag« durch den Bosporus schleppen zu lassen, weil dies zu gefährlich sei. Sie durfte erst nach 13 Monaten die Anker lichten – nachdem Peking versprochen hatte, viele chinesische Touristen in die Türkei reisen zu lassen und mehr türkische Güter einzukaufen.

Nach einem Zwischenstopp in Macau war die »Warjag« plötzlich verschwunden. Ein paar Wochen später wurde sie in den Docks der Hafenstadt Dalian gesichtet. Offenbar wollten die Ingenieure und Techniker der Volksmarine in aller Ruhe die Konstruktion studieren.

Amerikanische Geheimdienstler vermuten, dass die »Warjag« seither als Trainingsplattform genutzt wird.[168]

Aber Chinas Piloten besitzen noch keine Erfahrung, auf einem Flugzeugträger zu starten und zu landen, die entsprechenden Flugzeuge sind nicht vorhanden. Deshalb will das Land »Su-33«-Düsenjäger von den Russen kaufen und eigene Modelle entwickeln. Das Ganze ist ein teures Unterfangen. Nicht nur der Bau eines solchen Schiffs ist aufwendig, sondern auch dessen Unterhalt – er beträgt rund 200 Millionen Dollar im Jahr.

Der taiwanische Rüstungsexperte und Ex-Vizeverteidigungsminister Lin Chong-pin erläuterte mir 2006 in seiner Wohnung am Rande Taipeis die »Große Strategie«, die er bei seinen Landsleuten auf dem Festland ausgemacht hat: Während sie sich als verantwortungsvolle Spieler auf der Weltbühne vorstellen, Soldaten auf UNO-Friedensmissionen schicken, allenthalben Konfuzius-Institute gründen und »sanft auftreten, halten sie den großen Knüppel hinter dem Rücken«, sagte er. Peking spiele in dem Spiel um Macht und Einfluss lieber Go als Schach: »Beim Schach wird man vom Gegner alarmiert, wenn Gefahr droht, beim Go merkt man plötzlich, dass das Spiel verloren ist.«

Die alte Welt hat es also mit einer neuen Kraft in Fernost zu tun – militärisch, wirtschaftlich, politisch. Heute beeinflusst Asien den Alltag der Europäer wie nie zuvor, der Kontinent dringt in unser Leben ein. Die Frage ist, ob und wie wir uns darauf einstellen. Wie soll man mit einem immer stärkeren China umgehen? Wie Europa bislang reagiert, schildert das nächste Kapitel.

## Asien vor der Tür

### Vom schwierigen Umgang mit einem schwierigen Partner

Einst starteten und landeten hier russische Militärmaschinen, heute steht vereinsamt eine Boeing der Air Berlin auf dem Rollfeld. Die kleine Abflughalle ist verwaist, ebenso das Frachtgebäude mit acht blauen Toren. Der Flughafen Parchim ist an diesem kalten Tag Anfang Januar 2011 nicht gerade das, was man unter einem spannenden Platz versteht.

Und doch: Parchim in Mecklenburg-Vorpommern ist ein Ort der Hoffnung – auf stabile Arbeitsplätze, auf kräftige Steuereinnahmen, auf saftige Gewinne. Diese Erwartung richtet sich auf Asien, genauer: auf China. Eines Tages soll der Ort ein Brückenkopf in der Ostsee-Region werden. Das hängt von dem chinesischen Unternehmer Jonathan Pang ab, der den Flughafen gekauft hat und zu einem modernen Vertriebszentrum umbauen will. Seit 2007 landen hier Flugzeuge aus China. »Die kommen etwa dreimal die Woche«, berichtet mir ein Angestellter am Informationsschalter. Gerade waren chinesische Banker im Ort, die versprachen, in der Gegend zu investieren.

Rund 600 Kilometer weiter östlich sind die Chinesen schon präsenter. Vor den Toren Warschaus, an der Straße nach Radom, stehen moderne Hallen auf dem Feld: das »Chinesische Handelszentrum«, errichtet von der südchinesischen Fima GD Poland Investments Ltd. Es ist, wie die Betreiber sagen, »der größte Umschlagplatz in Mittel- und Osteuropa für Güter und Produkte aus China und ganz Asien«. Hier werden auf 200 000 Quadratmetern, das sind rund 26 Fußballfelder, unter anderem Schuhe, Hosen, Kleider, Seidenstrümpfe und elektrische Geräte gehandelt. Wer an Waren aus Asien interessiert ist, muss sich nicht mehr lange Stunden ins Flugzeug setzen, sondern braucht nur nach Polen zu fahren. Und asiatische Händler sparen sich umständliche Reisen in alle Ecken Europas. Hotels, Banken, Wechselstuben, Restaurants – alle sind hier vorhanden.

Asien liegt vor unserer Haustür, sogar vor der des kleinen Parchim. Die Bank of China residiert gegenüber dem Hamburger Rathaus, ein Bahnhofshotel in Köln serviert chinesischen Gästen Yum-Yum-Fertignudeln, überall gibt es Asia-Shops, und im brandenburgischen Marquardt bauen Chinesen einen Solarpark. Ein Teil des norditalienischen Prato ist bereits »chinesisch«, zwischen 30 000 und 50 000 Chinesen leben hier, zum großen Teil sind sie wohl von Schleppern eingeschleust worden. In chinesischen Textilfabriken verarbeiten sie zum Ärger der italienischen Konkurrenz geschmuggelte Stoffe – und werden von ihren Landsleuten ausgebeutet.[169] Asien ermöglicht den Europäern seit Jahren ein besseres Leben. Weil Asiaten billige Waren produzieren, sind auch in Europa viele Dinge wie T-Shirts, Schuhe und Spielzeug günstig zu kaufen. Das senkt die Lebenskosten der Verbraucher.

Andere Produkte hingegen werden teuer. Länder wie China und Indien benötigen immer mehr Rohstoffe, um ihren Aufschwung zu füttern, die große Nachfrage treibt die Preise nach oben. In Europa fehlen bereits Koks und Schrott, weil Chinas Stahlindustrie boomt.

»Der Preis für Naturkautschuk erreichte im Oktober 2010 ein Rekordhoch aufgrund von Angebotsausfällen sowie einer besonders in Asien weiter steigenden Nachfrage nach Fahrzeugreifen«, fand das Hamburgische WeltWirtschaftsInstitut heraus. Und weiter: »Die starke Nachfrage der Schwellenländer, insbesondere Chinas, wird den Preisanstieg bei Rohstoffen weiter stützen.«[170] Asiatische Unternehmen konkurrieren inzwischen um Aufträge, in Polen begann die chinesische Firma Covec, die den staatlichen Eisenbahnen gehört, einen Teil der Autobahn von Lodz nach Warschau zu bauen. Ihr Angebot war viel günstiger als das anderer Betriebe. Doch die Chinesen mussten Lehrgeld zahlen: Ihr Angebot war zu niedrig angesetzt, schon bald mussten sie den Bau wieder stoppen und verloren schließlich den Auftrag.

Die Konkurrenz aus Fernost trifft alle Branchen. Der Import von billigen Sofas und Sesseln aus China nach Deutschland wuchs zum Beispiel 2010 um gut ein Drittel auf mehr als eine Milliarde Euro. Wegen der Wirtschaftskrise, aber auch wegen der Mitbewerber aus dem

Fernen Osten sei die Zahl der Beschäftigten in diesem Sektor 2010 um »einige tausend« gesunken, vermutete Dirk-Uwe Klaas, der Hauptgeschäftsführer des Verbands der Möbelindustrie.[171]

Gleichzeitig sichert Asien Arbeitsplätze. Deutsche Küchenhersteller exportieren fleißig nach Fernost, vor allem nach China. Die Firma Nobilia aus Verl verkaufte 2009 rund 8 000 Küchen ins Reich der Mitte, weil Pekinger oder Shanghaier sie so schick fanden. »China ist entscheidend für Deutschlands Zukunft«, sagt Geschäftsführer Günter Scheipermeier.[172]

Die deutsche Maschinenbauindustrie brummt vor allem, weil chinesische Unternehmen Werkzeugmaschinen einkaufen. Bis Ende 2010 stiegen die Umsätze. Aber das Umfeld wird schwieriger. Firmen in Asien stellen inzwischen vielfach ebenso gute Apparate her wie die Deutschen. Außerdem schauen die Kunden genauer auf die Preise und fragen sich, ob sie die »perfekten«, aber komplizierten Maschinen überhaupt brauchen.[173]

Und chinesische Touristen sorgen vor allem in Frankfurter Läden für Luxusuhren für Profite. Händler berichten, dass sie inzwischen über die Hälfte ihres Umsatzes mit den Gästen aus Fernost machen.

Asiatische Unternehmen investieren inzwischen häufiger in Deutschland, so wie der indische Aluminium-Hersteller Bharat Forge in Brand-Erbisdorf nahe Dresden. 2007 waren es rund 500 Firmen aus Asien. Sie schufen 60 000 Arbeitsplätze und setzten 60 Milliarden Euro um.[174]

Drei Jahre später legten allein die chinesischen Betriebe in Deutschland rund eine Milliarde Euro an, so viel wie in keinem anderen europäischen Land. Dabei ging es einigen von ihnen offenkundig nicht nur darum, den deutschen Markt zu erobern. »Es gibt in China einen Trend, sich Know-how zu verschaffen, in dem man sich in Deutschland ein Maschinenbau-Unternehmen sucht, um sich daran zu beteiligen«, sagt Michael Pfeiffer von der Deutschen Außenwirtschaftsagentur Germany Trade and Invest.[175]

Umgekehrt investierten deutsche Firmen ungleich mehr in China: Bis 2010 waren es 18 Milliarden Euro. Im Handel ist Europa inzwischen wichtigster Partner der Chinesen. Allerdings kauften die Europäer dort mehr Waren als umgekehrt. Im Jahr 2010 erreichte der chinesische Handelsüberschuss 169 Milliarden Euro. Ein großer Teil der Exporte dürfte jedoch aus Fabriken stammen, in die europäische oder andere ausländische Unternehmen investierten oder die ihnen ganz gehörten.

In der Autobranche ist das China-Geschäft für deutsche Firmen längst lebenswichtig: Volkswagen fertigt in vier chinesischen Städten Golfs, Passats oder Jettas; ein Werk in Dalian produziert zudem Motoren. Darüber hinaus lieferte der Konzern 2010 rund 70 000 Fahrzeuge ins Reich der Mitte. Das ist nicht sonderlich viel, aber: Wenn chinesische Kunden nicht so viele Luxusautos vom Typ Phaeton erwerben würden, ginge es dem Werk in Dresden viel schlechter, es müsste womöglich Arbeiter entlassen.

Die große Bedeutung, die Asien für die deutsche

Wirtschaft hat, zeigte sich Anfang 2011, als die Pekinger Stadtregierung ankündigte, sie wolle weniger Autos zulassen, um das Verkehrschaos zu bewältigen: Bei Audi und Volkswagen fielen prompt die Aktienkurse.

Deutschland profitiert vom chinesischen Wirtschaftsboom mehr als jedes andere Land. Nach Einschätzung des Kieler Instituts für Weltwirtschaft gilt das nicht zuletzt für die deutschen Chemiekonzerne, die in China erfolgreicher als die internationale Konkurrenz wirtschaften.

## Streikfreie Welt

Ein ganz neuer Trend: Die Chinesen helfen den Europäern aus ihrer finanziellen Bedrängnis. Die Pekinger Regierung kündigte an, Staatsanleihen stark verschuldeter Länder wie Irland, Spanien und Griechenland zu erwerben, damit diese ihre großen Lücken im Haushalt leichter schließen können. »China unterstützt die EU dabei, durch Pakete zur Finanzstabilität den betroffenen Ländern zur Überwindung ihrer Schuldenkrise zu verhelfen sowie zur umfassenden Wirtschaftserholung und zum stabilen Wachstum beizutragen«, erklärte Vizepremier Li Keqiang. Das Motiv erläuterte er so: Peking wolle »mit allen Völkern eine harmonische Welt dauerhaften Friedens und gemeinsamen Wohlstands aufbauen«.[176]

Sein Vorgesetzter Wen Jiabao hatte zuvor bereits versprochen, Griechenland mit einem milliardenschweren

Hilfsfonds zu ermöglichen, chinesische Schiffe zu kaufen, darunter zwei Frachter und einen Tanker. Wert des Deals: knapp 240 Millionen Euro.[177]

Die chinesische Staatsreederei Cosco pachtete einen großen Abschnitt des Hafens von Piräus. Cosco will den Container-Terminal modernisieren und, wie es vollmundig verkündete, Piräus in ein »Singapur des Mittelmeers« verwandeln.

Das passt zur Strategie Pekings, weltweit Handelsstützpunkte zu errichten. Dafür brachten die Cosco-Funktionäre ihre Methoden im Umgang mit Arbeitern nach Griechenland. Zum Schrecken der griechischen Hafengewerkschafter wurden im chinesischen Teil von Piräus die Löhne der Arbeiter um ein Drittel gekürzt, Gewerkschaften verboten und eine »streikfreie Arbeitswelt« geschaffen.[178]

## Das Dilemma der Europäer

Der »Neue Osten« gehört also zu unserem Alltag, und mit wachsender Wirtschaftskraft wird er in Zukunft noch stärker präsent sein. Aber die Europäer wissen nicht so recht, wie sie sich darauf einstellen sollen. »Die 27 Staats- und Regierungsoberhäupter ... im Europäischen Rat haben entschieden, dass die EU nach Osten schauen muss, nicht nur mit Worten, sondern auch mit Taten«, verkündete EU-Ratspräsident Herman van Rompuy, ein Belgier, zum Auftakt der 8. ASEM-Tagung (Asia-Europe Meeting) im Oktober 2010 in Brüssel.[179]

Das ist nicht so einfach. Vor allem China bleibt in den Augen der Europäer ein Partner, der schwieriger ist, als nach dem Beitritt Pekings zur Welthandelsorganisation (WTO) 2001 erhofft. Europäische Investoren und Kaufleute klagen über Ideenklau und den Zwang, sich mit chinesischen Unternehmen zusammenzutun, ebenso wie über den Druck, Technologien an sie weiterzugeben. Bei Ausschreibungen von großen Projekten würden sie systematisch benachteiligt, monieren sie.

Im Dienstleistungssektor, bemängelte die EU-Handelskammer in Peking, würden europäische Firmen »von ganzen Sektoren« ausgeschlossen, obwohl Peking bei seinem WTO-Beitritt das Gegenteil versprochen habe. Zudem gebe es zahlreiche Erlasse und Aufrufe an chinesische Behörden und Unternehmen, nur chinesische Waren zu kaufen.

Die EU-Handelskammer in Peking vertritt die Interessen von über 1 400 Firmen. In einem Positionspapier beklagte der Vorsitzende der Kammer Jacques de Boisséson 2010, die Unternehmen seien mit »Hindernissen und Risiken konfrontiert, die über das hinausgehen, was ihre Vorstände und Anteilseigner ihnen erlauben würden zu akzeptieren«.[180]

Was zur Folge hat, dass nur drei Prozent aller europäischen Auslandsinvestitionen im Jahr 2008 nach China flossen. Sogar die sonst eher verständnisvollen Firmenbosse von Siemens und BASF, Peter Löscher und Jürgen Hambrecht, wagten sich, wenn auch zurückhaltend, während des Besuchs von Bundeskanzlerin Angela Merkel im Juli 2010 in der alten Kaiserstadt Xian nach vorn. Hambrecht kritisierte vor Premier Wen Jiabao den erzwungenen Technologie-Transfer: »Das entspricht nicht gerade unserer Ansicht von Partnerschaft.«[181]

Löscher forderte, ausländische Unternehmen in China sollten bei öffentlichen Ausschreibungen mit der chinesischen Konkurrenz gleich behandelt werden.

Ein Dauerbrenner ist zudem die chinesische Währungspolitik. Brüssel beschwert sich im Einklang mit den Amerikanern seit Jahren über den niedrigen Wechselkurs des Yuan, der die Handelsbilanzen durcheinanderwerfe. »Trittbrettfahrerverhalten« der Chinesen nennt dies Hanns Günther Hilpert von der Berliner Stiftung Wissenschaft und Politik. »Sollte China sein Verhalten nicht korrigieren, drohe das multilaterale Handelssystem zu zerbrechen«, warnt er.[182]

Doch die Europäer stecken in einem Dilemma: Nehmen sie den Wechselkurs klaglos hin, geht alles so weiter wie bisher. Peking würde dies wohl als Zeichen der Schwäche interpretieren. Reagiert Brüssel konfrontativer, würde es gar versuchen, sich gegen chinesische Waren abzuschotten, könnte dies zu einem chinesisch-europäischen Handelskrieg führen.

Wie kompliziert das rechtliche Umfeld für ausländische Geschäftsleute und Investoren in China sein kann, zeigt der Fall des amerikanischen Geschäftsmannes Xue Feng. Das Pekinger Mittlere Volksgericht verurteilte den US-Geologen Anfang Juli 2010 in einem juristisch umstrittenen Verfahren zu acht Jahren Gefängnis, weil er angeblich illegal Informationen über Chinas Ölindustrie gesammelt hatte.

»Das ist ein sehr hartes Urteil und ein trauriger Tag für die Justiz in China«, kommentierte der Amerikaner John Kamm, der es sich mit seiner Organisation Dui Hua zur Aufgabe gemacht hat, politische Häftlinge aus chinesischen Gefängnissen freizubekommen. Der Richterspruch werde »Schauer über den Rücken von Unternehmern jagen, die in China Geschäfte machen«. Und der ehrwürdige New Yorker Anwalt und Professor Jerome Cohen, der sich jahrelang hinter und vor den Kulissen bemüht hatte, Xue beizustehen, entdeckte noch nicht einmal ein »legales Feigenblatt« in dem Verfahren.[183]

Zwar werden überall in der Welt Geheimnisse ausspioniert. Der Haken in China aber ist: Kein Mensch weiß so recht, was geheim ist und was nicht. Es existiert eine große rechtliche Grauzone zwischen Staats- und Privatwirtschaft und damit auch zwischen legaler Beschaffung von Wirtschaftsdaten, Industriespionage und der Verletzung von Staatsgeheimnissen. Zuweilen werden Statistiken zu vertraulichen Informationen deklariert, nachdem sie in Zeitungen oder auf Webseiten von Firmen und Behörden zu lesen waren.

Solche Komplikationen hindern allerdings weder amerikanische noch europäische Unternehmen, immer wieder ihr Glück in China und im übrigen Asien zu versuchen. Südkorea gehört zu jenen Ländern, in denen rechtsstaatliche Prinzipien stärker ausgeprägt sind als in China. 2009 schlossen die Europäer ein erstes Freihandelsabkommen mit dem Land ab. Vom Wegfall der Zollschranken erhoffen sich beide Seiten mehr Geschäfte – und bessere Profite für ihre Unternehmen.

## Auf der Suche nach einer Strategie

Über das Geldverdienen hinaus formulieren die Europäer ein moralisches Anliegen: Sie wollen zu Asiens »Frieden und Sicherheit beitragen«, heißt es im »Strategiedokument 2007 bis 2013« der EU-Kommission. Das bedeutet: »Die Wurzeln der Armut ausreißen, den Schutz der Menschenrechte stärken, Demokratie, gute Regierungsführung und Rechtsstaatlichkeit verbreiten.« Die EU schickte deshalb Beobachter nach Aceh auf Sumatra, wo muslimische Rebellen jahrelang die Zentralregierung in Jakarta bekämpft hatten. Gemeinsam mit Vertretern aus fünf ASEAN-Staaten kontrollierten sie nach einem Friedensabkommen 2005 in Helsinki, ob Rebellen und indonesische Regierung die Abmachungen einhielten. Die EU beobachtete 2005 die Präsidentschaftswahl auf Sri Lanka und achtete darauf, dass der damalige Waffenstillstand zwischen der Regierung und tamilischen Rebellen nicht verletzt wurde.

Gleichzeitig wird viel geredet. In unendlich vielen Konferenzen und Foren debattieren Europäer und Asiaten alle erdenklichen Themen. Da gibt es »strategische« Dialoge oder nur einfache Dialoge, mit »strategischen« Partnern oder nur mit normalen, mit sogenannten »unterregionalen Organisationen« oder mit »überregionalen«.

Seit 1996 treffen sich Europäer mit Ost- und Südasiaten regelmäßig zur ASEM-Konferenz. Alle darin vertretenen Staaten repräsentieren 58 Prozent der Weltbevölkerung, die Hälfte des globalen Bruttosozialprodukts und mehr als 60 Prozent des internationalen Handels. Politiker, Rechtsanwälte, Journalisten, Beamte, Wissenschaftler und Künstler tauschen Erfahrungen über Kultur und Bildung aus. Sie diskutieren über Einwanderungspolitik und erörtern die Frage, wie Naturkatastrophen verhindert werden können.[184] Doch, sagt mir ein europäischer Botschafter in Peking, »plaudern ist ja ganz schön, man lernt sich besser kennen, aber eine europäische Strategie gegenüber Asien ist das noch lange nicht«. In Deutschland produzierten Ministerien über den Umgang mit Asien im vergangenen Jahrzehnt eine Fülle von Papieren.[185]

Die CDU/CSU-Fraktion des Bundestags legte 2007 eine Asien-Strategie vor. Sie plädierte dafür, sich besser auf das Geschehen in Fernost vorzubereiten. »So wie es sich heute kaum mehr ein Unternehmen erlauben kann, die Entwicklungen in Asien nicht in all ihren Facetten zu beobachten, müssen wir in unserer Außen-, Außenwirtschafts-, Entwicklungs- und Sicherheits-, aber auch in unserer Bildungspolitik Asien und insbesondere die asiatischen Aufsteiger mit einbeziehen. Asien ist Partner und Wettbewerber auf Augenhöhe«, postulieren Deutschlands Christdemokraten. Und weiter heißt es: »Wir müssen unsere Institutionen – Universitäten, Arbeitsmärkte und die Unternehmen selbst – fit machen für die asiatische Herausforderung.«[186]

## Gereizte Stimmung

Fragen wir einmal umgekehrt: Was halten die Asiaten eigentlich von Europa? Im Herzen Jakartas telefoniert Dewi Anwar Fortuna in ihrem Büro mit einem Kollegen. Es geht um eine wichtige Personalie und darum, dass Präsident Susilo Bambang Yudhoyono wieder mal zu lange zögert, um eine Entscheidung zu fällen. Dewi Fortuna Anwar ist Beraterin des Vize-Präsidenten, eine attraktive Mittvierzigerin in einem gelb-schwarzen Tigerkleid. Sie hat in den USA studiert, ist Professorin und wird immer wieder in die Regierung geholt. Unter Präsident Bacharruddin Jusuf Habibie war sie Ende der neunziger Jahre Staatssekretärin im Außenministerium.

In den ersten fünf Jahren seiner Amtszeit war Yudhoyono kein einziges Mal in Europa, was nicht von großem Interesse zeugt. »Das liegt daran, dass unsere Fluggesellschaft ›Garuda‹ in Europa nicht landen durfte. Sie hatte zu viele Sicherheitsprobleme«, sagt sie. Hätte er nicht auf eine andere asiatische Linie umsteigen können? »Unser Präsident ist ein sehr empfindlicher Mann«, lächelt Anwar.

Sie macht keinen Hehl daraus, dass die Europäer in Indonesiens Außenpolitik keine große Rolle spielen. »Europa ist nicht die wichtigste Region in der Welt«, sagt sie. »Und als politischer Akteur wirft es nicht genug sein Gewicht in die Waagschale. Wenn wir etwas in Europa erreichen wollen, dann wenden wir uns nicht an den EU-Botschafter, sondern an den deutschen oder an den französischen.«

Was können die Europäer also tun, um in Asien präsenter zu sein? »Europa braucht eine Strategie«, sagt mir eineinhalb Flugstunden von Jakarta entfernt Yeo Lay Hwee.

Die Politologin leitet in Singapur das EU-Zentrum. Wenn sie nicht gerade an der Universität Politische Wissenschaften unterrichtet oder außenpolitische Aufsätze schreibt, wirbt sie für Europa und macht seine Funktionsweise bekannt. Yeo tingelt deshalb von Schule zu Schule und berichtet den Schülern in einer PowerPoint-Präsentation mit vielen Statistiken, Fotos und Karikaturen von der EU.

Yeo macht derzeit in Europa eine große »Unsicherheit« und einen »Widerstand gegen Wandel« aus. Ändern müsse sich Europa, wenn es mit der neuen Kraft aus dem Osten fertig werden wolle. So denkt nicht nur Yeo, so denken viele asiatische Politiker und Wissenschaftler, die ich befragte.

Klare Wünsche an die Europäer richtet Peking: Es will zum Beispiel als Marktwirtschaft anerkannt werden. Das würde dazu führen, dass Dumpingklagen – etwa gegen den Import zu billiger Schuhe – schwerer gegen China durchzusetzen wären. Peking fordert auch, das EU-Waffenembargo aufzuheben, das nach dem Tiananmen-Massaker am 4. Juni 1989 verhängt worden war.

Obwohl bereits zahlreiche WTO-Staaten China den Status der Marktwirtschaft zuerkannt haben, wehren sich die Europäer als Ganzes: Der Staat greife so stark in Chinas Wirtschaft ein, dass von Marktwirtschaft keine Rede sein könne, heißt es. Nach den kräftigen staatlichen Hilfen, die eigenen Banken zu retten, klingt dieses Argument allerdings etwas seltsam.

Über das Waffenembargo streiten sich die Europäer jedoch: Manche Länder, darunter Frankreich und Spanien, würden es gerne aufheben. Da ein strenger »Verhaltenskodex« die Ausfuhr von Waffen ohnehin verhindere, könne man Peking ruhig entgegenkommen, argumentieren sie. Andere, darunter die Berliner Regierung, plädieren dafür, die Sanktionen erst dann zu beenden, wenn Peking seine Bürger besser behandle. Zumindest müsse Peking endlich die UNO-Konvention für Zivile und Bürgerliche Rechte ratifizieren.

Die Amerikaner drängen die Europäer, alles beim Alten zu belassen. »Die Aufhebung des Waffenembargos würde ernste Auswirkungen auf die Sicherheit und Stabilität der pazifischen Region haben«, erklärte US-Außenministerin Hillary Clinton 2010 in einer vertraulichen Depesche an ihre Diplomaten. Der Verhaltenskodex könne das Embargo nicht ersetzen.[187]

Das wirtschaftlich erstarkte China scheut derweil nicht mehr die politische Konfrontation mit den Europäern: 2008 sagte Peking einen Gipfel in Lyon ab, weil sich Frankreichs Staatspräsident Nicolas Sarkozy mit dem Dalai Lama getroffen hatte. Im September 2010 blockierte China, gemeinsam mit vielen anderen Staaten wie Indien, Indonesien und den karibischen Staaten, eine Initiative der EU, ihre Rolle in der UNO zu stärken und fortan einen ständigen Repräsentanten für sie sprechen zu lassen. Im Mai 2011 gaben die EU-Gegner ihren Widerstand allerdings auf. Ein Jahr zuvor war es Chinas Diplomaten zu verhindern gelungen, das Thema Menschenrechte in der Abschlusserklärung des EU-China-Gipfels in Brüssel aufzunehmen.

Trotz aller Strategiepapiere sind die Europäer weit davon entfernt, eine gemeinsame Haltung zu China zu finden. »China fühlt sich ja immer so leicht an die Wand gestellt«, seufzt ein hoher EU-Diplomat in Peking und gibt mir das nächste Ziel der Europäer preis: »Wir wollen unseren strategischen Dialog auf die Ebene Dai Bingguo hochziehen.« Aus der Bürokratensprache übersetzt bedeutet das: Die Europäer wollen auf höherer Ebene der chinesischen Hierarchie wahrgenommen und respektiert werden. Dai Bingguo ist Staatsrat und steht damit im Rang über dem Außenminister. Nun hofft man, dass die Hohe Repräsentantin für Außenpolitik, die EU-Außenministerin Baroness Catherine Ashton, künftig von Dai empfangen wird.

Nach schlagkräftiger Außenpolitik klingt das nicht. Der Rat für Auslandsbeziehungen, eine Denkfabrik der EU, kritisierte die Verantwortlichen in Brüssel, viele von ihnen hätten nicht erkannt, was sich in Asien tut. Sie behandelten China immer noch als »emerging power«, als aufstrebende Macht, und nicht als »globale Macht, die es schon ist«, schreiben die Wissenschaftler John Fox und François Godement in einem Papier über die europäische China-Politik.[188]

Zudem stütze sich die EU-Politik auf dem »anachronistischen Glauben«, dass China unter dem Einfluss der Europäer seine Wirtschaft irgendwann »liberalisieren, mehr Rechtssicherheit schaffen und die Politik demokratisieren« würde.[189] Die grundlegende Idee der Europäer sei, dass Engagement an sich positiv ist und man keine Bedingungen an Chinas Benehmen stellen sollte. Seid zu uns nett, weil wir nett zu euch sind. So lässt sich die Politik der EU zusammenfassen. Tatsächlich schlug Ashton im Dezember 2010 vor, das EU-Waffenembargo gegen China aufzuheben, weil es ein »Haupthindernis« für eine »stärkere EU-China-Zusammenarbeit in Außenpolitik und Sicherheitsfragen« sei.[190] Von einer Gegenleistung Pekings sprach sie nicht.

Gleichzeitig plädierte sie dafür, die 27 EU-Außenminister sollten regelmäßig über das Verhältnis zu China diskutieren und »gemeinsame EU-Positionen definieren«. Anfang Januar 2010 einigten sich die EU-Regierungschefs auf folgenden Kurs mit strategischen Partnern wie China: »weniger Prioritäten, größere Übereinstimmung und mehr Ergebnisse«.

Das hört sich sehr allgemein an. »Was am meisten in den EU-China-Beziehungen fehlt, ist eine klare Vision, wo die Partnerschaft in zehn Jahren sein soll«, befand ein Jahr zuvor die Asien-Expertin Gudrun Wacker vom Deutschen Institut für Internationale Politik und Sicherheit. Die Periode der »verpassten Gelegenheiten« dauere an.[191] Für China sei das Verhältnis zu Europa wie ein Schachspiel – »mit 27 Gegnern, die sich auf der anderen Seite des Bretts drängeln und sich darüber streiten, welche Figur sie nun ziehen sollen«, sagen die Fachleute vom Rat für Auslandsbeziehungen. Denn viele EU-Mitgliedstaaten handelten nur nach nationalem Interesse und sendeten unterschiedliche Signale nach

China: »Manche fordern China beim Handel heraus, andere in der Politik, manche machen beides und manche gar nichts.«[192]

Europa sollte ruhig selbstbewusster auftreten, fordern hingegen die Brüsseler Strategen. »Europa hat mehr Macht, als es glaubt, aber nur dann, wenn es sie auch effektiv nutzt.« Die Lösung sei »Engagement auf Gegenseitigkeit«, die »Ebenbürtigkeit zu vergrößern« und eine Kombination aus »Anreiz und Druck«. Wenn China den »Status der Marktwirtschaft« wolle, sollte es teuer bezahlen: »China sollte bestimmte nicht-tarifliche Handelshemmnisse und Investitionsbarrieren abbauen, zum Beispiel die Vorschrift, dass Waren europäischer Firmen zu einem bestimmten Prozentsatz mit chinesischen Teilen gefertigt werden.«[193] Den Europäern läuft die Zeit davon: Ab 2016 wird Peking den Status der Marktwirtschaft nach dem Abkommen mit der WTO automatisch erhalten.

Das Fazit: Europa braucht eine konkretere Strategie gegenüber China. Aber Europa muss sich auf einen ganzen Kontinent einstellen. Was ist zu tun, um mit dieser neuen Kraft fertig zu werden? Einige Ideen folgen im nächsten Kapitel.

## Eine Zukunft mit einem starken Asien

### Für mehr Glaubwürdigkeit und Selbstbewusstsein

Kehren wir ins südindische Bangalore zurück. Dort sitzt im Februar 2011 im 3. Stock der Infosys-Zentrale der Finanzchef des Unternehmens, V Balakrishnan. Er ist 47 Jahre alt, seit Anfang der neunziger Jahre bei der Firma. Er reist regelmäßig nach Europa, um sich mit Vertretern großer Finanzfonds zu treffen, die ihr Geld bei Infosys anlegen wollen. Balakrishnan trägt Sandalen und ein blau-weißes Polohemd mit der Aufschrift »System Integration«. Auf die Frage, wie Europa sich auf das neue Asien einstellen soll, erzählt er eine für ihn verblüffende Begebenheit: »Neulich habe ich in England Jugendliche gefragt, was sie werden wollen. Wissen Sie, was die geantwortet haben?« Er macht eine Kunstpause: »Fußballspieler!«

Das ist nach seiner Ansicht ein Zeichen mangelnder Orientierung Europas in die Zukunft. »Bei uns«, sagt er, »würden Sie das nicht hören. Bei uns sind die jungen Leute ehrgeizig. Sie wollen einen ordentlichen Beruf erlernen, sie stehen jeden Morgen auf, um die Welt zu erobern.« Er ist deshalb überzeugt: »Die Europäer müssen sich vor uns fürchten.«

Fußballspieler ist freilich ein ordentlicher Beruf, und Asien könnte ein paar bessere Kicker gebrauchen. Bislang waren es nur ein Südkoreaner und Japaner, die sich in den ersten Ligen Europas durchsetzen konnten. Von Chinesen und Indern keine Spur.

Aber im Ernst: Müssen wir uns wirklich fürchten, wie der Inder meint? Auch in Europa und in den USA stehen viele ehrgeizige junge Menschen jeden Morgen auf, um die Welt zu erobern.

Wie also auf das »asiatische Jahrhundert« reagieren? Dieses Buch hat ein erfolgreiches Asien vorgestellt, das vielen Europäern Chancen und Möglichkeiten bietet und eine Bereicherung für die Welt ist. Es hat beschrieben, wie mit dem wirtschaftlichen Boom aber auch die Risiken wachsen. Der Aufschwung Asiens muss mit Rohstoffen gefüttert werden. Immer größere Armeen stehen sich gegenüber, die Gefahr sozialer Konflikte steigt, die Umwelt wird zerbrechlicher, neue Pakte bilden sich. Diktatoren bestimmen das Leben von Abermillionen Menschen.

Wer mit europäischen Politikern, Diplomaten und Wissenschaftlern spricht, wer ihre unzähligen Aufsätze zu diesem Thema liest, ihre Reden hört, erhält viele Antworten, die sich so zusammenfassen lassen: Europa muss sich verjüngen, sich vergrößern, gar eine militärische Macht werden, sein Gewicht mehr in die Waagschale werfen, mit einer Stimme sprechen, sich in Asien stärker engagieren.

Dies alles ist sehr abstrakt. Konkreter wurden die asiatischen Experten und Politiker, von denen ich oft diese Meinung hörte: »Wenn ihr mit uns fertig werden wollt, wenn ihr euren Vorsprung wahren wollt, müsst ihr abspecken: Beschneidet euer Wohlfahrtssystem, überdenkt eure großzügige Sozialpolitik!« So sagt es mir etwa Reuben Wong, Ex-Diplomat und Politik-Professor an der National-Universität von Singapur.

Sein Landsmann, Singapurs ehemaliger Ministerpräsident und früherer Minister-Mentor Lee Kuan Yew, hatte schon vor einiger Zeit den Europäern geraten, sich besser auf Asien vorzubereiten. Es werde »bittere Jahre« geben, in denen die Deutschen Abstriche von ihrem Lebensstandard machen müssten. Nur noch eine Woche Kur sollten sie sich leisten anstatt vier, empfahl er, »harte Arbeit« und »neue Technologien, mehr Geld für Forschung und Entwicklung, den Vorsprung vor Chinesen und Indern bewahren«.[194]

ASEAN-Generalsekretär Surin Pitsuwan stimmte ihm sechs Jahre später zu. »Die Europäer sollten keine Angst haben vor den neuen Verhältnissen«, sagte er mir im Februar 2011 in seinem Büro in Jakarta. Aber sie sollten bei Innovationen aktiver sein, ihre Industrien verbessern, aus der Position der Stärke kämpfen. »Vor allem aber«, so Surin: »Sie sollten damit nicht zu lange warten.«

## Wie wollen wir leben?

Weniger Urlaub, kürzere Kur, mehr Arbeit, schmalere Geldbeutel – ist das die Zukunft, die wir für Europa wollen? Ist dies die einzige Möglichkeit, sich auf diesen »Neuen Osten« einzustellen, auf dieses Asien, das die Welt erobert? Versetzen uns weniger Urlaub, längere Arbeitszeiten und schlechtere Löhne wirklich in die Lage, uns der Konkurrenz aus Asien zu erwehren? Die Lösung kann nicht daran liegen, mit Billigproduktionen zu konkurrieren, der Kampf wäre verloren, bevor er begonnen hat.

Die Tür vor der asiatischen Konkurrenz zuzuschlagen und die eigenen Märkte abzuschotten, wäre auch der falsche Weg, er führte zu Streit und Handelskriegen, er würde die Welt unsicherer machen. Die verändert sich nicht nur im Fernen Osten, wo sich irgendwann Japan nach der Natur- und Atomkatastrophe wieder als wichtige Wirtschaftsmacht zurückmelden dürfte. Staaten auf anderen Kontinenten wie Brasilien und Südafrika gewinnen ebenfalls an Stärke, und wir können uns nicht von allen abgrenzen. Was also tun? Europas Bevölkerung schrumpft, immer mehr Bewohner sind alt, vielerorts fehlt es schon heute an Fachkräften. Es ist nicht so, dass Europäer nicht hart arbeiteten, das Problem ist nur: Es mangelt an Arbeitsplätzen.

Dies ist keine gute Voraussetzung, sich Asien zu stellen. Klug wäre es deshalb, mehr Ausländer in Deutschland auszubilden – nicht nur Europäer, sondern auch Asiaten, Afrikaner und Lateinamerikaner. Europa braucht zusätzliche Ideen und Innovationskraft. Dies geht nur mit einer neuen Einwanderungspolitik. Die europäische »Blue Card«, sagen Fachleute, löst das Problem nicht, noch sind die bürokratischen Hürden für Interessenten zu hoch.

Australier, Kanadier und Amerikaner machen vor, wie das funktionieren kann: Sie locken gezielt junge Leute aus Asien und dem Rest der Welt an und bieten ihnen auf Dauer eine Zukunft im eigenen Land. Wenn Deutschland weiter »Top-Qualitätsprodukte produzieren und ausführen« wolle, müsse es die »Einwanderung hochqualifizierter ausländischer Arbeitskräfte akzeptieren«, sagt der holländische EU-Diplomat Jan Willem Blankert.[195]

Für die Europäer ist es auch notwendig, mehr Wissen und Kenntnisse anzuhäufen. Ein Viertel aller europäischen Schüler kann nicht gut lesen, einer von sieben Jugendlichen bricht seine Ausbildung vorzeitig ab. Rund die Hälfte aller Schüler schaffen zwar einen Abschluss, doch sind sie nicht ausreichend für die jeweiligen Anforderungen des Arbeitsmarkts qualifiziert. Weniger als ein Drittel der Europäer im Alter zwischen 25 und 34 besitzen ein Hochschuldiplom. Zum Vergleich: In den USA sind es 40 Prozent, in Japan sogar 50 Prozent.[196]

Die EU-Länder haben das Problem erkannt. Sie haben sich vorgenommen, das Bildungsniveau bis 2020 zu steigern, mehr junge Menschen zu einem Uni-Abschluss zu führen und Haupt- und Realschüler länger in den Schulen zu halten. Zudem wollen die Europäer mehr Geld in Forschung und Entwicklung stecken. Bislang geben

Staat und private Unternehmen dafür jedes Jahr weniger als zwei Prozent ihres Bruttosozialprodukts aus, die USA kommen auf 2,6, die Japaner auf 3,4 Prozent. Die Europäer sind derzeit zwar vor allem damit beschäftigt, die Interessen der 27 Mitglieder auf einen Nenner zu bringen. Aber ein Ansatz ist gemacht.

Zu den großen Zukunftsaufgaben wird es gehören, in den Megastädten mit viel weniger Wasser auszukommen, sie umweltfreundlich zu heizen und zu kühlen. Wie können wir dazu beitragen, den Müll zu entsorgen, neue Epidemien in den Griff zu bekommen, die Menschen energiesparender als bisher von einem Ort zum anderen zu transportieren? Eine Reihe von europäischen Hochschulen und Unternehmen arbeiten daran, diese Fragen zu beantworten. Finden sie Lösungen, schaffen sie nicht nur bei uns Arbeitsplätze. Sie tragen auch dazu bei, Konflikte in Asien zu verhindern.

All das Wissen wird gebraucht. Unsere Zukunft ist, wie dieses Buch beschrieben hat, mit Asien verknüpft. Die Europäer müssen dazu beitragen, jene Probleme zu lösen, die geschildert wurden. Nur dann können wir zuversichtlicher sein für uns und die nächsten Generationen.

## Demokratie und Hunger

Es geht aber nicht nur um Wissenschaft, Wirtschaft und Technik, sondern auch um Politik, konkret um die Frage, welche Mehrheiten sich künftig in internationalen

Organisationen durchsetzen. Wie werden wir damit fertig, wenn es Staaten wie China ablehnen, sich zu einem besseren Klimaschutz zu verpflichten, wenn sie sich Themen wie den Menschenrechten verweigern? Eine gemeinsame Strategie der EU ist notwendig. Sie würde helfen, stärker aufzutreten und es gleichzeitig erschweren, dass Peking, wie in der Vergangenheit geschehen, die EU-Länder gegeneinander ausspielen kann.

Es ist im eigenen Interesse Europas, dass sich Länder wie China, Vietnam, Malaysia oder Kambodscha politisch wandeln. Demokratische Staaten haben einen gewichtigen Vorteil: Sie sind weniger angriffsfreudig, sie führen weniger Kriege gegeneinander.

Der Inder Amartya Sen, Nobelpreisträger für Wirtschaft, ist ein ruhiger, besonnener Mann. In Peking ist er häufig zu Gast, um Vorträge zu halten und mit anderen Gelehrten zu debattieren. Sein Maßstab für die Demokratie ist nicht der Krieg, sondern der Hunger.

Keine schwere Hungersnot habe je ein Land mit demokratischer Regierungsform und relativer Pressefreiheit heimgesucht, argumentiert er. Denn dort könne Politik in Frage gestellt und größte Not langfristig abgewendet werden. »Ob wir an die Hungersnöte im Sudan, Äthiopien, Somalia oder in anderen Ländern mit diktatorischen Regimen denken oder in der Sowjetunion in den dreißiger Jahren oder in China zwischen 1958 und 1961 (als zwischen 23 und 30 Millionen Menschen starben) oder derzeit in Nordkorea – wir finden keine Ausnahme zu dieser Regel.«[197]

Die EU und Deutschland haben es sich bereits auf die

Fahnen geschrieben, überall in der Welt die Armut zu bekämpfen, für eine sauberere Umwelt zu sorgen und die Menschenrechte durchzusetzen.

## Liebe in Termez

Um gehört zu werden, muss man allerdings »Vorbild sein«, sagt der Generalsekretär von Amnesty International, Salil Shetty. Wer China kritisiert, dürfe nicht mit zweierlei Maß messen. Es sei zum Beispiel nicht glaubwürdig, einerseits Roma bei Nacht und Nebel außer Landes zu schaffen, wie es 2010 in Paris geschah, andererseits aber gegenüber anderen Staaten darauf zu pochen, die Menschenrechte zu achten, sagt Shetty, der im indischen Bangalore geboren wurde.[198]

Glaubwürdigkeit ist leicht zu verspielen. Das zeigt das Verhalten der Amerikaner und Europäer in Nordafrika und im Nahen Osten. Während sie sich zu Recht darüber erregten, dass in China, Myanmar oder Vietnam Anwälte, Priester oder Regierungskritiker in den Gefängnissen verschwanden, waren ihre Reaktionen gegenüber Ägypten, Tunesien, Saudi-Arabien oder Libyen viel verhaltener.

Fragwürdig ist die Rolle der Bundesrepublik im autoritären Usbekistan. Nach dem Massaker in Andischan 2005 verhängte die EU ein Waffenembargo gegen das Regime von Präsident Islam Karimow. Es war die Berliner Regierung, die es offenbar unterlief, indem die Bundeswehr weiterhin usbekische Soldaten ausbildete.

Und sie drängte darauf, die Sanktionen 2009 wieder aufzuheben, obwohl Usbekistan weiterhin Kritiker unterdrückte und keine internationale Untersuchungskommission zugelassen hatte. All das hatte einen triftigen Grund: Berlin brauchte das Flugfeld im usbekischen Termez an der afghanischen Grenze für Bundeswehrmaschinen, die deutsche Soldaten in Afghanistan versorgen. »Die Usbeken wollten geliebt werden, da haben wir sie eben ein bisschen zurückgeliebt«, erklärte mir ein Berliner Diplomat.

Ein solches Verhalten stärkt nicht die Glaubwürdigkeit der Deutschen in Asien. Das trifft auch auf das Verhalten der Amerikaner gegenüber dem ehemaligen Präsidenten Kirgisiens, Kurmanbek Bakijew, zu. Um ihren Stützpunkt auf dem Flughafen Manas zu sichern, sollen US-Diplomaten in Bischkek korrupte Geschäfte gefördert haben, heißt es in der Hauptstadt Kirgisiens – ein Auftrag für den Clan Bakijews hier, ein anderer dort, vielleicht für ein paar Dollar mehr als notwendig.

## Ängstlicher Blick über die Schulter

All jenen, die davon träumen, dass sich Europa ein Beispiel an der nach ihrer Ansicht so wunderbar effektiven KP-Führung nehmen sollte, empfehle ich, den Pekinger Professor für Außenpolitik, Wang Jisi, anzuhören: »Im Ernst, wie viele Länder wollen schon von Chinas Erfahrungen lernen?«, fragt er. Höchstens einen Aspekt könnten sie sich abgucken: Wie der Staat erfolgreich in die Wirtschaft eingreift. Hinter Chinas Boom stehe eine »effiziente, zentralisierte und mächtige Regierung unter der starken und korrekten Führung der Kommunistischen Partei«.

Im Klartext: Wer das Pekinger Modell nachahmen will, braucht eine Diktatur. Wang hält deshalb nichts von den Sympathisanten des Pekinger Modells. Nicht das Ausland müsse sich reformieren, sondern China sich selbst, sagt er.

Bis es so weit ist, dürfen Europäer nicht das Argument von Politikern in China und anderen asiatischen Ländern akzeptieren, der Einsatz für den Respekt der Menschenrechte sei eine »Einmischung in innere Angelegenheiten« und eine »Verletzung staatlicher Souveränität«. Das ist er nicht. Menschenrechte sind universal und keineswegs ein »westliches« Konzept. Redefreiheit sichert die Würde eines jeden Menschen. In China und anderen Ländern Asiens wie Vietnam, Myanmar, Laos oder Kambodscha sitzen Menschen in Haft, weil sie genau dieser Ansicht sind. Wahrheitsgetreu über die Geschichte und über aktuelle Probleme sprechen zu können, gehört ebenso zu den Grundrechten wie etwa die Freiheit, ohne Furcht ein Behördengebäude zu betreten.

Ich hatte als Journalist das Privileg, in demokratischen, halbdemokratischen und undemokratischen Gesellschaften zu arbeiten. In China sind einige meiner Gesprächspartner im Gefängnis verschwunden, der ängstliche Blick über die Schulter war für sie zur Gewohnheit geworden. Unvergessen ist mir die kollektive Begeisterung vieler Taiwaner, als sie 2000 die lange herrschende Nationale Volkspartei (Kuomintang) abwählten. Tief beeindruckt hat mich, mit welcher Würde und Ernsthaftigkeit kambodschanische Bauern 1998 bei den ersten von Phnom Penh selbst organisierten Wahlen in brütender Hitze darauf warteten, ihre Stimme abgeben zu können. In diesen Momenten erinnerte ich mich an jene, die behaupteten, Asiaten seien »nicht reif« für eine Demokratie.

Das Argument, es seien einzigartige »asiatische« Werte und Traditionen, auf denen der wirtschaftliche Erfolg basiere, erweist sich bei genauem Hinsehen ebenfalls als brüchig: Stets stecken konkrete Entscheidungen über Landreform, Investitionen, Löhne oder Eigentumsrechte hinter ökonomischen Fortschritten. Die asiatischen Werte und der Konfuzianismus bestimmen zwar den Alltag vieler Asiaten. Gleichzeitig dienen sie zu oft als ideologische Waffe jener, die ihre Macht nicht verlieren wollen.

Der kanadische Jurist Donald Clarke hält die ganze Debatte darüber, ob etwas den chinesischen Traditionen entspricht, für »reine Zeitverschwendung«. Denn China lebe gar nicht nach einem asiatischen, sondern nach einem europäischen Modell: Die Idee eines Einparteiensystems, das sich dem Marxismus verschreibe, sei »westlich«.[199]

Kurz nachdem der wegen vermeintlicher Steuervergehen festgesetzte Künstler und Parteikritiker Ai Weiwei im Juni 2011 auf Kaution freigelassen worden war, reiste Chinas Premier Wen Jiabao mit großem Gefolge nach Europa, in Berlin traf man sich zu sogenannten Regierungskonsultationen. China, argumentierte Außenminister Guido Westerwelle, sei »Aufsteiger der letzten zwei Jahrzehnte«, eine »strategische Partnerschaft« aus wirtschaftlichen und politischen Gründen wichtig.[200]

Die Deutschen warben für einen besseren Umgang mit Kritikern und Journalisten und plädierten für Rechtsstaatlichkeit in China – wie es mittlerweile zum Ritual solcher Begegnungen gehört. Gefruchtet haben diese Ermahnungen bislang nicht. Mit dem großen Bahnhof schafften die Berliner vor allem eins: Sie gaben der Pekinger Regierung Gesicht und verstärkten den Eindruck, dass ihr schon alles verziehen werde, wenn sie nur mit lukrativen Wirtschaftsverträgen locke. Und tatsächlich unterschrieben beide Seiten Geschäfte im Wert von rund zehn Milliarden Euro.

Die EU und Deutschland führen mit asiatischen Staaten bereits eine Reihe von Gesprächen, mit China etwa den Menschenrechts- und den Rechtsstaatsdialog. Das ist sinnvoll, denn bessere Gesetze nutzen allen: den einheimischen Arbeitern wie den ausländischen Kaufleuten und Investoren – vor allem, wenn sie vor Gericht durchgesetzt werden können. Doch eines haben diese Treffen bislang nicht gebracht: Die Einsicht der Regierenden, dass auch sie sich Gesetzen unterwerfen müssen. Die KP versteht sich als Herrin über das Recht, das sie den Bürgern nach Gutdünken gewähren oder entziehen darf. Sie spricht von der »Herrschaft durch die Gesetze« und nicht von der »Herrschaft des Gesetzes«.

Die Gesetze könnten »Störenfriede« nicht schützen, erklärte Außenamtssprecherin Jiang Yu im Frühjahr 2011. China ist, wie zuvor beschrieben, nach wie vor ein Land, in dem Bürger verschwinden. Der Eindruck wird immer stärker, dass die Pekinger Regierung die Dialoge lediglich dazu nutzt, Kritik aus dem Ausland abzuwehren. Man sollte sich von der Illusion verabschieden, dass sie einen Wandel herbeiführen werden.

## Kritik schadet nicht

Schauen wir deshalb auf jene, die in China viel Geld verdienen. Die Manager großer und kleiner Unternehmen sollten mutiger sein. Anstatt aus Angst um lukrative Verträge zu schweigen oder gar um Verständnis für Autokraten zu werben, wäre es angebracht, sich aktiv für politische Rechte auszusprechen. Informationsfreiheit, Transparenz und Rechtssicherheit helfen ihren Geschäften.

Wenn Wirtschaftsimperien wie die Deutsche Bank, Siemens oder die BASF mit dem Hinweis, zu Hause machten sich die Aktionäre über das Schicksal von Bürgerrechtlern Sorgen, zu einem milderen Umgang mit den Menschen mahnen, die auch ihre Kunden sind, wird dies KP-Funktionäre mehr beeindrucken, als wenn Journalisten oder Nichtregierungsorganisationen wie Amnesty International die Stimme erheben. Der Einwand, Kritik werde den Geschäften schaden, ist nicht stichhaltig. Denn die Chinesen müssen reagieren: Sie sind auf Investitionen und Technik aus dem Ausland angewiesen.

Seltsam, dass die Wirtschaftsriesen mit vielen Milliarden Euro in der Bilanz gegenüber chinesischen Funktionären so kleinlaut werden. Sie betrieben Wirtschaft und keine Politik, sagen sie. Ich habe Repräsentanten deutscher Unternehmen getroffen, deren chinesische Geschäftspartner, mit denen sie sich jahrelang zu Sitzungen und Abendessen getroffen hatten, plötzlich unter Korruptionsverdacht verhaftet wurden und die es nicht wagten, sich nach ihrem Schicksal zu erkundigen.

Es geht auch anders. Der ehemalige Chef des Verbandes der Deutschen Industrie, Hans-Olaf Henkel, forderte nach dem Verschwinden des Künstlers Ai Weiwei Anfang April 2011 seine Kollegen auf, klarer Stellung zu beziehen: »Angesichts seines gewaltigen militärischen Potenzials ist Chinas Demokratisierung auch für uns von größtem strategischem Interesse, schließlich hat noch nie eine Demokratie eine andere angegriffen.« Sein Fazit: »Ai Weiwei kämpft auch für uns.«[201]

Chinesische Funktionäre betonen immer wieder die Einzigartigkeit ihres Landes, seiner Kultur und seiner Geschichte. Damit haben sie recht. Nur: Jedes Land auf dieser Welt ist in seiner Kultur und Geschichte einzigartig. Weder China noch andere asiatische Staaten bilden hier eine Ausnahme. Deshalb sollte Europa klar auftreten und legitime Interessen durchsetzen, energischer als bisher auf den Schutz der Menschenrechte pochen, immer wieder nach einzelnen Schicksalen fragen – und genauso auftreten wie einst gegenüber der

Sowjetunion mit ihren Gulags. »Wenn wir das nicht getan hätten«, sagt der frühere Gouverneur Hongkongs, Chris Patten, »hätten wir unsere eigenen moralischen Ansprüche beschädigt.«

Ich gebe Patten noch in einem anderen Punkt recht: »Wenn andere Menschen, und wir reden nicht von nur ein paar, sondern von Tausenden, ohne Furcht vor willkürlichem Arrest und Folter leben können«, sagt Patten, dann sei das im Interesse eines jeden Landes: »Freie Gesellschaften sind die besseren Nachbarn.«[202]

Tun wir alles für eine gute Nachbarschaft mit Asien.

# Dank

Ich danke allen, die mich beim Schreiben dieses Buches unterstützt haben. Das ist in erster Linie meine Frau und Kollegin Jutta Lietsch, die mir mit unendlicher Geduld und vielen Ratschlägen half. Mein SPIEGEL-Kollege Rüdiger Falksohn hat stilistische Fehler ausgemacht und mit freundlicher Bissigkeit Standpunkte in Frage gestellt. Rainer Szimm überprüfte gründlich Fakten und Quellen.

Viele Anregungen und Kenntnisse habe ich meinem Freund, dem österreichischen Botschafter in Peking, Martin Sajdik, zu verdanken. Jörg M. Rudolph gab mir Nachhilfe in Sachen Konfuzius, Michael Pulch und Piotr Gillert brachten mir Europa näher. Und da waren nicht zuletzt die Kollegen Stefan Simons, Padma Rao, Thilo Thielke, Ekta Kapoor, Simon Long, Derek Deng, Renate Wilke-Launer, Ekkehard Launer und Lutz Mahlerwein, die mir, jeder auf seine Weise, zur Seite standen.

# Anmerkungen


1 Francis Fukuyama: »The End of History and the Last Man«, Free Press, New York, 1992

2 Kishore Mahbubani: »The New Asian Hemisphere«, Public Affairs, New York, 2008

3 Im indischen Sender NDTV, 19.11.2008, http://www.youtube.com/watch?v=YBW4BwikJOk

4 Ivan Krastev: »A retired Power«, The American Interest, July–August 2010

5 Azar Gat, David Deudney, G. John Ikenberg, Ronald Inglehart, Christian Welzel: »Which Way is History Marching? Debating the Authoritarian Revival«, Foreign Affairs, July–August 2009

6 Martin Jacques: »When China Rules the World«, Allen Lane, Penguin Group, London 2009

7 Wikileaks, 28.03.2009, Dokument des US-Außenministeriums, »Secretary of State:(u), Secretary Clinton, March 24, 2009«

8 Radio Programme Code, http://www.getforme.com/Info_singaporelaw.htm

9 Mohan Guruswamy, Zorawar Daulet Singh: »Chasing the Dragon – Will India catch up with China?«, Dorling Kindersley, New Delhi, 2010

10 Amartya Sen: »Quality of Life: India vs. China«, The New York Review of Books, 12.05.2011,

http://www.nybooks.com/articles/archives/2011/may/12/quality-life-india-vs-china/?pagination=false
11 »Forsche Schritte nach Lateinamerika«, FAZ, 24.09.2010
12 Alain Gresh: »Eine chinesische Metro für Mekka«, Le Monde diplomatique, Januar 2011
13 Angus Maddison: »The World Economy: A millennial perspective«, OECD Development Centre Studies, 2001
14 Jan Willem Blankert: »China Rising – Will The West be able to cope?«, World Scientific Publishing, Singapore, 2009
15 »Schlicht falsch«, Wirtschaftswoche, Nr. 47, 16.11.2009
16 »Asian Property Market Leaps 59 %, Stoking Bubble Fears«, Jakarta Globe, 19.04.2011
17 zitiert nach Deutsche Bank Research, Aktuelle Themen 468, Dezember 2009
18 Outlook 2010-Update, Asian Development Bank, Manila, 2010
19 siehe Jørgen Ørstrøm Møller: »How Asia can shape the world«, Institute of Southeast Asian Studies, Singapore, 2011
20 China Daily, 18.01.2011
21 Stefan Halper: »The Beijing Consensus«, Basic Books, New York, 2010
22 »Schluss mit den Belehrungen«, Der Spiegel, 21/2008
23 Andreas Lorenz, Jutta Lietsch: »Das andere China«, wjs-Verlag, Berlin, 2007
24 Reuters, 18.01.2011
25 Abdoulaye Wade: »Time for the west to practise what it preaches«, Financial Times, 23.01.2008
26 »China macht es in Afrika besser als wir«, Stuttgarter Zeitung, 05.08.2009
27 Moneynews, »Soros, Murdoch praise China«, 17.11.2010
28 Thomas L. Friedman: »Our One-Party Democracy«, New York Times, 09.09.2009
29 »In Chinese Communist Party, Russia's Rulers See a Role Model for Governing«, New York Times, 18.10.2009
30 dpa, zitiert nach bild.de, 11.12.2010

31 CIHD-Magazin Chinesischer Industrie- & und Handelsverband e.V. in Deutschland, Ausgabe 5, August 2008
32 »Wir umarmen den Teufel nicht«, Der Spiegel 44/1997
33 Lee Kuan Yew: »The Singapore Story: Memoirs of Lee Kuan Yew, Prentice Hall, Singapore, 1999
34 »Ein schrecklicher Taifun«, Der Spiegel 15/1998
35 Simon S. C. Tay: »Asia Alone«, John Wiley & Sons, Singapur 2010
36 siehe Wieland Wagner: »Der Zornige«, Der Spiegel 14/2011
37 Han Sung Joo: »Keynote-Speech, Launch of the Center for the Study of Governance«, Workshop, Jakarta, 2008
38 http://freedomhouse.org/images/File/fiw/FH_rMOF_AP_2011_2.pdf
39 siehe Patrick French: »India – A Portrait«, Penguin Books, London 2011
40 Einen guten Einblick in die Hintergründe der thailändischen Politik bietet das in Thailand verbotene Buch von Paul M. Handley: »The King never smiles«, Yale University Press, New Haven and London, 2006
41 siehe Francis Fukuyama, der in »The End of History and The Last Man« die japanische Kungelpolitik beschreibt; Wolfgang Merkel hat in »Demokratie in Asien« versucht, die Regierungsformen einzelner Länder auf ihre demokratischen Werte hin zu überprüfen.
42 siehe die Diskussion »The Color of China« by Minxin Pei and Jonathan Anderson, 03.09.2009, http://www.nationalinterest.org/Article.aspx?id=20953
43 Susan L. Shirk: »China-Fragile Superpower«, Oxford University Press, 2007
44 siehe u. a.: Frank Dikötter: »Mao's Great Famine, The History of China's Most Devastating Catastrophe, 1958–1962«, Walker & Company, New York, 2010, und Jaspar Becker: »Hungry Ghosts: Mao's Secret Famine«, Henry Holt and Company, New York, 1996
45 Gao Xu: »State-owned enterprises in China: How big are they?«, Worldbank-Blogs, 19.01.2011,

http://blogs.worldbank.org/eastasiapacific/state-owned-enterprises-in-china-how-big-are-they

46 siehe Richard McGregor: »The Party – The Secret World of China's Communist Rulers«, HarperCollins, New York, 2010

47 siehe »Wahre Demokratie«, in: »Die enthüllte Supermacht – Amerikas Geheim-Depeschen«, SPIEGEL Special Nr. 1, Dezember 2010

48 ebd.

49 siehe Sanger und Wines: »Chinas Leader's come to focus as US-visit nears«, New York Times, 16.01.2011

50 Andreas Lorenz, Jutta Lietsch: »Das andere China«, wjs-Verlag, Berlin, 2007

51 Richard McGregor: »The Party – The Secret World Of China's Communist Rulers«, HarperCollins, New York, 2010

52 Willy Lam: »Hu Jintao Picks Core Sixth-Generation Leaders«, China Brief Volume: 9, Issue: 10, May 15th, 2009, Jamestown Foundation

53 Wong, Ansfield: »In China, Hu's successor is being quietly groomed«, New York Times, 23.01.2011

54 »Roter als rot«, in: »Die enthüllte Supermacht – Amerikas Geheim-Depeschen«, SPIEGEL Special Nr. 1, Dezember 2010

55 Wong, Ansfield: »In China …« New York Times, 23.01.2011

56 Ebd.

57 Xinhua 8. September 2010, Volkszeitung, 10.09.2010

58 »Roter als rot«, in »Die enthüllte Supermacht – Amerikas Geheim-Depeschen, SPIEGEL Special Nr. 1, Dezember 2010

59 Cheng Li: »China's Team of Rivals«, Foreign Policy, March/April 2009

60 siehe »Die enthüllte Supermacht – Amerikas Geheim-depeschen, SPIEGEL Special Nr. 1, Dezember 2010

61 Richard Spencer: »Tiananmen Generation could rule China«, The Telegraph, 11.10.2007

62 »Chinese Leader Offers a Glimpse of the Future«, New York Times, 28.01.2010

63 »Chongqing-SW China mega-city building huge security system«, AFP 08.03.2011

64 Zhang Wen, http://chinageeks.org/2010/04/zhang-wen-bo-xilai-and-mao-zedong/#footnote_1_2918

65 Willy Lam: »Heir apparent showing his stripes«, Asia Times, 22.12.2010, http://www.atimes.com/atimes/China/LL22Ad01.html

66 Kathrin Hille: »Chinese internet censors boast of good year«, Financial Times, 30.10.2010

67 Wu Jianmin, »Past, Present and Future«, China Security, Vol. 4 Nr. 3, 2008.

68 Webseite der chinesischen Botschaft in Berlin, http://big5.fmprc.gov.cn/gate/big5/de.china-embassy.org/det/zt/Themen/

69 siehe »China's Aggressive New Diplomacy«, Wall Street Journal, http://online.wsj.com/article/SB10001424052748704483004575523710432896610.html

70 Mitglieder der G 20: Deutschland, USA, Großbritannien, Frankreich, Japan, China, Brasilien, Russland, Indien, Australien, Südafrika, Kanada, Mexiko, Argentinien, Südkorea, Indonesien, Saudi-Arabien, Türkei, die EU, Italien

71 Erklärung auf dem 22. Treffen des Internationalen Währungs- und Finanzkomitees des IWF, 09.10.2010, Washington.

72 »China proposes global finance pact«, The Wall Street Journal, 11.10.2010

73 John Lipsky: »Realizing the Potential of Asia's Developing Economies«, Hanoi, March 22, 2010

74 Robert Weissman: »A New Life for the IMF: Capitalizing on Crisis«, Toward Freedom, http://www.towardfreedom.com/globalism/1612-a-new-life-for-the-imf-capitalizing-on-crisis

75 siehe Linda Jakobson, Dean Knox: »New Foreign Policy Actors in China«, Sipri-Policy Paper No. 26, Stockholm, 2010

76 »China's quiet power grab«, The Washington Post, 28.09.2010
77 Noam Chomsky: »Chinas Growing Independence and the New World order«, In These Times, 05.10.2010, http://www.inthesetimes.com/main/print/6499/
78 David Shambaugh, The Washington Quarterly, 2011
79 Paul Krugman: »Chinese New Year«, New York Times, 31.12.2009
80 Bloomberg Businessweek, 12.03.2010
81 C. Fred Bergsten und andere: »China's Rise«, Peterson Institute for International Economics, Washington, 2009
82 »The Chinese Exchange Rate«, Peterson Institute for International Economics, http://www.iie.com/research/topics/hottopic.cfm?HotTopicID=3
83 Lang Xianping: »China's wealth vanishes into foreign pockets«, Global Times, 26.09.2010
84 Bloomberg Businessweek, 18.03.2010
85 Paul Kennedy: »Don't surrender US-Influence to Beijing«, International Herald Tribune, 30.09.2010
86 Johan Lagerkvist: »Westward Ho: Asians March into Africa«, Yale Global Online, 16.03.2011
87 Stefan Halper: »The Beijing Consensus«, Basic Books, New York, 2010
88 »Beijing blocks talks on tackling Iran Nuclear threats«, The Times, 18.01.2010
89 »China Failing to Enforce Nuclear-Weapons Sanctions on Iran, Expert Says«, Bloomberg, 14.01.2011
90 »Chinese Spy Centre taps Diplomats?«, The Zimbabwean, 02.03.2011
91 Davis Smith and agencies: »China poised to pore $10bn into Zimbabwe's ailing economy«, guardian.co.uk, 01.02.2011
92 »Göttinger Volkswirte: China reagiert auf Empfänge des Dalai Lama mit Handelsreduktionen«, Pressemitteilung der Wirtschaftswissenschaftlichen Fakultät der Georg-August-Universität Göttingen 234/2010

93 Frank Ching: »China and Liu Xiaobo's Nobel Prize: The end of ›Peaceful Rise‹?« in: OpinionAsia, http://opinionasia.com/node/834
94 Richard Gowan, Franziska Brantner: »A Global Force for Human Rights? An Audit of European Power at the UN«, Policy Paper, European Council On Foreign Relations, London 2008
95 Niall Ferguson: »Not two countries, but one: Chimerica«, The Telegraph, 04.03.2007, http://www.telegraph.co.uk/comment/personal-view/3638174/Not-two-countries-but-one-Chimerica.html
96 siehe Evan Osnos: »Strategic Reassurance«, Letter from China, The New Yorker, 06.10.2009
97 Daniel Dombey: »US struggling to hold role as global leader, Clinton says«, Financial Times, 02.03.2011
98 Liu Ming: »No need to worry about Obama's East Asia strategy«, China.org.cn, 12.11.2010
99 Linda Jakobson, Dean Knox: »New Foreign Policy Actors in China«, Sipri-Policy Paper No. 26, Stockholm 2010
100 siehe die Rolle von ASEAN in Simon S. C. Tay: »Asia Alone«, Wiley & Sons, Singapore, 2010
101 siehe die Webseite von Human Rights Watch, http://www.hrw.org/en/news/2009/02/25/letter-ASEAN-secretary-general-surin-pitsuwan
102 siehe Anthony Milner: »›Asia‹ Consciousness and Asian Values«, http://www.anu.edu.au
103 Murie Dickie: »DPJ-chief hits at ›US-led‹ globalism«, Financial Times, 10.08.2009
104 Jaswant Singh: »Chinas ›great game‹ is dangerous play«, South China Morning Post, 28.09.2010
105 »MM: US key in East Asia«, The Straits Times, 29.10.2009
106 siehe Daniel Allen: »China in Laos: Counting the cost of progress«, AsiaTimes, 29.09.2009, http://www.atimes.com/atimes/Southeast_Asia/KI19Ae01.html, und Nga Pham: »China moves into laid-back Laos«, BBC News 08.04.2008, http://news.bbc.co.uk/2/hi/7329928.stm

107 Michael Richardson: »Dams in China Turn the Mekong Into a River of Discord«, Yale Global, 16.07.2009, http://yaleglobal.yale.edu/content/dams-china-turn-mekong-river-discord

108 http://english.peopledaily.com.cn/90001/90778/90861/7080749.html
Zum Vergleich: ASEAN und die 27 Staaten der EU kamen auf ca. 171 Milliarden. Auch Indien, Japan und Südkorea sind inzwischen dem Beispiel Chinas gefolgt und haben Freihandelsabkommen mit den ASEAN-Staaten vereinbart.
http://www.ASEANsec.org/stat/Table19.pdf

109 Rick Rozoff: »The Shanghai Cooperation Organization: Prospects For A Multipolar World«, Anti NATO, August 29, 2009

110 siehe »Charta of the Shanghai Cooperation Organisation«, 07.05.2009
http://www.sectsco.org/EN/show.asp?id=69

111 »China-Kazakhstan high-speed railway contract sealed«, http:www.english.peopledaily.com.cn/90001/90778/7296772.html

112 »China Quietly Extends Footprints Into Central Asia«, New York Times, 02.01.2011

113 Richard Weitz: »Peace Mission 2010«, China Brief, Jamestown Foundation, VolumeX, Issue 20, October 8, 2010

114 »Counter-Terrorism and Human Rights: The Impact of the Shanghai Cooperation Organization«, A Human Rights in China Whitepaper, New York, Hongkong, 2011

115 UzReport, 28.11.2005

116 Huang Tiancai, Huang Zhaoxing: »Jinhanmeixiang: Gu Zhenfu rensheng jishi«, Lianjing Chubanshi, Taipei, 2005

117 International Crisis Group: »North Korea: The Risks Of War In The Yellow Sea«, Asia Report N°198, 23.12.2010

118 Ebd.

119 Rediff India Abroad, 14.11.2006, http://www.rediff.com/news/2006/nov/14china.htm

120 »Report: Chinese troops cross into Indian territory«, AP, 10.01.2011

121 »Delhi ist irritiert über Pekings Muskelspiel«, Neue Zürcher Zeitung, 15.12.2010

122 Scheerer, Raszelenberg: »China, Vietnam und die Gebietsansprüche im Südchinesischen Meer«, Mitteilungen des Instituts für Asienkunde, Band 350, Hamburg 2002

123 Monique Chemillier-Gendreau: »Sovereignty over the Paracel and Spratly Islands«, Kluwer Law International

124 Clive Schofield, Ian Storey: »The South China Sea dispute. Increasing stakes and rising tensions«, Jamestown Foundation, November 2009

125 Territorial Disputes among Japan, China and Taiwan concerning the Senkaku … Von Seokwoo Lee, International Boundaries Research Unit, Boundary and Territory Briefing, Volume 3, Number 7

126 http://ampontan.wordpress.com/tag/okinawa/

127 »China warns against S. China Sea oil exploration«, AFP, 24.03.2011

128 http://www.mfa.gov.cn/eng/zxxx/t719460.htm

129 »Beijing signs accords with ASEAN neighbors«, The Washington Post, 05.11.2002

130 »China actions meant a test Hillary Clinton says«, The Australian, 09.09.2010, http://www.theaustralian.com.au/national-affairs/china-actions-meant-as-test-hillary-clinton-says/story-fn59niix-1225949666285

131 Berichte der Fischer in: Sanlian-Magazin, Ausgabe 46, 15.11.2010

132 »ADB warns on China's long-term growth«, Financial Times, 28.10.2010

133 Stephen Roach: »The Next Asia«, John Wiley & Sons, Hoboken, 2009

134 siehe die Diskussion »The Color of China« by Minxin Pei and Jonathan Anderson, 3.9.2009, http://www.nationalinterest.org/Article.aspx?id=20953
135 Guo Shuqing: »Fertile Ground«, China Daily, 22.01.2010
136 John Lee: »The End of the Charm Offensive«, Foreign Policy, 26.10.2010
137 Gilboy, Heginbotham: »China's Dilemma«, Foreign Affairs, 14.10.2010
138 Yu Yongding: »A different road forward«, China Daily, 23.12.2010
139 »Wen Jiabao sees Billionaires in Congress as Wealth Gap Widens«, Bloomberg, 04.03.2011
140 Robert S. England: »Aging China. The Demographic Challenge to China's Economic Prospects«, Center for Strategic and International Studies, Washington, 2005
141 Feng Wang: »China's Population Destiny: The Looming Crisis«, Brookings, September 2010, http://www.brookings.edu/articles/2010/09_china_population_wang.aspx
142 Wang Haitao: »China wird alt, bevor es wohlhabend wird«, China Research Center on Aging, September 2009, in: http://www.de-cn.net/dis/dem/de4961565.htm
143 Gong Jing: »Heavy metals tainting China's rice bowls«, Caixin Online 14.02.2011, http://www.marketwatch.com/story/chinas-rice-contaminated-with-heavy-metals-2011-02-14
144 Jacobs: »China issues warning on climate and Growth, New York Times, 28.02.2011
145 BBC 06.03.2007 http://news.bbc.co.uk/2/hi/6421303.stm
146 »3 km Thick Cloud of Pollution hangs over Asia«, The Telegraph, 13.11.2008
147 Reuters 23.11.2010, http://news.bbc.co.uk/2/hi/6421303.stm
148 »Asia's Next Challenge: Securing the Region's Water Future, A report by the Leadership Group on Water Security in Asia, Asia Society, April 2009, http://asiasociety.org/files/pdf/WaterSecurityReport.pdf

149 Brahma Chellaney: »China-India Clash Over Chinese Claims to Tibetan Water«, The Asian-Pacific-Journal-Japan Focus, 03.07.2007, http://www.japanfocus.org/-Brahma-Chellaney/2458
150 »China internal security spending jumps past army budget«, Reuters, 05.03.2011
151 »Premier: China's military expenditure at very low level in world«, Xinhua News, 16.03.2007, http://news.xinhuanet.com/english/2007-03/16/content_5856051.htm
152 http://www.zeit.de/online/2009/31/indien-atom-u-boot
153 siehe Robert Kaplan: »Center Stage for the Twenty first Century – Power Plays in the Indian Ocean«, Foreign Affairs, March–April 2009
154 »Japan alarmed by China ›threat‹«, BBC-Online, 22.12.2005, http://news.bbc.co.uk/2/hi/asia-pacific/4551642.stm
155 Markus Tidten: »Japans Militär – Neuer Auftrag und alte Grenzen?«, Stiftung Wissenschaft und Politik, Juni 2003
156 sueddeutsche.de, 18.12.2010, http://www.sueddeutsche.de/C5r38Y/3792834/Japan-erneuert-Militaer-Strategie.html
157 siehe Willy Lam: »China's Quasi-Superpower Diplomacy: Prospects and Pitfalls«, Jamestown Foundation, Washington, 2009
158 Ananth Krishnan: »China must recover territory ›looted‹ by neighbours, said PLA General«, The Hindu, 21.12.2010
159 Kathrin Hille: »Beijing Smile for Gates Conceals Tensions«, Financial Times, 07.01.2011
160 John Garnaut: »Chinese general rattles sabre«, Sidney Morning Herald, 23.05.2011
161 Zhao Xijun (ed): »Intimidation warfare: A Comprehensive Discussion on Missile Deterrence«, National Defence University Press, Beijing, May 2005
162 Ronald O'Rourke: »China Naval Modernization: Implications for U.S. Navy Capabilities – Background and

Issues for Congress«, Congressional Research Service, December 2010, http://www.fas.org/sgp/crs/row/RL33153.pdf

163 »China satellite launch counters US dominance«, South China Morning Post, 02.11.2010

164 The Economist: »The fourth modernisation«, 04.–10.12.2010

165 siehe Willy Lam: »China's Quasi-Superpower Diplomacy: Prospects and Pitfalls«, Jamestown Foundation, Washington, 2009

166 Ni Lexiong: »Seapower and Chinas Development«, The Liberation Daily, 17.05.2005, http://www.sciso.org/Article/Scholar/stratagem/NiLexiong/200609/217.html

167 »First confirmation of China's plan to build aircraft carriers«, South China Morning Post, 19.12.2010

168 Reuters, 23.12.2010

169 http://www.youtube.com/watch?v=TkFR42mblKU

170 HWWI-Wirtschaftsdienst 2010

171 »Billigsofas aus Fernost setzen der deutschen Möbelindustrie zu«, FAZ, 28.12.2010

172 siehe Anthony Faiola: »Germany seizes on big business in China«, Washington Post, 18.09.2010

173 »Deutscher Werkzeugmaschinenbau in China – neuer Handlungsdruck für deutsche Unternehmen«, Studie von Struktur Management Partner, Köln, Oktober 2010

174 Jürgen Hambrecht: »Der Aufstieg Asiens – Chancen, Optionen, Herausforderungen«, Ansprache beim Wirtschaftstag der Botschafter-Konferenz 2007, Auswärtiges Amt 04.09.2007, http://www.asien-pazifik-ausschuss.de/de/positionen/_download/Hambrecht_Rede_AA_BoKo0709.pdf

175 siehe »China bald größter Investor in Deutschland«, Webseite des chinesischen Generalkonsulats in Frankfurt, http://frankfurt.china-consulate.org/det/zg/t811112.htm

176 AFP, 05.01.2011

177 »China setzt von Piräus aus zum großen Sprung nach Europa an«, Tages-Anzeiger – Online, 03.10.2010

178 »Griechenland: Hafen Piräus von Chinesen übernommen«, Arte-Video, 18.06.2010, http://videos.www4.arte.tv/de/videos/griechenland_hafen_piraeus_von_chinesen_uebernommen-3282358.html

179 Introductory remarks by Herman van Rompuy, President of the European Council, at the 8th Asia-Europe Meeting (ASEM), Brussels, 04.10.10, PCR 204/10, http://www.consilium.europa.eu/uedocs/cms_data/docs/pressdata/en/ec/116876.pdf

180 European Business in China, Position Paper, Executive Summary, 2020/2011, http://www.europeanchamber.com.cn/images/documents/marketing_department/beijing/publications/2010/executive_summary.pdf

181 Jamil Anderlini: »German industrialists attack China«, Financial Times, 18.07.2010, http://www.ft.com/cms/s/0/e57a722a-928f-11df-9142-00144feab49a.html#axzz1QbtgMg00

182 Hanns Günther Hilpert: »Chinas globale wirtschaftliche Herausforderung«, Berlin, Dezember 2010

183 AP, 05.07.2010

184 ASEM-Mitglieder sind: Belgien, Brunei, Bulgarien, China, Dänemark, Deutschland, Estland, Finnland, Frankreich, Großbritannien, Griechenland, Indien, Indonesien, Irland, Italien, Japan, Kambodscha, Laos, Lettland, Litauen, Luxemburg, Malaysia, Malta, Mongolei, Myanmar (Burma), Niederlande, Österreich, Pakistan, Philippinen, Polen, Portugal, Rumänien, Singapur, Slowakei, Slowenien, Spanien, Schweden, Thailand, Tschechien, Ungarn, Vietnam, Zypern, das ASEAN-Sekretariat und die EU-Kommission

185 siehe das Asienkonzept des Bundesministeriums für Bildung und Forschung 2002, das Asienkonzept des Auswärtigen Amtes 2002, die Asienstrategie des Bundesministeriums für wirtschaftliche Zusammen-

arbeit 2001, die Wirtschaftsstrategie Asien-Pazifik des Bundesministeriums für Wirtschaft und Arbeit 2001 http://www.asienhaus.de/index.php?LINK=19&ULINK=1&UULINK=0

186 »Asien als strategische Herausforderung und Chance für Deutschland und Europa«, Asienstrategie der CDU / CSU-Bundestagsfraktion, Beschluss vom 23.10.2007

187 Wikileaks, cable 10State013969, 15.12.2010, http://www.wikileaks.ch/cable/2010/02/10STATE13969.html

188 John Fox, François Godement: »A Power Audit of EU-China Relations«, Policy Report, London, 2009

189 Ebd.

190 Ebd.

191 Gudrun Wacker: »Same same, only different – Chinese-European relations since 2009«, Diskussionspapier, Workshop »Track Two Dialogue on EU-China relations and the Taiwan question«, Shanghai, 5–6 June 2010

192 Ebd.

193 François Godement: »A Global China Policy«, Policy Brief, European Council on Foreign Relations, London 2010

194 »Es ist dumm, Angst zu haben«, Der Spiegel, Nr. 32/2005

195 Jan Willem Blankert: »China Rising: Will the West be able to cope?«, World Scientific, Singapore 2009

196 Mitteilung der Kommission: »EUROPA 2020 – Eine Strategie für intelligentes, nachhaltiges und integratives Wachstum«, Brüssel 2010

197 Amartya Sen: »Human Rights and Asian Values«, Sixteenth Morgenthau Memorial Lecture on Ethics & Foreign Policy, Carnegie Council on Ethics and International Affairs, 1997, http://www.globalcitizen.net/Data/Pages/1613/Papers/20090304171648705.pdf

198 Salil Shetty: »Druck auf China ändern«, FAZ-Net, 16.10.2010,

http://www.faz.net/s/Rub594835B672714A1DB1
A121534F010EE1/Doc~EC8EFED95E5ED48159A1C1C
7958B6648B~ATpl~Ecommon~Scontent.html
199 »In China kann alles heikel sein«, taz, 11., 12., 13.06.2011
200 Mitteilung des Pressereferats des Auswärtigen Amtes, 28.06.2011
201 Hans-Olaf Henkel: »Ai Weiwei kämpft auch für uns«, Welt am Sonntag, 01.05.2011
202 Chris Patten: »East and West«, Macmillan, London, 1998

# Quellen- und Literaturverzeichnis

Anmerkung: Zitate in englischer Sprache aus Artikeln, Büchern und Gesprächen habe ich selbst ins Deutsche übersetzt.

## Bücher

Michael Backman: »Inside Knowledge – Streetwise Asia«, Palgrave Macmillan, Houndsmills, 2005

C. Fred Bergsten und andere: »China's Rise – Challenges And Opportunities«, Peterson Institute For International Economics, Washington, 2009

Bertelsmann-Stiftung (ed.): »Asia: Changing The World«, Verlag Bertelsmann Stiftung, Gütersloh, 2007

Jan Willem Blankert: »China Rising: Will The West Be Able To Cope?«, World Scientific Publishing Co., Singapore, 2009

Jochen Buchsteiner: »Die Stunde der Asiaten – Wie Europa verdrängt wird«, Rowohlt Verlag, Hamburg, 2005

Paul Chambers, Aurel Croissant (co-edited): »Democracy under Stress: Civil-Military Relations in South and Southeast Asia«, Institute of Security and International Studies, Bangkok, 2010

David Chandler und andere: »The Emergence of Modern Southeast Asia«, NUS Press, Singapore, 2010

Brahma Chellaney: »Asian Juggernaut«, HarperCollins, New York, 2010
Patrick French: »India – A Portrait«, Allen Lane, Penguin Books, London, 2011
Ellen L. Frost: »Asia's New Regionalism«, NUS Press, Singapore, 2008
Francis Fukuyama: »The End Of History And The Last Man«, Free Press, New York, 1992
David S. G. Goodman, Gerald Segal: »China Rising – Nationalism and Interdependence«, Routledge, New York, 1997
Mohan Guruswamy, Zorawar Daulet Singh: »Chasing the Dragon – Will India Catch Up with China?«, Dorling Kindersley, New Delhi, 2010
Mohan Guruswamy, Zorawar Daulet Singh: »India China Relations – The Border Issue and Beyond«, Viva Books, New Delhi, 2009
Stefan Halper: »The Beijing Consensus – How China's Authoritarian Model Will Dominate the Twenty-First Century«, Basic Books, New York, 2010
Paul M. Handley: »The King Never Smiles – A Biography of Thailand's Bhumibol Adulyadej«, Yale University Press
Thomas Heberer, Jörg-M. Rudolph: »China – Politik, Wirtschaft und Gesellschaft. Zwei alternative Sichten«, forum hlz, Hessische Landeszentrale für politische Bildung, Wiesbaden, 2010
Samuel Huntington: »Kampf der Kulturen – Die Neugestaltung der Weltpolitik im 21. Jahrhundert«, Siedler, München, 1998
Will Hutton: »The Writing In The Wall – China And The West In the 21st Century«, Little, Brown Book Group, London, 2007
Martin Jacques: »When China Rules the World – The Rise of the Middle Kingdom and the End of the Western World«, Allen Lane, Penguin Books, London, 2009
Yang Razali Kassin (ed.): Strategic Currents – Emerging Trends in Southeast Asia, S. Rajaratnam School of International Studies, Singapore, 2009

Parag Khanna: »Der Kampf um die Zweite Welt – Imperien und Einfluss in der neuen Weltordnung«, Berliner Taschenbuch-Verlag, Berlin, 2009

Mark Leonhard: »What Does China Think?«, Fourth Estate, London, 2008

Christopher Lingle: »The Rise & Decline of the Asian Century – False Starts on the Path to the Global Millenium«, Asia 2000 Limited, Hongkong, 1997

Christine Loh: »Underground Front – The Chinese Communist Party In Hongkong«, Hongkong University Press, Hongkong, 2010

Andreas Lorenz, Jutta Lietsch: »Das andere China – Begegnungen in Zeiten des Aufbruchs«, wjs-Verlag, Berlin, 2007

Kishore Mahbubani: »The New Asian Hemisphere – The Irresistible Shift Of Global Power To The East«, Public Affairs, New York, 2008

Kishore Mahbubani: »Can Asians Think?«, Marshall Cavendish International (Asia), Singapore, 2009

Richard McGregor: »The Party – The Secret World Of China's Communist Rulers«, HarperCollins, New York, 2010

John J. Mearsheimer: »The Tragedy Of Great Power Politics«, W. W. Norton & Company, New York, 2001

Wolfgang Merkel: »Demokratie in Asien – Ein Kontinent zwischen Diktatur und Demokratie», Dietz-Verlag, Bonn, 2003

Jørgen Ørstrøm Møller: »How Asia Can Shape the World – From the Era of Plenty to the Era of Scarcities«, Institute of Southeast Asian Studies, Singapore, 2011

Ann Marie Murphy, Bridget Welsh: »Legacy of Engagement in Southeast Asia«, Institute of Southeast Asien Studies, Singapore, 2008

Chris Patten: »East and West«, Macmillan, London, 1998

Chris Patten: »What Next? Surviving The Twenty-First Century«, Allen Lane, Penguin Group, London, 2008

Stephen Roach: »Stephen Roach on The Next Asia –

Opportunities and Challenges for a New Globalization«, John Wiley & Sons Inc, Hoboken, 2009
Gary J. Schmitt: »The Rise of China – Essays on the Future Competition«, Encounter Books, New York, 2009
Urs Schoettli: »Mehr Indien, weniger China – Deutschland braucht eine neue Asienpolitik«, edition Körber-Stiftung, Hamburg, 2011
Rudolfo C. Severino und andere: »South East Asia in a New Era«, Institute of Southeast Asian Studies, Singapore, 2010
David Shambaugh, Michael Yahuda (eds.): »International Relations of Asia«, Rowman & Littlefield, Lanham, 2008
David Shambaugh: »China's Communist Party – Atrophy And Adaption«, Woodrow Wilson Center Press, Washington, 2008
Susan L. Shirk: »China – Fragile Superpower«, Oxford University Press, New York, 2007
Frank Sieren: »Der China-Schock – Wie Peking sich die Welt gefügig macht«, Econ, Berlin, 2008
David Smith: »The Dragon And The Elephant – China, India and the New World Order«, Profile Books, London, 2007
Simon S. C. Tay: »Asia Alone – The Dangerous Post – Crisis Divide From America«, John Wiley & Sons (Asia), Singapore, 2010
Huang Tiancai, Huang Zhaoxing: »Jinhanmeixiang: Gu Zhenfu rensheng jishi«, Lianjing Chubanshi, Taipei, 2005
Barry Wain: »Malaysian Maverick: Mahathir Mohamad In Turbulent Times«, Palgrave Macmillan, London, 2009
L. Alan Winters, Shahid Yusuf: »Dancing with Giants – China, India And The Global Economy«, World Bank and Institute of Policy Studies (Singapore), Washington, 2007
Brantly Womack (ed.): »China's Rise In Historical Perspective«, Rowman & Kittlefield Publishers, Lanham 2010

## Studien

Asia Society: »Asia's Next Challenge: Securing the Region's Water Future«, A report by the Leadership Group on Water Security in Asia, New York, 2009

Asian Development Bank: »Asia Economic Monitor«, 2010

Asian Development Bank: Outlook 2010, Update: »The Future of Growth in Asia«, Manila, 2010

Asian Development Bank Institute: »Estimating Demand for Infrastructure in Energy, Transport, Telecommunications, Water and Sanitation in Asia and the Pacific: 2010–2020«, Working Paper Series, No. 248, Tokyo, 2010

Asian Development Bank Institute: »EU-Asia Free Trade Areas? Economic and Policy Considerations«, Working Paper Series, No. 255, 2010

Auswärtiges Amt: Aufgaben der deutschen Außenpolitik Südostasien sowie Australien, Neuseeland und Pazifische Inseln am Beginn des 21. Jahrhunderts, Berlin, 2002

Auswärtiges Amt: Aufgaben der deutschen Außenpolitik Südasien – Afghanistan, Bangladesch, Bhutan, Indien, Malediven, Nepal, Pakistan und Sri Lanka am Beginn des 21. Jahrhunderts, Berlin, 2002

Auswärtiges Amt: Aufgaben der deutschen Außenpolitik Ostasien – Japan, Süd- und Nordkorea, Mongolei, China einschl. Hongkong, und Macau, Taiwan am Beginn des 21. Jahrhunderts, Berlin, 2002

CDU/CSU-Bundestagsfraktion: »Asien als strategische Herausforderung und Chance für Deutschland und Europa«, Beschluss vom 23. Oktober 2007

Steffen Dyck: »China, Indien und darüber hinaus – Chancen und Risiken in Asien«, Deutsche Bank Research, Frankfurt, 2007

Economic and Social Commission for Asia and the Pacific (ESCAP): »Economic and Social Survey of Asia and the Pacific 2010«, Bangkok, 2010

Economic and Social Commission for Asia and the Pacific

(ESCAP): »Economic and Social Survey of Asia and the Pacific 2010: Year-end Update«, Bangkok, 2010
European Commission: »Regional Programming for Asia Strategy Document 2007–2013«, 2007
Focus on the Global South: »Revisiting Southeast Asian Regionalism«, Dossier, Bangkok, 2006
John Fox, François Godement: »A Power Audit of EU-China Relations«, Policy Report, European Council of Foreign Relations, London, 2009
Kerstin Geppert: »Die Shanghaier Organisation für Zusammenarbeit – Anti-NATO-Bündnis oder stabilisierender Faktor in Zentralasien?«, Länderbericht, Konrad-Adenauer-Stiftung, Shanghai, 2010
François Godement, Mathieu Duchâtel, Olivier Moncharmont: »Geopolitics on Chinese Terms«, China Analysis, European Council on Foreign Relations, Asia Centre à Sciences Po, London, 2010
François Godement: »A global China Policy«, Policy Brief, European Council in Foreign Relations, London, 2010
François Godement, Mathieu Duchatel, Thomas Vendryes: »Redbacks for Greenbacks: The Internationalisation of the Renminbi«, China Analysis, European Council on Foreign Relations, Asia Centre à Sciences Po, London, 2010
Evelyn Goh: »Rising Power … To Do What? Evaluating China's Power in Southeast Asia«, No. 226, S. Rajaratnam School of International Studies Singapore, Singapore, 2011
Richard Gowan, Franziska Brantner: »A Global Force for Human Rights?« Policy Paper, An Audit of European Power at the Un, European Council of Foreign Relations, London, 2008
Hanns Günther Hilpert: »Chinas globale wirtschaftliche Herausforderung – Für eine kohärente Außenwirtschaftspolitik Europas«, SWP-Studie, Stiftung Wissenschaft und Politik, Deutsches Institut für Internationale Politik und Sicherheit, Berlin, 2010

Wilhelm Hofmeister: »Die Krise und die regionale Integration in Asien«, Analysen und Berichte, Konrad-Adenauer-Stiftung, Singapur, 2009

»Human Rights in China: The Impact of The Shanghai Cooperation Organization«, A Human Rights in China Whitepaper, New York, Hongkong, 2011

Institute of Southeast Asian Studies: »Regional Outlook – Southeast Asia 2010–2011«, Singapore, 2010

International Crisis Group: »China and Inter-Korean Clashes in the Yellow Sea«, Asia Report N°200, 2011

Linda Jakobson, Dean Knox: »New Foreign Policy Actors in China«, Stockholm International Peace Research Institute (SIPRI), Policy Paper No. 26, 2010

Willy Lam: »China's Quasi-Superpower Diplomacy: Prospects and Pitfalls«, The Jamestown Foundation, Washington, 2009

Jong-Wha Lee, Kiseok Hong: »Economic Growth in Asia: Determinants and Prospects«, No. 220, Asian Development Bank, Manila, 2010

Clive Schofield, Ian Storey: »The South China Sea Dispute: Increasing Stakes and Rising Tensions«, The Jamestown Foundation, Washington, 2009

David Shambaugh, Gudrun Wacker (eds.): »American and European Relations with China – Advancing Common Agendas«, SWP Research Paper, Stiftung Wissenschaft und Politik, German Institute for International and Security Affairs, Berlin, 2008

Gudrun Wacker: Die »Shanghaier Organisation für Zusammenarbeit – Eurasische Gemeinschaft oder Papiertiger?«, SWP-Studie, Stiftung Wissenschaft und Politik, Deutsches Institut für Internationale Politik und Sicherheit, Berlin, 2001

Gudrun Wacker (Hg.): »Chinas Aufstieg – Rückkehr der Geopolitik?«, SWP-Studie, Stiftung Wissenschaft und Politik, Deutsches Institut für Internationale Politik und Sicherheit, Berlin, 2006

40
60
80
Rostow
Wolgograd
Wolga
Orenburg
Tscheljabinsk
RUSSLAN
Omsk
Krasnojarsk
Nowosibirsk
Nowokusnezk
Ob
Jenissei
Irtysch
Astrachan
Ural
Astana
Qaraghandy
GEORGIEN
Tbilissi
(Tiflis)
Kaspisches Meer
Aralsee
KASACHSTAN
40
ASERBAI-
DSCHAN
Baki
(Baku)
Qyzylorda
Syr-Darja
Balchasch-
see
USBEKISTAN
Dsungarei
Almaty
(Alma-Ata)
Ürümqi
(Urumchi)
TURKMENISTAN
Aschgabat
Amu-Darja
Toshkent
(Taschkent)
Bischkek
KIRGISIEN
Tehran
(Teheran)
Duschanbe
Kashi
(Kaschgar)
Tarim
Lop Nu
Isfahan
Meschhed
TADSCHIKIS-
TAN
Tarimbecken
Herat
IRAN
AFGHANISTAN
Indus
Shiraz
Kabul
Kaschmir
Islamabad
VOLK
Lahore
Tibet
PAKISTAN
Abu Dhabi
V.A.E.
Golf von Oman
Indus
Delhi
Ganges
Lhas
Yarlung
Neu-Delhi
NEPAL
Thimphu
BHUTA
Karachi
(Karatschi)
Masqat
Nördlicher Wendekreis
Agra
Kathmandau
Kanpur
Ganges
Brahm
20
Nord
OMAN
Ahmadabad
Bhopal
Varanasi
(Benares)
Dhaka
Kolkata
(Kalkutta)
BANGLA-
DESCH
Nagpur
Arabisches
Mumbai
(Bombay)
INDIEN
Pune
(Poona)
Hyderabad
Meer
Golf von
Bengalen
Bengaluru
(Bangalore)
Chennai
(Madras)
Lakkadiven
(ind.)
Andamanen
(ind.)
Madurai
SRI LANKA
Ceylon
Colombo
Nikobar
(ind.)
INDISCHER
Male
MALEDIVEN
0
Äquator
OZEAN
Orte
Hauptstädte unterstrichen
über 1 000 000 Einwohner
500 000 - 1 000 000 Einwohner
unter 500 000 Einwohner
Grenzen
Staatsgrenzen
Strittige Staatsg
Staatsgrenzen i
0
500
1000
1500
Tschagos-In.
(brit.)
Diego Garcia
(brit.)
(c) Dr. H.-J. Kämmer, Berlin
www.kartographie-kaemmer.de

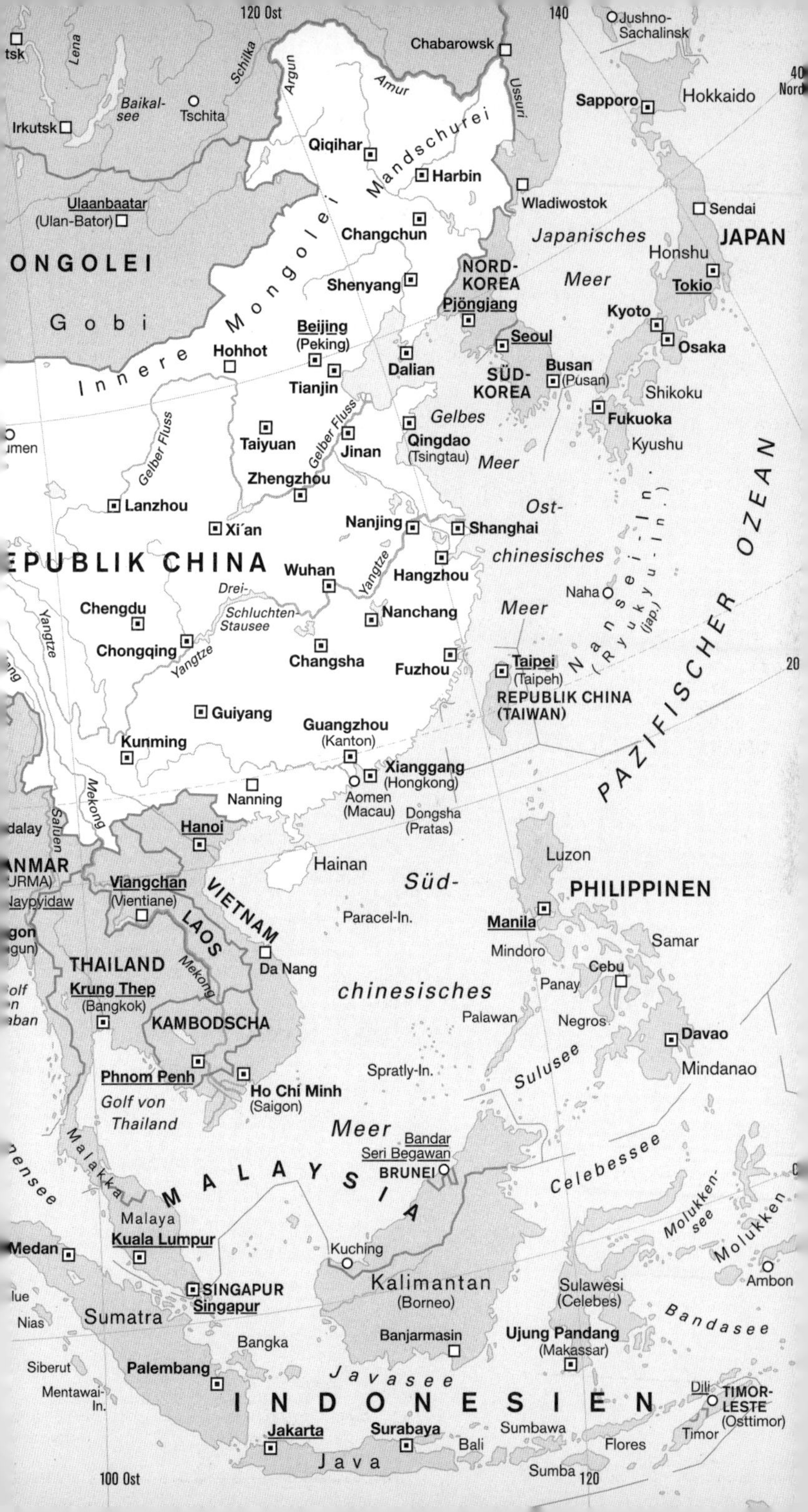

120 Ost
140
Jushno-Sachalinsk
Lena
Schilka
Argun
Chabarowsk
Amur
Ussuri
Baikal-see
Tschita
Irkutsk
Sapporo
Hokkaido
40 Nord
Qiqihar
Mandschurei
Harbin
Wladiwostok
Ulaanbaatar
(Ulan-Bator)
Sendai
Changchun
Japanisches
JAPAN
ONGOLEI
Honshu
NORD-KOREA
Meer
Shenyang
Tokio
Pjöngjang
Kyoto
Gobi
Mongolei
Beijing
(Peking)
Seoul
Osaka
Innere
Hohhot
Dalian
Busan
(Pusan)
SÜD-KOREA
Tianjin
Shikoku
Gelber Fluss
Fukuoka
Gelbes
Taiyuan
Jinan
Qingdao
(Tsingtau)
Kyushu
Meer
Zhengzhou
Ost-
Lanzhou
Nansei-In.
(Ryukyu-In.)
(jap.)
Nanjing
Shanghai
Xi´an
EPUBLIK CHINA
chinesisches
Hangzhou
Wuhan
Yangtze
Drei-Schluchten-Stausee
Naha
Chengdu
Meer
Nanchang
Yangtze
PAZIFISCHER OZEAN
Chongqing
Changsha
Fuzhou
Taipei
(Taipeh)
20
REPUBLIK CHINA
(TAIWAN)
Guiyang
Guangzhou
(Kanton)
Kunming
Xianggang
(Hongkong)
Mekong
Nanning
Aomen
(Macau)
Dongsha
(Pratas)
Saluen
Hanoi
Luzon
Hainan
Süd-
PHILIPPINEN
Viangchan
(Vientiane)
VIETNAM
LAOS
Paracel-In.
Manila
Samar
Mindoro
THAILAND
Mekong
Da Nang
Cebu
Panay
Krung Thep
(Bangkok)
chinesisches
Palawan
Negros
KAMBODSCHA
Davao
Mindanao
Sulusee
Spratly-In.
Phnom Penh
Ho Chi Minh
(Saigon)
Golf von Thailand
Meer
Bandar Seri Begawan
BRUNEI
Celebessee
Malakka
MALAYSIA
Molukkensee
Molukken
Malaya
Medan
Kuala Lumpur
Kuching
Ambon
SINGAPUR
Singapur
Kalimantan
(Borneo)
Sulawesi
(Celebes)
Sumatra
Nias
Bandasee
Bangka
Banjarmasin
Ujung Pandang
(Makassar)
Siberut
Palembang
Javasee
Mentawai-In.
INDONESIEN
Dili
TIMOR-LESTE
(Osttimor)
Jakarta
Surabaya
Sumbawa
Bali
Flores
Timor
Java
100 Ost
Sumba
120